上海市建筑工程学校

建筑工程资料管理

主编：郑佳怡　金燕艳　冯 幻

文匯出版社

图书在版编目（CIP）数据

建筑工程资料管理 / 郑佳怡，金燕艳，冯幻主编．—— 上海：文汇出版社，2023.4

ISBN 978-7-5496-4012-6

Ⅰ．①建… Ⅱ．①郑… ②金… ③冯… Ⅲ．①建筑工程－技术档案－档案管理－中等专业学校－教学参考资料 Ⅳ．① G275.3

中国国家版本馆 CIP 数据核字 (2023) 第 056612 号

建筑工程资料管理

主　　编 / 郑佳怡　金燕艳　冯　幻

参与编写 / 薛　洁　沈晶晶

责任编辑 / 周卫民　乐渭琦

装帧设计 / 刘灿宇

出版发行 / 文匯出版社

上海市威海路 755 号

（邮政编码 200041）

经　　销 / 全国新华书店

照　　排 / 上海明略信息技术有限公司

印刷装订 / 上海颛辉印刷厂有限公司

版　　次 / 2023 年 4 月第 1 版

印　　次 / 2023 年 4 月第 1 次印刷

开　　本 / 890×1240　1/16

字　　数 / 400 千字

印　　张 / 16.5

书　　号 / ISBN 978-7-5496-4012-6

定　　价 / 50.00 元

前言

《建筑工程资料管理》是适应国家大力发展职业教育，改革职业教育的教学模式，培养具有实践能力、创新意识和良好的职业素养为目标的高素质技能型人才，以岗位能力分析为导向设置的专业课程，是以“任务引领、项目驱动”的理念编写的。

本书是根据国家规范、专业教学标准及课程标准来进行编制的校本教材。在编制过程中，增加优质实际项目，并以实际项目为载体，打造功能强大的配套数字化教材，以满足教学需求。课程内容的选取围绕完成工作任务的需要，并充分考虑学生对建筑工程文件资料管理从理论知识到协助管理能力的灵活应用，融合资料员职业岗位资格证书对知识、技能和态度的要求。

本教材注重落实立德树人根本任务，促进学生成为德智体美劳全面发展的社会主义建设者和接班人。教材内容融入思想政治教育，推进中华民族文化自信自强。

结合本教材内容特点，推进落实党的二十大精神的内容有：

1. 为推进教育数字化，本教材配套建设了视频微课等数字资源；

2. 本教材全部内容按照问题导向编写；

3. 本教材任务三能力 6 内容体现大国工匠精神。

本教材主编：郑佳怡、金燕艳、冯幻；参编：薛洁、沈晶晶。分工见下表：

工作任务	职业能力	编者
一、建筑工程资料管理	1. 了解资料员的主要职责	金燕艳
	2. 能说出建筑工程资料的分类与组成	
二、开工前资料收集和整理	1. 能编制填写施工组织设计审批表	薛洁
	2. 能编制填写图纸会审记录	薛洁
	3. 能编制填写开工报审表	金燕艳

续表

三、施工过程资料收集和整理	1. 能填写和整理施工日志	金燕艳
	2. 能编制填写材料及构配件的进场记录表	郑佳怡
	3. 能编制填写技术交底记录	薛洁
	4. 会填写和整理地基验槽记录表	冯幻
	5. 会填写和整理隐蔽工程验收记录表	沈晶晶
	6. 会填写和整理施工工程检验批质量验收记录表	郑佳怡
	7. 能填写和整理技术核定单	沈晶晶
	8. 会整理建筑节能相关资料	冯幻
四、竣工验收资料收集和整理	1. 会编制修改竣工图与折叠图纸	冯幻
	2. 能完成建筑工程项目资料管理组卷和归档	沈晶晶
五、资料软件应用	能够熟练运用 PKPM 资料软件	郑佳怡

编制过程中，得到了上海建工（集团）总公司的大力支持和帮助，在此表示衷心的感谢。

目录

工作任务一 —— 建筑工程资料管理

职业能力 1：了解资料员的主要职责 …… 1

职业能力 2：能说出建筑工程资料的分类与组成 …… 14

工作任务二 —— 开工前资料收集和整理

职业能力 1：能编制填写施工组织设计审批表 …… 25

职业能力 2：能编制填写图纸会审记录 …… 38

职业能力 3：能编制填写开工报审表 …… 49

工作任务三 —— 施工过程资料收集和整理

职业能力 1：能填写和整理施工日志 …… 69

职业能力 2：能编制填写材料及构配件的进场记录表 …… 82

职业能力 3：能编制填写技术交底记录 …… 96

职业能力 4：会填写和整理地基验槽记录表 …… 110

职业能力 5：会填写和整理隐蔽工程验收记录表 …… 123

职业能力 6：会填写和整理施工工程检验批质量验收记录表 …… 141

职业能力 7：能填写和整理技术核定单 …… 163

职业能力 8：会整理建筑节能相关资料 …… 177

工作任务四 —— 竣工验收资料收集和整理

职业能力 1：会编制修改竣工图与折叠图纸 …… 195

职业能力 2：能完成建筑工程项目资料管理组卷和归档 …… 211

工作任务五 —— 资料软件应用

职业能力：能够熟练运用 PKPM 资料软件 …… 242

工作任务一
建筑工程资料管理

职业能力 1：了解资料员的主要职责

一、任务引入

A 公司作为施工单位与 B 公司签订了《土建及电气安装工程施工合同》，约定由 A 公司承建 B 公司发包的某工程。A 公司在合同签订后完成了该工程的建设任务，在竣工验收时因缺失部分资料，导致工程验收未通过。A 公司主要施工技术人员、监理工程师因整理内业资料，长期滞留在已完工的项目上，不能投入新的工作中，给施工单位、监理单位和业主都造成了极大的损失。

工程资料是工程施工过程的真实记录，工程开工前，建筑工程资料就已经产生，一个工程的所有建筑资料种类繁多，工程资料的整理进展情况直接影响到工程的竣工验收及结算。由此可见工程资料管理的重要性，那么作为建筑工程资料的管理者，资料员就显得尤为重要，下面就让我们来学习了解建筑工程中资料员的岗位职责和工作内容。

二、学习目标

1. 认识并了解建筑工程资料员岗位。
2. 掌握建筑工程资料管理岗位的职责。
3. 了解建筑工程资料员的工作内容。

三、能力目标

- 学会填写会议纪要。

四、基本知识

建筑工程资料员是负责工程项目资料的收集、整理、编制、档案管理等管理工作的技术人员，资料员需要通过国家相关部门组织的岗位资格考试，取得相应的证书后方能担任相关岗位的工作。

建筑工程资料员是一项融工程建设管理、档案管理知识为一体的复合专业工作，必须具备一定的建筑专业知识、档案专业知识及计算机应用能力。随着建设行业的不断进步，资料员已成为工程行业必不可少的专业人才。

（一）资料员的基本要求

建筑工程资料员是施工项目部关键岗位人员（项目负责人、项目技术负责人、施工员、质量员、安全员、标准员、机械员、材料员、资料员）之一。一个建设工程的质量具体反映在建筑物的实体质量，即所谓硬件；此外是该项工程技术资料质量，即所谓软件。工程资料的形成主要靠资料员的收集、整理、编制成册，因此资料员在施工过程中担负着十分重要的责任。

要当好资料员，除了要有认真、负责的工作态度外，还必须了解建设工程项目的工程概况，熟悉本工程的施工图、施工基础知识、施工技术规范、施工质量验收规范、建筑材料的技术性能、质量要求及使用方法，熟悉相关法律法规、有关政策条文，了解掌握施工管理的全过程，了解掌握每个项目阶段会产生的相对应的资料内容。

资料员介绍

（二）资料员的任职要求

（1）中专以上学历，工民建、土木工程、建筑工程等相关专业；

（2）持有建筑工程资料员上岗证书；

（3）熟悉工程资料管理专业知识，掌握工程资料归档标准；

（4）熟悉国家相关政策法规，了解建筑施工全过程；

（5）有良好的职业素养、团队精神、沟通协调及执行能力。

（三）资料员的岗位职责

建筑工程资料员负责工程项目的资料收集、整理汇编和档案管理、计划、统计管理及内业管理工作。

资料员的主要职责

1. 工程资料、图纸等档案的收集、管理

（1）负责工程项目所有图纸的接收、清点、登记、发放、归档、管理工作

在收到工程图纸并进行登记以后，按规定向有关单位和人员签发，由收件方签字确认。负责收存全部工程项目图纸，且每一项目应收存不少于两套正式图纸，其中至少一套图纸有设计单位图纸专用章。竣工图采用散装方式折叠，按资料目录的顺序，对建筑平面图、立面图、剖面图、建筑详图、结构施工图等建筑工程图纸进行分类管理。

（2）收集整理施工过程中所有技术变更、洽商记录、会议纪要等资料并归档

负责对每日收到的管理文件、技术文件进行分类、登录、归档。负责项目文件

资料的登记、受控、分办、催办、签收、用印、传递、立卷、归档和销毁等工作。负责做好各类资料积累、整理、处理、保管和归档立卷等工作，注意保密的原则。来往文件资料收发应及时登记台账，视文件资料的内容和性质，及时递交项目经理批阅，并及时送有关部门办理。

确保设计变更、洽商的完整性，要求各方严格执行接收手续，所接收到的设计变更、洽商，须经相关责任各方签字确认，并加盖公章。设计变更（包括图纸会审纪要）原件存档。所收存的技术资料须为原件，无法取得原件的，详细背书，并加盖公章。做好信息收集、汇编工作，确保管理目标的全面实现。

2. 工程资料的整理、立卷、归档

(1) 工程资料与工程进度同步，工程施工资料必须具有真实性、完整性、有效性。对施工过程中形成的管理资料、技术资料、物资资料及验收资料，按施工顺序进行分类整理。

(2) 负责与项目有关的各类合同的档案管理：负责对签订完成的合同进行收编归档，并开列编制目录。做好借阅登记，不得擅自抽取、复制、涂改，不得遗失，不得在案卷上随意画线、抽拆。

(3) 按建筑主管部门和城建档案馆的有关规定，收集、检查、核编建设工程竣工资料。施工文件可按单位工程、分部工程、专业、阶段等组卷。

(4) 按时向公司移交竣工资料，在工程竣工后，负责将文件资料、工程资料立卷移交公司。文件材料移交与归档时，应有“归档文件材料交接表”，交接双方必须根据移交目录清点核对，履行签字手续。移交目录一式二份，双方各持一份。

(5) 负责向市城建档案馆进行档案移交工作，提请城建档案馆对列入城建档案馆接收范围的工程档案进行预验收，取得《建设工程竣工档案预验收意见》，在竣工验收后将工程档案移交城建档案馆。

3. 负责工程项目相关的内业管理工作

(1) 协助项目经理做好对外协调、接待工作；协助项目经理对内协调公司、部门间，对外协调各参建施工单位间的工作。做好与有关部门及外来人员的联络接待工作，树立企业形象。

(2) 负责工程项目的内业管理工作：汇总各种内业资料，登记台账，报表按要求上报。通过实时跟踪、反馈监督、信息查询等多种方式，保证汇总的内业资料能够反映施工过程中的各种状态和责任，能够真实地再现施工时的情况，留下施工过程的印记，从而找到施工过程中的问题所在。对产生的资料进行及时的收集和整理，确保工程项目的顺利进行。有效地利用内业资料记录、参考、积累，为企业发挥它们的潜在作用。

（四）各参建单位资料管理职责

1. 建设单位

(1) 在工程招标及与参建各方签订合同或协议时，应对工程资料和工程档案的编制责任、套数、质量、费用和移交期限等提出明确要求。

(2) 设专人负责收集和汇总各参建单位的工程资料，整理归档为城建档案，在规定的时间内办理移交手续。

(3) 负责监督和检查各参建单位工程资料的形成、积累和组卷工作。

（4）向参建各方提供真实、准确、齐全的与建设工程有关的资料。

（5）由建设单位采购的建筑材料、构配件和设备，应保证他们的采购物件符合设计和合同要求，并保证经监理认证后移交给施工单位整理归档的相关材料质量证明文件的完整、真实和有效。

（6）对相关施工技术资料及时签署意见。

（7）负责向市城建档案馆移交档案工作：提请城建档案馆对列入城建档案馆接收范围的工程档案进行预验收，取得《建设工程竣工档案预验收意见》，在竣工验收后将工程档案移交城建档案馆。

2. 勘察设计单位

（1）按合同和规范要求提供勘察、设计文件。

（2）对工程资料签署意见。

3. 监理单位

（1）负责监理资料的管理工作，并设专人对监理资料进行收集、整理和归档。

（2）按照合同约定，检查工程资料的真实性、完整性和准确性。

（3）及时对工程资料予以签字确认。

4. 分包单位

建设工程项目实行总承包的，各分包单位应负责其分包范围内施工资料的收集和整理，并对其施工资料的真实性、完整性和有效性负责。各分包单位将本单位形成的工程文件整理、立卷后及时移交总包单位，由总包单位加以汇总、整理，统一归档。

5. 城建档案馆

（1）负责接收、保管和利用城建档案的管理工作。

（2）负责对城建档案的编制、整理、归档工作进行监督、检查、指导，对国家和市重大工程的建设工程档案编制、整理、归档工作应指派专业人员进行指导。

（3）受市规划行政主管部门的委托，在工程竣工验收前，应对列入城建档案馆接收范围的工程档案进行预验收，并出具工程档案预验收认可文件。

（五）建筑工程资料员的工作内容

建筑工程资料员的工作内容按工程项目实施的不同阶段划分，可分为施工前期阶段、施工阶段、竣工验收阶段。

序号	施工阶段	工作内容
1	施工前期阶段	熟悉建设项目的有关资料和施工图。
		协助编制施工技术组织设计(施工技术方案)，并填写施工组织设计(方案)报审表给现场监理机构审批。
		填报工程开工报审表，填写开工通知单。
		协助编制各工种的技术交底材料。
		协助制定各项规章制度。
2	施工阶段	及时收集整理进场的工程材料、构配件、成品、半成品和设备的质量保证资料(出厂质量证明书、生产许可证、准用证、交易证)，填报工程材料、构配件、设备报审表，由监理工程师审批。
		与施工进度同步，做好隐蔽工程验收记录及检验批质量验收记录的报审工作。
		及时整理施工试验记录和测试记录。
		阶段性地协助整理施工日志。
3	竣工验收阶段	建筑工程竣工资料的组卷。
		归档资料(提交城建档案馆)。

五、能力操作

（一）学会填写会议纪要

XXX 医院工程第一次工地会议纪要

会议时间： 2022 年 1 月 15 日　　**会议地点：** XXX 办公室

参会单位或部门： ××× 建设单位 ××× 监理单位 ××× 施工单位 ××× 设计单位等

会议主持人： 张三　　**会议记录人：** 李四

参会单位人员名单： XXX、XXX、XX、XXX

会议主要内容：

一、建设单位、监理单位、承包单位（施工单位）等参建单位分别介绍各自的组织机构、人员及其分工

1. **建设单位：**

XXX——代表建设单位负责本项目实施阶段管理工作；

XXX——协助 XXX 负责本项目实施阶段的管理工作。

2. **监理单位：**

XXX——本项目总监理工程师，全面负责本项目的监理工作；

XXX——本项目专业监理工程师，协助总监理工程师负责本项目的监理工作；

XXX——本项目专业监理工程师，负责本项目的监理工作；

XXX——本项目监理员，协助专业监理工程师负责本项目的监理工作。

3. **施工单位：**

XXX——本项目的项目经理，全面负责本项目的管理工作；

XXX——本项目的现场负责人，全面协助项目经理的管理工作；

XXX——本项目的技术负责人，全面负责本项目的技术管理工作；

XXX——本项目的施工员，全面负责本项目的施工管理工作；

XXX——本项目的质检员，全面负责本项目的质量管理工作；

XXX——本项目的安全员，全面负责本项目的安全管理工作；

XXX——本项目的造价员，全面负责本项目的造价管理工作；

XXX——本项目的材料员，全面负责本项目的材料管理工作；

XXX——本项目的资料员，全面负责本项目的资料收集与整理工作。

二、建设单位根据监理合同宣布对总监理工程师的授权

由建设单位 XXX 宣布，授予总监的权力有：施工组织设计审定权、修改设计建议权及设计变更签字权、工程验收签证权、工程付款签证权，以及签发《整改通知单》、签发暂时停工令和复工令，合同约定的授权范围等。

三、建设单位介绍工程前期准备情况

建设单位已完成工程前期准备工作：施工现场的三通一平，规划建设用地、施工图审查、规划许可、施工许可等手续。

四、承包单位介绍施工准备情况

1. 施工单位工伤保险、农民工工资保证金缴纳工作。

2. 施工单位按照施工合同约定已经组建了施工项目部，并得到了建设单位和监理单位的审批认可，施工项目部现在已经正常运转。目前正在根据实际情况编制《施工组织设计》等技术文件。

3. 施工现场已按设计房屋定位图放线，待规划部门验线。

4. 现场施工道路、职工住宅、办公室等施工临时设施、给排水、供电已到位。

提出问题：

例： （1）工期问题：附楼、食堂因受施工主干道路影响无法同时施工，须先施工主楼（护理楼）后再施工食堂，合同工期 9 个月将受影响；

（2）旧房改造工程须病人迁至新建护理楼后方能施工，此项目在合同工期内，甲方须给予宽限工期的考虑。

等等。

五、总监对施工单位开工准备情况提出意见和要求

1. 工期：投标前已要求施工单位自行现场踏勘，施工单位在编制施工组织设计时应全面考虑，所提出的工期问题属施工组织问题，顺延工期理由不成立。

2. 编制切实可行的《施工组织设计》报监理部审批。

3. 现场施工临时设施完成后要及时报验。

4. 监理单位核查开工条件满足开工要求后及时发出开工令。

六、建设单位对施工准备情况提出意见和要求

施工单位提出的工期问题客观存在，工期以开工令下发的日期计算，施工方要按照合同总工期科学合理规划工期。

施工单位必须按施工合同、设计图纸要求及建筑工程相关规范标准施工，保质保量，做到安全生产、文明施工。

七、总监介绍监理规划的内容

1. 监理工作程序

（1）工程质量控制监理工作程序——施工组织设计（方案）审查程序、原材料、构配件质量检查验收程序、检验批、分项工程质量检查验收程序、分部工程质量检查验收程序、工程质量竣工验收程序、工程质量事故处理程序等；

（2）工程进度控制监理工作程序——工程施工总进度计划监理程序、工程施工月进度计划监理程序、工程施工周进度计划监理程序等；

（3）工程投资控制监理工作程序——现场工程量签证程序、设计变更及洽商管理基本程序；

（4）安全与文明施工监理工作程序——安全与文明施工方案审查程序、安全用材料、设备质量检查验收程序、各阶段安全设施检查验收程序、施工安全隐患排查程序、施工安全事故处理程序等。

2. 监理工作方法及措施

施工阶段监理的主要任务是根据监理目标，通过过程监督、动态控制、组织协调、合同管理，使工程质量、进度、投资和安全符合预定目标的要求。

在监理工作中，运用动态控制原理，始终抓好质量、进度、投资和安全四大目标的控制，随时掌握目标实施情况，发现偏差，采取有力措施，及时纠正，使四大目标始终处于受控状态。监督管理参建各方合同的实施；收集、整理工程技术信息资料；协调参建各方之间的工作关系。简言之，施工阶段的监理工作就是实行“四控两管一协调” 的全过程控制。

施工合同目标是监理工作的核心，应依据国家法规、设计文件和合同约定的条款，从施工准备到工程竣工的全过程中，实行事前、事中、事后三种控制方式及组织、技术、经济与合同三种措施，确保实现工程总目标的实现。

3. 监理工作制度

（01）设计文件、图纸会审制度；
（02）开工报告审批制度；
（03）材料、构件检验及复验制度；
（04）变更设计制度；
（05）隐蔽工程检查制度；
（06）工程质量检查、检验制度；
（07）工程质量事故处理制度；
（08）施工进度监督及报告制度；
（09）投资监督制度；
（10）监理报告制度；
（11）工程竣工验收制度；
（12）工程例会制度；
（13）监理日志和监理周会制度；
（14）信息资料管理制度等。

八、会议确定召开监理例会的具体时间、地点，宣布监理例会纪律，明确建设单位、监理单位、施工单位等参建单位紧密配合原则、有关处罚事宜等

1. 召开监理例会的具体时间：每周一上午 8：30；具体地点：施工项目部会议室。

2. 监理例会纪律

（1）总承包单位项目部必须参加工地例会的人员：项目经理、项目技术负责人、施工员、质检员、安全员、资料员，其他人员可以根据会议内容决定是否参加。

上述人员不准无故缺席。若因特殊情况不能参加，则必须提前半天向总监请假并书面委托替补人员（替补人员必须是施工现场管理人员）参加。

（2）各参会人员必须按时参加会议，不准无故迟到和早退。确有特殊情况可能迟到或者早退，都必须事先征得总监的同意。

（3）各参会人员在开会期间必须将通信工具调成静音或振动状态，不接打电话，不玩手机或上网。如必须接听电话，到会议室外接听。

（4）各参会人员在开会期间不得随意走动，不允许打瞌睡，做与会议无关的事情。

（5）各参会人员在开会期间要求集中精力、认真听取发言并做好笔记，不得交头接耳，私开小会。

（6）各参会人员在开会期间发言时不允许七嘴八舌，不允许说脏话，不允许攻击他人或恶语相向。

3. 建设单位、监理单位、施工单位等参建单位紧密配合原则，具体如下：

（1）**往来文件规定：**建设单位对工程的发文应通过监理机构发出；施工单位对工程的发文均应通过监理机构转发其他单位；项目监理机构直接向建设、施工单位发文。

（2）**往来文件签字、盖章规定：**建设单位发出的文件均应有建设单位代表签字、盖章；项目监理机构发出的文件均应有项目总监（或总监代表）签字、盖章；承包单位发出的文件均应有项目经理签字及项目经理部盖章，否则无效；各单位之间的工作联系以书面形式为准，文件送达以签收为据；紧急情况下，建设单位、监理工程师或其他授权代表发出的口头指令，事后（48 小时内）立即办理书面认可，并按正规手续办理文件收发签字。

（3）**经济签证规定：**所有经济签证应在签证项目发生后 5 日内申报，逾期失效，责任自负；各承包单位发生增减工程量签证时，应在工程隐蔽或工程实体改变原始状态之前通知监理、建设单位有关人员进行实地察看，并现场计量，三方办理书面手续，作为签证依据；签证单应附设计变更单、现场三方签字计量依据、现场照片等有关证据资料；当发生增减工程量后，若没有得到监理、建设单位代表现场确认而追加的签证单或监理不明情况的签证单，监理方不予承认，后果由承包单位自负；确实不能现场计量的，必须事前三方书面约定。

（4）**无效经济签证：**监理机构一人签字（应有现场监理及总监共同签字）；签证证据不足或含糊不清；未经现场三方签字计量确认或未事前约定的；所有经济签证，未经建设单位代表签字、盖章确认的。

（5）**安全文明施工检查：**施工单位每月 28 日组织安全文明施工大检查活动，建设单位代表、监理、各施工单位项目主管领导、安全负责人及有关安全管理人员必须参加；检查中发现的问题，要求责任单位在规定的时限内必须整改完毕，未进行有效整改的上报政府主管部门。

九、建设单位对本工程总体建设提出有关希望

1. 因项目位置特殊，晚 X 点后不允许夜间施工，加班作业不得产生噪声。
2. X 月为安全生产月，要确保工程安全。
3. 建设单位将按优质工程标准进行要求，施工单位必须确保工程质量。

（二）会议纪要的结构形式

会议纪要是在会议记录基础上经过加工、整理出来的一种记叙性和介绍性的文件。包括会议的基本情况、主要精神及中心内容，便于向上级汇报或向有关人员传达及分发。整理加工时或按会议程序记叙，或按会议内容概括出来的几个问题逐一叙述。纪要要求会议程序清楚，目的明确，中心突出，概括准确，层次分明，语言简练。

1. 标题

由“会议名称 + 会议纪要”构成，一般是关于 XXX 等事项的会议纪要。

2. 导言

介绍会议召开的基本情况，如时间、地点、与会单位、与会人员等。

3. 正文

它是纪要的主体部分，是对会议的主要内容、主要精神、主要原则及基本结论和今后任务等进行具体的综合和阐述。

4. 总结

根据会议的内容和纪要的要求，提出号召和希望。

（三）注意问题

1. 要突出中心。
2. 注意吸收正确意见。
3. 要条理化、理论化。
4. 要忠于会议的实际内容。
5. 要认真做好会议记录，详尽地占有材料，并且要研究会议的精神，以便对材料正确取舍，合理删减。
6. 会议纪要是与会者共同意志的体现，落款应是全体参与单位，并作为下阶段工作依据。

六、课后作业

判断题

1. 资料员需要通过国家相关部门组织的岗位资格考试，取得相应的证书后方能担任相关岗位的工作。（　　）
2. 文件资料编目的目的是保证文件资料具有可追溯性，便于查阅、检索利用，防止遗失。（　　）
3. 文件资料收集可以为文件资料整理奠定坚实基础。（　　）
4. 对国家规定的应当立卷归档的材料，必须按照规定，定期向本单位档案机构或者档案工作人员移交，集中管理，任何个人不得据为己有。（　　）
5. 施工单位的质量员是技术核定单、施工组织设计资料的管理责任人。（　　）

选择题

1. 建设工程项目档案未经验收或者（　　），不得进行项目竣工验收。

A. 补充验收　　B. 验收不合格　　C. 须进行整改　　D. 不验收

2. 项目部资料员的基本任务之一是（　　）。

A. 对本单位档案集中统一管理　　B. 向城建档案馆交档案
C. 负责档案的提供利用　　D. 负责项目部文件资料的收集、整理、立卷、归档

3. 工程项目档案具有（　　）特点。

A. 技术性　　B. 成套性　　C. 完整性　　D. 系统性

实操题

要求各小组召开工程项目会议，共同商定本小组的拟建项目，请记录下讨论内容形成会议记录（纪要）并完成建筑工程概况表。

会议讨论主题：

1. 列出拟建项目的主要参建单位；
2. 简要描述项目的功能并确定项目名称及参建单位名称；
3. 确定本项目的项目经理人选，以及关键岗位人选；
4. 讨论得出拟建项目建筑总面积、地上及地下层数及面积，建筑物长度和宽度，以及投资额；
5. 确定基础类型、结构类型；
6. 确定本项目工期（注意出图日期、开工日期、竣工日期三者逻辑关系）；
7. 根据表格，讨论确定其他项目信息。

会议记录（纪要）

会议时间：________________ **会议地点：**________________

会议主办单位或部门：________________________________

会议主持人：________________ **会议记录人：**________________

参会人员名单：________________________________

____

____

会议主要内容：

____

____

____

____

____

____

____

建筑工程概况

<table>
<tr><td colspan="3">建设工程概况（建筑工程类）表 A8-1</td><td colspan="2">档号（由档案馆填写）</td><td></td></tr>
<tr><td colspan="2">建筑工程名称</td><td></td><td colspan="2">工程曾用名</td><td></td></tr>
<tr><td colspan="2">建筑工程地址</td><td colspan="4"></td></tr>
<tr><td colspan="2">规划用地许可证号</td><td></td><td colspan="2">规划许可证号</td><td></td></tr>
<tr><td colspan="2">施工许可证号</td><td></td><td colspan="2">工程设计号</td><td></td></tr>
<tr><td colspan="2">工程档案登记号</td><td></td><td colspan="2">工程决算（元）</td><td></td></tr>
<tr><td colspan="2">开工日期</td><td></td><td colspan="2">竣工日期</td><td></td></tr>
<tr><td rowspan="4">建设单位</td><td>单位名称</td><td></td><td colspan="2">单位代码</td><td></td></tr>
<tr><td>单位地址</td><td></td><td colspan="2">邮政编码</td><td></td></tr>
<tr><td>联系人</td><td></td><td colspan="2">电话</td><td></td></tr>
<tr><td>建设单位上级主管</td><td colspan="4"></td></tr>
<tr><td colspan="2">与本工程有关单位</td><td colspan="3">单位名称</td><td>单位代码</td></tr>
<tr><td colspan="2">产权单位</td><td colspan="3"></td><td></td></tr>
<tr><td colspan="2">规划批准单位</td><td colspan="3"></td><td></td></tr>
<tr><td colspan="2">设计单位</td><td colspan="3"></td><td></td></tr>
<tr><td colspan="2">施工单位</td><td colspan="3"></td><td></td></tr>
<tr><td colspan="2">监理单位</td><td colspan="3"></td><td></td></tr>
<tr><td colspan="2">勘察单位</td><td colspan="3"></td><td></td></tr>
<tr><td colspan="2">管理单位</td><td colspan="3"></td><td></td></tr>
<tr><td colspan="2">使用单位</td><td colspan="3"></td><td></td></tr>
<tr><td>总建筑面积 (m^2)</td><td></td><td>总占地面积 (m^2)</td><td></td><td>主要建筑物最高高度 (m)</td><td></td></tr>
<tr><td colspan="2">填表单位</td><td></td><td colspan="2">填表人</td><td></td></tr>
<tr><td colspan="2">审核人</td><td></td><td colspan="2">填表日期</td><td></td></tr>
</table>

本表由建设单位填写。

【效果评价】

工作任务学习评价单

编号：任务（一）— 01

<table>
<tr><td colspan="9">建筑工程资料管理</td></tr>
<tr><td>班级</td><td></td><td>姓名</td><td></td><td>学号</td><td></td><td>总评</td><td></td></tr>
<tr><td rowspan="2">职业能力 1</td><td rowspan="2" colspan="5">了解资料员的主要职责</td><td>学时</td><td></td></tr>
<tr><td>评价学时</td><td></td></tr>
<tr><td>考核项目</td><td>考核内容及要求</td><td>分值</td><td>学生自评（10%）</td><td>小组评分（20%）</td><td>教师评分（70%）</td><td>实得分</td></tr>
<tr><td rowspan="3">资料员的主要职责（70 分）</td><td>掌握建筑工程资料管理岗位的职责</td><td>20</td><td></td><td></td><td></td><td></td></tr>
<tr><td>了解资料员的工作内容</td><td>20</td><td></td><td></td><td></td><td></td></tr>
<tr><td>填写会议纪要和建筑工程概况表</td><td>30</td><td></td><td></td><td></td><td></td></tr>
<tr><td>学习态度（10 分）</td><td>上课认真听讲，积极参与讨论，认真完成任务</td><td>10</td><td></td><td></td><td></td><td></td></tr>
<tr><td>完成时间（10 分）</td><td>能在规定时间内完成任务</td><td>10</td><td></td><td></td><td></td><td></td></tr>
<tr><td>合作性（10 分）</td><td>积极参与组内各项任务，善于协调与沟通</td><td>10</td><td></td><td></td><td></td><td></td></tr>
<tr><td colspan="2">总计</td><td>100</td><td></td><td></td><td></td><td></td></tr>
<tr><td rowspan="2">评价评语</td><td colspan="6"></td></tr>
<tr><td>教师签字：</td><td>第　　组</td><td colspan="2">组长签字：</td><td colspan="2">日期：</td></tr>
</table>

职业能力 2：能说出建筑工程资料的分类与组成

一、任务引入

城西小区于 1995 年开建，1997 年建成并交付使用，2008 年，5 号楼 1 单元出现墙体开裂、渗水及倾斜迹象。倾斜楼房被相关机构鉴定为危房 C 级。法院判令城西小区开发商负责修复加固房屋。而在房屋加固过程中，房地产开发公司方面发现该建筑工程资料分类不明确，一时找不到房屋原始资料，造成修复工作暂时搁置。

由此可见工程资料的分类非常重要，若是房地产开发公司当初可以严格按照建筑工程资料的分类，将每一份资料都对应到相应的类别中，就可以在第一时间对倾斜楼房进行修复。那么我们该如何对建筑工程资料进行合理有效的分门别类管理呢？今天我们就一起来学习建筑工程资料的分类与组成。

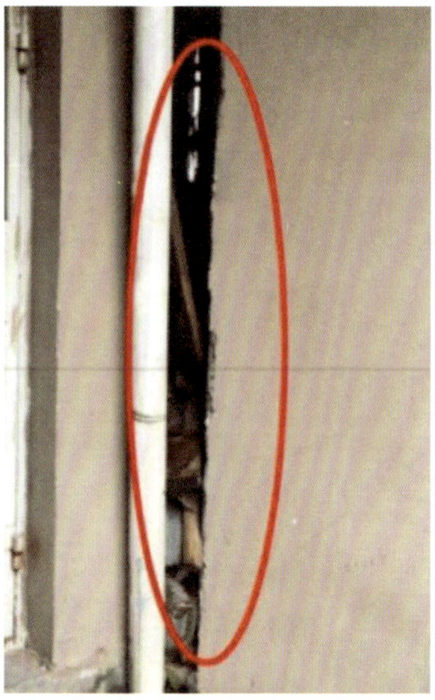

二、学习目标

1. 了解建筑工程四册资料目录。
2. 熟悉建筑工程资料管理的定义。
3. 掌握建筑工程资料的分类与组成。

三、能力目标

- 能说出建筑工程资料的分类与组成。

四、基本知识

（一）建筑工程资料管理的定义及其重要性

建筑工程资料管理就是指建筑工程作为一个工程实体，在建设过程中涉及规划、勘察、设计、施工、监理等各项技术工作，这些在不同阶段形成的工程资料或文件，经过不同单位相关人员积累、收集、整理，形成具有归档保存价值的工程档案的过程。

建筑工程资料是建设工程合法身份和合格质量的证明文件，是工程竣工交付使用的必备文件，也是对工程进行检查、验收、维修、改建和扩建的原始依据。在我国，国家立法和验收标准都对工程资料提出了明确的要求，《中华人民共和国建筑法》《建设工程质量管理条例》等法律法规，《建筑工程施工质量验收统一标准》（GB50300—2013）、《建设工程文件归档规范》（GB/T50328—2014）等标准，均把工程资料放在重要的位置。

建筑工程资料管理是保证工程质量与安全的重要环节，是建筑工程施工管理程序化、规范化和制度化的具体体现。因此做好建筑工程资料管理工作具有重要意义，主要有以下三点：

1. 建筑工程资料管理是项目管理的一项重要工作。

2. 按照规范的要求积累而完成的完整、真实、具体的工程资料，是工程竣工验收交付使用的必备条件；一个质量优良或合格的建筑工程必须具有一份内容齐全、文字记载真实可靠的原始技术资料。

3. 工程资料为工程的检查、管理、使用、维护、改造、扩建提供可靠的依据。

“业精于勤，荒于嬉；行成于思，毁于随。”工程资料的管理就是一个日积月累的过程，只有在每天的工作中认真细心地将它们都系统地分类归档，才能真正在竣工时交出一份完整、真实、具体的工程资料。

（二）建筑工程四册资料目录

建筑工程资料是工程建设从项目的提出、筹备、勘测、设计、施工到竣工投产等过程中形成的文件材料、图纸、图表、计算资料、声像资料等各种形式的信息总和，简称工程资料。

由于种类繁多，为了便于管理，我们一般会设立 A、B、C、D 四册目录，将建筑工程资料一一整理到相应的目录中进行管理，也便于日后对资料的查找验收。所谓的 A、B、C、D 四册目录如下：

1. A 册施工组织设计、质量计划资料

施工组织设计、质量计划资料是以施工项目为对象编制的、用以指导施工的技术、经济和管理，并与现行的通用质量体系程序联系起来的综合性文件。如工程概况、质量保障体系和措施、安全保障体系和措施等。

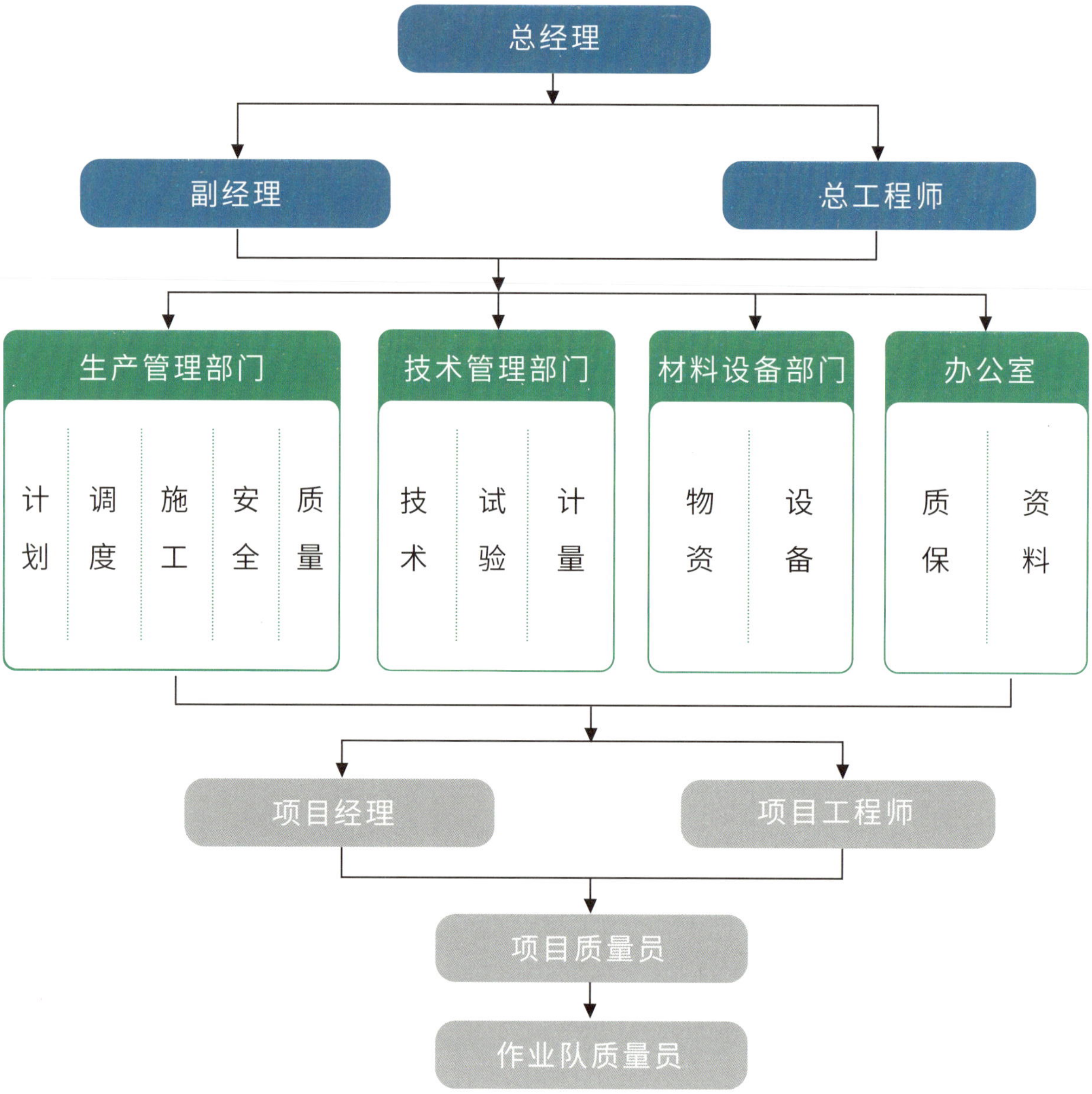

2. B 册施工技术管理资料

施工技术管理资料是施工过程的真实记录。如建设工程开工报告、技术质量交底记录、施工日志等。

3. C 册工程质量保证资料

质量保证资料是指工程在施工过程中反映结构安全和主要使用功能的真实记录。质量保证资料是否准确、齐全，直接影响单位工程的质量等级评定，以及工程使用若干年后的维修、加固、改造等。如商品砂浆质量证明书、混凝土抗渗试验报告、钢筋焊接试验报告等。

4. D 册工程质量验收资料

工程质量验收资料是指在工程竣工之后，根据相关行业标准，对工程建设质量和成果进行评定的过程中所产生的资料文件。如单位（子单位）工程质量竣工验收记录、分部分项工程质量验收证明书、地基与基础分部（子分部）工程质量验收记录等。

正本

长兴县建设工程竣工验收

备案证明书

根据国务院《建设工程质量管理条例》、建设部《房屋建筑工程和市政基础设施工程竣工验收备案管理办法》和《房屋建筑和市政基础设施工程竣工验收规定》、浙江省建设厅《浙江省房屋建筑工程竣工验收备案管理实施细则（暂行）》，长兴聚新投资有限公司循环经济产业园建设项目（1#-6#厂房）工程，经建设单位长兴聚新投资有限公司于2019年12月29日设计、施工、工程监理和有关单位验收，并于2020年5月27日备案，特此证明。

施工单位：浙江长兴荣欣建设工程有限公司 备案机关：

证书编号：长建备2020年第083号 日期：2020年5月27日

五、能力操作

（一）建筑工程资料的分类与组成

建筑工程资料分类

1. A 册——施工组织设计、质量计划资料

<table>
<tr><td rowspan="37">A-0 施工组织设计、质量计划资料目录</td><td>A-1 施工组织设计（质量计划）审批表</td><td>A-1-1 施工组织设计（方案）报审表</td><td></td></tr>
<tr><td>A-2 施工组织设计修改审批表</td><td></td><td></td></tr>
<tr><td rowspan="34">A-3 施工组织设计（质量计划）</td><td>A-3-1 工程概况</td><td></td></tr>
<tr><td>A-3-2 质量、安全、文明施工的工作目标</td><td></td></tr>
<tr><td>A-3-3 现场管理人员组织架构及人员组成</td><td></td></tr>
<tr><td>A-3-4 工程难点、关键工序的确定及相应技术保障技术</td><td></td></tr>
<tr><td>A-3-5 工程总体施工安排、总进度计划表</td><td></td></tr>
<tr><td>A-3-6 分部分项工程施工方案</td><td></td></tr>
<tr><td rowspan="10">A-3-7 质量保证措施</td><td>A-3-7-1 施工现场质量管理制度</td></tr>
<tr><td>A-3-7-2 质量责任制</td></tr>
<tr><td>A-3-7-3 主要专业工种操作上岗证书</td></tr>
<tr><td>A-3-7-4 总包对分包方资质与分包单位的管理制度</td></tr>
<tr><td>A-3-7-5 施工图审查情况</td></tr>
<tr><td>A-3-7-6 地质勘察资料</td></tr>
<tr><td>A-3-7-7 施工技术标准</td></tr>
<tr><td>A-3-7-8 工程质量验收（检验）制度</td></tr>
<tr><td>A-3-7-9 搅拌站及计量设置</td></tr>
<tr><td>A-3-7-10 现场材料、设备存放与管理</td></tr>
<tr><td>A-3-8 安全保证措施</td><td></td></tr>
<tr><td>A-3-9 文明保证措施</td><td></td></tr>
<tr><td>A-3-10 季节施工措施</td><td></td></tr>
<tr><td>A-3-11 模板及支架设计书</td><td></td></tr>
<tr><td>A-3-12 施工现场临时用电、用水计算书</td><td></td></tr>
<tr><td>A-3-13 工程技术复核计划表</td><td></td></tr>
<tr><td>A-3-14 隐蔽工程验收计划表</td><td></td></tr>
<tr><td>A-3-15 混凝土、砂浆试块制作计划表</td><td></td></tr>
<tr><td>A-3-16 主要机械设备计划表</td><td></td></tr>
<tr><td>A-3-17 原材料、成品、半成品设备检验计划</td><td></td></tr>
<tr><td>A-3-18 质量检测计量器具配备一览表</td><td></td></tr>
<tr><td>A-3-19 计量、测量仪器强制性鉴定、校验计划</td><td></td></tr>
<tr><td>A-3-20 工程质量验收计划</td><td></td></tr>
<tr><td>A-3-21 各施工阶段劳动组织表</td><td></td></tr>
<tr><td>A-3-22 施工人工预算表</td><td></td></tr>
<tr><td>A-3-23 施工总平面布置图</td><td></td></tr>
<tr><td>A-4 其他规范、规定要求的施工组织内容</td><td></td><td></td></tr>
</table>

2. B 册——施工技术管理资料

B-0 施工技术管理资料目录	B-1 建筑工程施工图审查备案证书	
	B-2 建设工程质量人员从业资格审查表	
	B-3 建设工程特殊工种人员岗证审查表	
	B-4 工程地质勘察报告	
	B-5 建设工程开工报告	
	B-6 建设工程复工报告	
	B-7 建设工程竣工报告	
	B-8 图纸会审、设计交底纪要	
	B-9 技术核定单	
	B-10 施工图设计修改通知单	
	B-11 地基验槽记录	
	B-12 技术质量交底记录	
	B-13 建（构）筑物测量复核单	
	B-14 建（构）筑物沉降观测	B-14-1 建（构）筑物沉降观测成果
		B-14-2 建筑工程沉降观测点、基准点专用水准点平面位置布置图
	B-15 建筑物垂直测量记录表	
	B-16 隐蔽工程验收单	
	B-17 工程技术复核单	
	B-18 施工现场质量管理检查记录	
	B-19 混凝土浇灌令	
	B-20 泼水检查记录表	
	B-21 楼地面管道盛水记录表	
	B-22 建（构）筑物测量复核单	
	B-23 住宅垂直集中排烟系统检查表	
	B-24 工程质量一般事故报告	
	B-25 工程质量重大事故报告	
	B-26 工程质量保修书	
	B-27 施工日志	
	B-28 竣工图（含设计修改通知）	
	B-29 其他资料	B-29-1 地下室防水效果检查记录
		B-29-2 有防水要求的地（楼）面蓄水试验记录
		B-29-3 建筑物层高、全高抽测记录表
		B-29-4 节能、保温测试记录
		B-29-5 混凝土结构子分部工程结构实体混凝土强度验收记录
		B-29-6 同条件养护混凝土试件原始资料记录表
		B-29-7 混凝土结构子分部工程结构实体钢筋保护层厚度验收记录
		B-29-8 钢筋保护层厚度及间距现场检测原始记录

3. C 册——工程质量保证资料

C-0 工程质量保证资料目录	
C-1 砂浆试块抗压强度试验报告汇总表	C-37 砌体材料检验报告
C-2 砂浆试块抗压强度试验报告	C-38 粗骨料质量证明书、复试报告汇总表
C-3 砂浆试块抗压强度统计评定表	C-39 粗骨料质量证明书
C-4 商品砂浆质量证明书	C-40 粗骨料检验报告
C-5 混凝土试块抗压强度试验报告汇总表	C-41 细粗骨料质量证明书、复试报告汇总表
C-6 混凝土试块抗压强度试验报告	C-42 细骨料质量证明书
C-7 混凝土试块数理统计评定表	C-43 细骨料检验报告
C-8 混凝土试块非数理统计评定表	C-44 木制品质量证明书
C-9 混凝土同条件养护试块抗压强度试验报告汇总表	C-45 门窗质量证明书
C-10 混凝土同条件养护试块抗压强度试验报告	C-46 门窗性能检测试验报告
C-11 混凝土同条件养护试块数理统计评定表	C-47 金属构件质量证明书、复试报告汇总表
C-12 混凝土同条件养护试块非数理统计评定表	C-48 金属构件质量证明书
C-13 混凝土抗渗试验报告汇总表	C-49 防水材料质量证明书、复试报告汇总表
C-14 混凝土抗渗试验报告	C-50 防水材料质量证明书
C-15 混凝土非破损检测报告（一）（二）	C-51 防水材料检验报告
C-16 混凝土配合比通知单汇总表	C-52 烟道质量证明书汇总表
C-17 混凝土配合比通知单	C-53 烟道质量证明书
C-18 混凝土质量证明书汇总表	C-54 焊接材料质量证明书汇总表
C-19 混凝土质量证明书	C-55 焊接材料质量证明书
C-20 混凝土坍落度测试记录	C-56 玻璃质量证明书汇总表
C-21 混凝土构件质量证明书汇总表	C-57 玻璃质量证明书
C-22 混凝土构件产品合格证	C-58 饰面材料质量证明书汇总表
C-23 砂垫层试验报告	C-59 饰面材料质量证明书
C-24 回填土试验报告	C-60 饰面材料检验报告
C-25 钢材质量证明书、复试报告汇总表	C-61 预应力钢材质量证明书、复试报告汇总表
C-26 钢材质量证明书	C-62 预应力钢材质量证明书
C-27 钢材试验报告	C-63 预应力钢材质量复试报告
C-28 钢材化学成分分析试验报告	C-64 预应力钢筋锚具、夹具质量证明书、复试报告汇总表
C-29 钢筋焊接试验报告汇总表	C-65 预应力钢筋锚具、夹具质量证明书
C-30 钢筋焊接试验报告	C-66 预应力钢筋锚具、夹具复试报告
C-31 钢筋机械连接扭紧扭矩值测定记录	C-67 预应力张拉记录表
C-32 水泥质量证明书、复试报告汇总表	C-68 外墙、屋面保温隔热材料质量证明书、复试报告汇总表
C-33 水泥质量证明书	C-69 外墙、屋面保温隔热材料质量证明书
C-34 水泥检验报告	C-70 室内环境检测报告
C-35 砌体质量证明书、复试报告汇总表	C-71 其他资料
C-36 砌体质量证明书	

4. D 册——工程质量验收资料

D-0 工程质量验收资料目录	D-1 单位（子单位）工程质量竣工验收记录		
	D-2 单位（子单位）工程质量控制资料核查记录		
	D-3 单位（子单位）工程安全和功能检验资料核查及主要功能核查记录		
	D-4 单位（子单位）工程观感质量检查记录		
	D-5 分部分项工程质量验收证明书	D-5-1 分部分项工程质量验收证明书（桩基子分部工程）	
		D-5-2 分部分项工程质量验收证明书（基础分部工程）	
		D-5-3 分部分项工程质量验收证明书（主体结构分部工程）	
		D-5-4 分部分项工程质量验收证明书（屋面分部工程）	
		D-5-5 分部分项工程质量验收证明书（建筑装饰装修分部工程）	
	D-6 地基与基础分部（子分部）工程质量验收记录	D-6-1 单位（子单位）工程质量控制资料核查记录（地基基础分部）	
		D-6-2 单位（子单位）工程安全和功能检验资料核查及主要功能核查记录（地基基础分部）	
		D-6-3 单位（子单位）工程观感质量检查记录（主体结构分部）	
	D-7 主体结构分部（子分部）工程质量验收记录	D-7-1 单位（子单位）工程质量控制资料核查记录（主体结构分部）	
		D-7-2 单位（子单位）工程安全和功能检验资料核查及主要功能核查记录（主体结构分部）	
		D-7-3 单位（子单位）工程观感质量检查记录（主体结构分部）	D-7-3-1 混凝土结构子分部工程结构实体混凝土强度验收记录
			D-7-3-2 附表 同条件养护混凝土试件原始资料记录表
			D-7-3-3 混凝土结构子分部工程结构实体钢筋保护层厚度验收记录
			D-7-3-4 附表 钢筋保护层厚度及间距现场检测原始记录
	D-8 建筑装饰装修分部（子分部）工程质量验收记录	D-8-1 单位（子单位）工程质量控制资料核查记录（装饰装修分部）	
		D-8-2 单位（子单位）工程安全和功能检验资料核查及主要功能核查记录（装饰装修分部）	
		D-8-3 单位（子单位）工程观感质量检查记录（装饰装修分部）	
	D-9 屋面分部（子分部）工程质量验收记录	D-9-1 单位（子单位）工程质量控制资料核查记录（屋面分部）	
		D-9-2 单位（子单位）工程安全和功能检验资料核查及主要功能核查记录（屋面分部）	
		D-9-3 单位（子单位）工程观感质量检查记录（屋面分部）	

续表

	D-10 分项工程质量验收记录		
	D-11 检验批质量验收记录		
	D-12a 建筑工程质量问题整改通知单(质监站)		
	D-12b 建筑工程局部暂缓施工指令单(质监站)		
	D-13 质量整改报告及复查意见		
	D-14 施工单位工程质量竣工报告		
	D-15 建设工程竣工验收报告		
	D-16 建设工程竣工验收工程明细表		
	D-17 其他资料		

（二）建筑工程资料分类的注意事项

1. 建筑工程资料应使用原件。

2. 建筑工程文件资料应字迹清楚、图样清晰、图表整洁，签字盖章手续完备。

3. 建筑工程文件中文字材料幅面尺寸规格宜为 A4 幅面（297mm×210mm）。图纸宜采用国家标准图幅。

4. 建筑工程文件的纸张应采用能够长期保存的耐久性强、韧性大的纸张。图纸一般采用蓝晒图、竣工图应是新蓝图。计算机出图必须清晰，不得使用计算机出图的复印件。

5. 所有竣工图均应加盖竣工图章。

6. 不同幅面图纸应按《技术制图复制图的折叠方法》（GB/T10609.3—2009）统一折叠成 A4 幅面（297mm×210mm），图标栏露在外面。

六、课后作业

选择题

1.《上海市建筑安装工程质量竣工资料》D 册内容是（　　）。

A. 施工组织设计　　B. 工程竣工验收资料

C. 施工管理资料　　D. 质保书、试验报告

2. 上海市建设工程质量竣工资料 C 册内容是（　　）。

A. 施工方案　　B. 施工技术资料

C. 材料质保书、材料试验报告　　D. 竣工验收资料

3. 建筑分册中 B 册中不包括（　　）。

A. 施工组织设计　　B. 工程质量保修书

C. 施工日志　　D. 竣工图

判断题

1.《上海市建筑安装工程质量竣工资料》每分册都分为 A、B、C、D 四册，其中 B 册为工程质量保证资料。（　　）

2. 文件资料编目的目的是保证文件资料具有可追溯性，便于查阅、检索利用，防止遗失。（　　）

3. 施工技术资料是施工过程的真实记录。（　　）

实操题

根据案例情况，将建筑工程资料进行分类并将四册目录填写完整。

背景案例：

资料员小 A 正在进行建筑工程资料的分类管理，请帮他将分类目录补充完整，并协助他将收到的资料分到对应的目录中。

收到资料如下：①工程概况、②地基验槽记录、③季节施工措施、④建设工程竣工验收报告、⑤施工现场质量管理检查记录、⑥水泥质量证明书、⑦分部分项工程质量验收证明书、⑧工程技术复核单、⑨质量整改报告及复查意见、⑩砌体材料检验报告、⑪文明保证措施、⑫防水材料检验报告、⑬建设工程竣工验收工程明细表、⑭建（构）筑物沉降观测成果、⑮施工人工预算表、⑯工程质量验收计划。

附表：

A 册	
B 册	
C 册	
D 册	

【效果评价】

工作任务学习评价单

编号：任务（一）— 02

<table>
<tr><td colspan="8">建筑工程资料管理</td></tr>
<tr><td>班级</td><td></td><td>姓名</td><td></td><td>学号</td><td></td><td>总评</td><td></td></tr>
<tr><td rowspan="2">职业能力 2</td><td colspan="5" rowspan="2">能说出建筑工程资料的分类与组成</td><td>学时</td><td></td></tr>
<tr><td>评价学时</td><td></td></tr>
<tr><td>考核项目</td><td>考核内容及要求</td><td>分值</td><td>学生自评（10%）</td><td>小组评分（20%）</td><td>教师评分（70%）</td><td colspan="2">实得分</td></tr>
<tr><td rowspan="3">建筑工程资料的分类与组成（70 分）</td><td>了解建筑工程四册资料目录</td><td>25</td><td></td><td></td><td></td><td colspan="2"></td></tr>
<tr><td>熟悉建筑工程资料管理的定义</td><td>15</td><td></td><td></td><td></td><td colspan="2"></td></tr>
<tr><td>掌握建筑工程资料的分类与组成</td><td>30</td><td></td><td></td><td></td><td colspan="2"></td></tr>
<tr><td>学习态度（10 分）</td><td>上课认真听讲，积极参与讨论，认真完成任务</td><td>10</td><td></td><td></td><td></td><td colspan="2"></td></tr>
<tr><td>完成时间（10 分）</td><td>能在规定时间内完成任务</td><td>10</td><td></td><td></td><td></td><td colspan="2"></td></tr>
<tr><td>合作性（10 分）</td><td>积极参与组内各项任务，善于协调与沟通</td><td>10</td><td></td><td></td><td></td><td colspan="2"></td></tr>
<tr><td colspan="2">总计</td><td>100</td><td></td><td></td><td></td><td colspan="2"></td></tr>
<tr><td rowspan="2">评价评语</td><td colspan="7"></td></tr>
<tr><td>教师签字：</td><td>第　　组</td><td colspan="3">组长签字：</td><td colspan="2">日期：</td></tr>
</table>

工作任务二
开工前资料收集和整理

职业能力 1：能编制填写施工组织设计审批表

一、任务引入

石台路公园项目基地处于合肥市天鹅湖东岸，位于天鹅湖东路与石台路交叉口东南角，地块东侧为荷叶地路，南侧为湖东路，西侧为石台路，北侧为天鹅湖东路。项目地块南北向宽约234m，东西向长约296m，公园总面积约68910.33m^2，其中有单层管理用房约495m^2，为大型综合性社区公园。建设内容包括园区内部建筑、景观小品、健身运动设施、地形塑造、园路建设、绿化栽植、亮化、给排水及相关配套服务设施建设等。

石台路公园施工组织设计中结合项目实际情况，编制了土方和地形整理、房屋建筑、广场铺装、给排水、电气和智能化系统、园林小品、绿化、栈道工程8项施工方案，并结合项目特点编制了重难点施工方案及高温冬季雨季专项施工方案。项目开工前，现场西侧堆土成坡地，考虑到原有场地内约50000m^{3}堆土，该项目将土方的处理作为本项目的重难点，制订专项施工方案。

从石台路公园施工组织设计的编制内容中可知，施工组织设计不是笼统地照搬照抄，更不是繁杂琐碎的类似技术交底操作手册，作为工程管理至关重要的因素，施工组织设计的编制需要结合工程自身特点，条理清晰、重点突出、详略得当，从宏观层面指导施工全过程。通过科学的统筹安排、系统的管理，编制出切实可行的组织方法，确保工程施工取得最优效果。认识到施工组织设计的重要性，接下来我们来学习编制填写施工组织设计审批表的方法。

二、学习目标

1. 了解施工组织设计的含义与类型。
2. 熟悉施工组织设计的编制原则、编制依据与内容。
3. 掌握施工组织设计审批表的内容、填写及归档要求。

三、能力目标

- 能根据工程情况填写施工组织设计审批表。

四、基本知识

施工组织设计是用以组织工程施工的指导性文件。在工程施工前，由施工单位报监理单位审批负责编制。施工组织设计是对施工活动实行科学管理的重要手段，它具有战略部署和战术安排的双重作用。根据《“十四五”建筑业发展规划》其中主要任务“夯实标准化和数字化基础”提出：健全数据交互和安全标准，强化设计、生产、施工各环节数字化协同，推动工程建设全过程数字化成果交付和应用。作为施工项目的开始，我们势必做好施工组织设计。它体现了实现基本建设计划和设计的要求，提供了各阶段的施工准备工作内容，协调施工过程中各施工单位、各施工工种、各项资源之间的相互关系。施工组织设计在施工全过程乃至工程预结算中占有重要地位，组织设计不仅仅是组织施工、指导生产的作用，在客观上已成为经济管理工作中不可忽视的非常重要的组成部分。

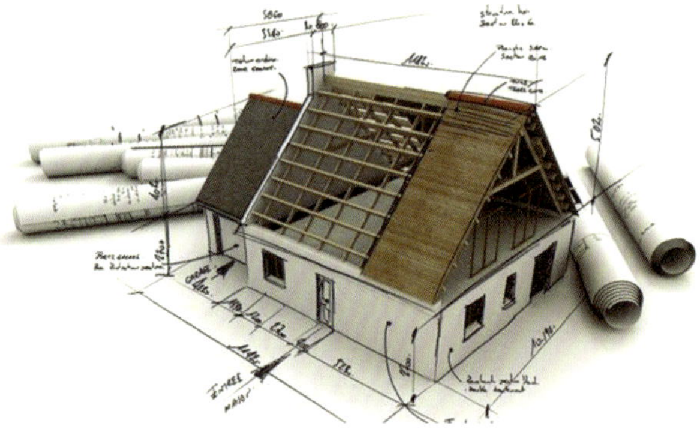

（一）施工组织设计的含义

施工组织设计是指施工单位开工前根据工程概况、特点、建设地点及环境特征、施工条件及项目管理特点和总体要求，对工程所做的施工组织、施工工艺、施工计划等方面的设计，是指导拟建工程全过程中各项活动的技术、经济和组织的综合性文件。

（二）施工组织设计的类型

施工组织设计按编制对象，可分为施工组织总设计、单位工程施工组织设计和施工方案。

施工组织设计的编审程序

1. 施工组织总设计

施工组织总设计是以若干单位工程组成的群体工程或特大型项目为主要对象编制的施工组织设计。施工组织总设计一般在建设项目的初步设计或扩大初步设计批准之后，总承包单位在总工程师领导下进行。建设单位、设计单位和分包单位协助总承包单位工作。

2. 单位工程施工组织设计

单位工程施工组织设计是以单位（子单位）工程为主要对象编制的施工组织设计，对单位（子单位）工程的施工过程起指导和约束作用。单位工程施工组织设计是施工图纸设计完成之后、工程开工之前，在施工项目负责人领导下进行编制的。

3. 施工方案

施工方案是以分部（分项）工程或专项工程为主要对象编制的施工技术与组织方案。用以具体指导其施工过程。施工方案由项目技术负责人负责编制。

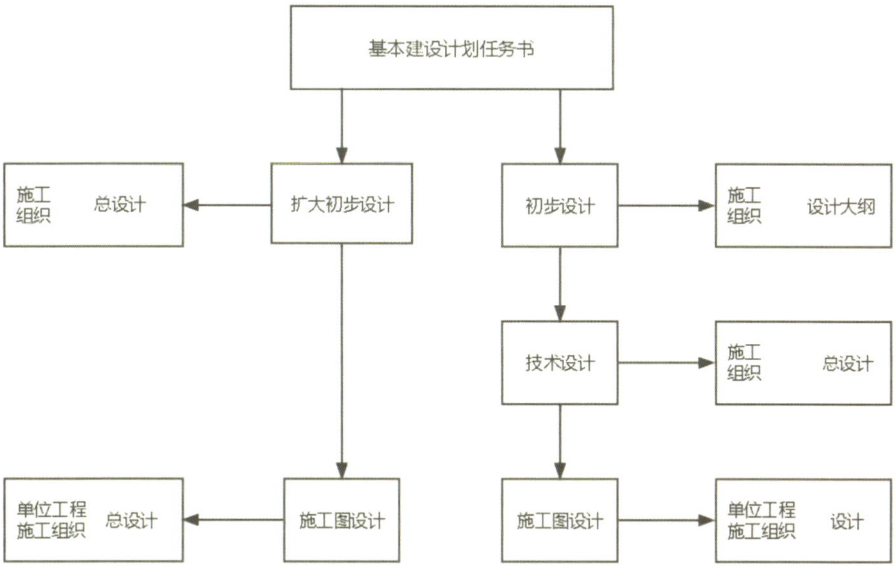

按设计阶段不同施工组织设计的方案

（三）施工组织设计的编制原则

1. 符合施工合同或招标文件中有关工程进度、质量、安全、环境保护、造价等方面的要求；

2. 积极开发、使用新技术和新工艺，推广应用新材料和新设备；

3. 坚持科学的施工工艺和合理的施工顺序，采用流水施工和网络计划等方法，科学配置资源，合理布置现场，采取季节性施工措施，实现均衡施工，达到合理的经济技术指标；

4. 采取技术和管理措施，推广建筑节能和绿色施工；

5. 与质量、环境和职业健康安全三个管理体系有效结合。

（四）施工组织设计的编制依据

1. 与工程建设有关的法律、法规；

2. 国家现行有关标准和技术经济指标；

3. 工程所在地区行政主管部门的批准文件，建设单位对施工的要求；

4. 工程施工合同或招标投标文件；

5. 工程设计文件；

6. 工程施工范围内的现场条件，工程地质及水文地质、气象等自然条件；

7. 与工程有关的资源供应情况；

8. 施工企业的生产能力、机具设备状况、劳动力、技术水平等。

（五）施工组织设计的内容

1. 工程概况

其主要内容包括工程名称、规模、性质、用途、资金来源、投资额、开竣工日期、建设单位、设计单位、监理单位、施工单位、工程地点、工程总造价、施工条件、建筑面积、结构形式、图纸设计完成情况、承包合同等。

2. 施工部署

明确施工任务的分工和组织安排，确定准备工作主要内容，制定主体工程、辅助工程、附属工程的施工程序，以及主要分部工程的施工方案。

3. 施工方案

根据一个施工项目制订的实施方案。其中包括组织机构方案、人员组成方案、技术方案、安全方案、材料供应方案。此外，根据项目大小还有现场保卫方案、后勤保障方案，等等。

4. 施工进度计划

控制工程施工进度和工程施工期限等各项施工活动的依据，进度计划是否合理，直接影响施工速度、成本和质量。它是施工组织设计的中心内容，要保证建设工程按合同规定的期限交付使用。施工中的其他工作必须围绕并适应施工进度计划的要求安排施工。

根据覆盖的工程范围分为总进度计划和单位工程施工进度计划。常用的进度计划编制方法为：

横道图

通过横道图来显示项目、进度和其他时间相关的系统进展的内在关系随着时间进展的情况。形象、直观，绘制比较简单，容易理解。

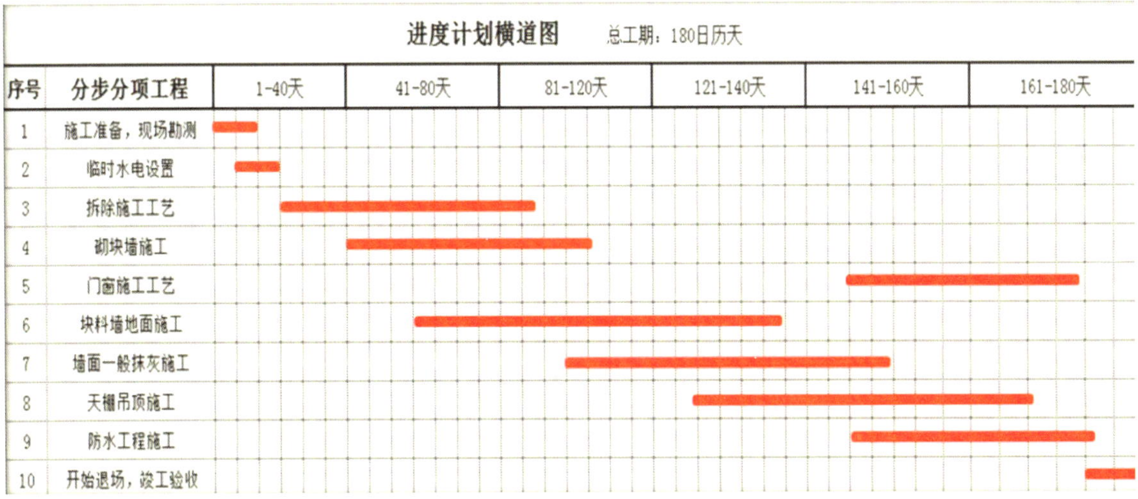

施工进度计划横道图

网络图

网络图进度计划可以体现各工序施工的先后顺序、逻辑关系，可随工程进展调整工序时间。比较抽象，绘制比较麻烦，理解和掌握需要一定的基础知识。

施 工 网 络 图

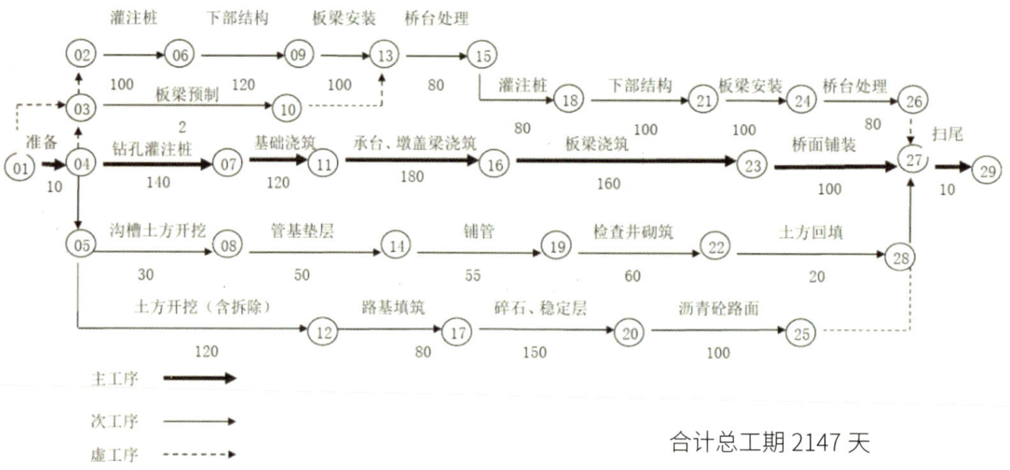

施工网络图

5. 资源需求计划

通过分析和识别项目的资源需求，确定项目需要，投入的资源种类（包括人力、设备、材料、资金等）、项目资源投入的数量和项目资源投入的时间，从而制订出项目资源供应计划的项目成本管理活动。

6. 施工准备工作计划

施工准备工作计划是为满足工程开工施工的需要组织有关部门限期完成各项准备工作而编制的计划。施工准备工作是保证建筑工程按计划开工、施工直至竣工的基础工作。

7. 施工平面图

施工平面图是施工过程的空间组织的图解形式，用以表达现有地形地物、拟建构筑物为施工服务的各类临时设施、运输道路机械设备等的平面位置。它把拟建项目组织施工的主要活动描绘在一张总图上，作为现场平面管理的依据，实现施工组织设计平面规划。

8. 施工技术组织措施计划

建筑企业在计划期内为保证完成施工生产任务、获得良好经济效果而编制的改善施工生产技术、施工生产组织和劳动组织等措施的计划。

9. 项目风险管理规划

制定风险识别、风险分析、风险减缓策略，确定风险管理的职责，为项目的风险管理提供完整的行动纲领。

10. 项目信息管理

项目信息管理是对项目实施过程中涉及的各种情况、情报、文件、记录、资料进行收集整理传递储存等各项工作的总称。

11. 技术经济指标的计算与分析

反映生产技术水平和经济的某一方面情况的绝对数、相对数或平均数。全面评价技术方案经济效果的一系列指标所构成的整体。

（六）进度计划的编制程序与方法

1. 收集编制依据

了解和分析工程任务的构成和施工的客观条件，掌握编制进度计划所需的各种资料，特别要对施工图进行透彻研究，并尽可能对施工中可能发生的问题做出预测，考虑解决问题的对策等。

2. 制订施工方案

主要是指确定项目施工总体部署，划分施工阶段，制定施工方法，明确工艺流程，决定施工顺序等。这些一般都是施工组织设计中施工方案说明中的内容，且施工方案说明一般应在施工进度计划之前完成，故可直接从有关文件中获得。

3. 根据工程量划分工区和工序

根据工程内容和施工方案，将工程任务划分为几个工区和若干道工序。一个项目划分为多少道工序，由项目的规模和复杂程度，以及计划管理的需要来决定，只要能满足工作需要就可以了，不必过分细。大体上要求每一道工序都有明确的任务内容，有一定的实物工程量和形象进度目标，能够满足指导施工作业的需要，完成与否有明确的判别标志。

4. 计算各项工作的持续时间

即估算完成每道工序所需要的工作时间，也就是每项工作延续时间，这是对计划进行定量分析的基础。一般根据工程量套用公司的施工定额，再考虑一定的外围因素影响而确定较真实的每项工作的持续时间。

5. 编制各项工作的初始方案

将项目的所有工序，依次列成表格，编排序号，便于查对是否遗漏或重复，主要用于确定各项工作的紧前与紧后关系，即逻辑制约关系。同时列出的各项工作之间的逻辑关系，既包括工艺逻辑，也包含由施工组织方法决定的组织逻辑。

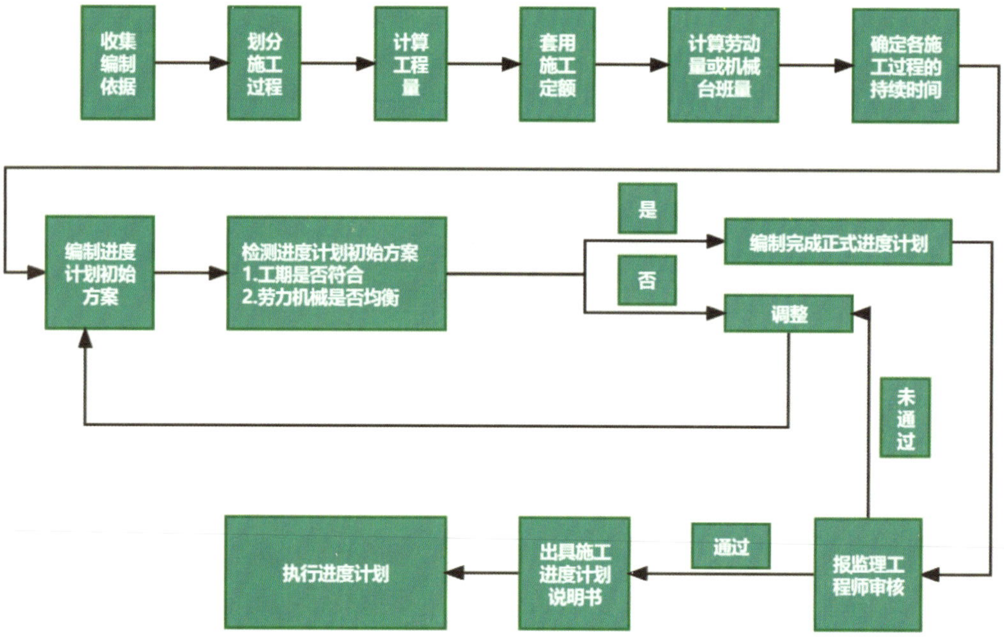

进度计划编制流程图

五、能力操作

（一）案例分析

施工组织设计报审表

工程名称：××× 住宅楼工程　　　　编号：×××

致 ×× 工程建设监理有限公司 ×× 项目监理部 （项目监理机构）

我方已完成 ×× 住宅楼 1# 楼 施工组织设计 / （专项）施工方案的编制和审批，请予以审查。

附：☑ 施工组织设计

☐ 专项施工方案

☐ 施工方案

施工项目经理部（盖章）：

项目经理（签字）：×××

×× 年 ×× 月 ×× 日

审查意见：

施工组织设计内容全面，施工部署和施工进度计划科学、有序，能满足工程需要。施工现场布置合理。施工管理计划切实可行。主要施工方案叙述详细，有针对性，符合规范和设计要求。

专业监理工程师（签字）：__________

××年××月××日

审核意见：

同意按此施工组织设计组织施工。

项目监理机构（盖章）：

总监理工程师（签字、加盖执业印章）：×××

××年××月××日

审批意见（仅对超过一定规模的危险性较大的分部分项工程专项施工方案）：

同意按此施工组织设计组织施工。

建设单位：

建设单位代表（签字）：×××

××年××月××日

注：本表由施工单位填写，一式三份，连同施工组织设计一并送项目监理机构审查。建设、监理、施工单位各一份。

（二）“施工组织设计 /（专项）施工方案报审表”填写说明与依据

1. 项目监理机构应审查施工单位报审的施工组织设计，符合要求时，应由总监理工程师签字确认后报建设单位。项目监理机构应要求施工单位按已批准的施工组织设计组织施工。施工组织设计需要调整时，项目监理机构应按程序重新审查。

施工组织设计审查应包括下列基本内容：

（1）编审程序应符合相关规定；

（2）施工进度、施工方案及工程质量保证措施应符合施工合同要求；

（3）资金、劳动力、材料、设备等资源供应计划应满足工程施工需要；

（4）安全技术措施应符合工程建设强制性标准；

（5）施工总平面布置应科学合理。

2. 施工组织设计或（专项）施工方案报审表，应按本表填写。

3. 总监理工程师应组织专业监理工程师审查施工单位报审的施工方案，符合要求后应予以签字确认。施工方案审查应包括下列基本内容：

（1）编审程序应符合相关规定；

（2）工程质量保证措施应符合有关标准。

4. 项目监理机构应审查施工单位报审的专项施工方案，符合要求的，应由总监理工程师签字确认后报建设单位。超过一定规模的危险性较大的分部分项工程的专项施工方案，应检查施工单位组织专家进行论证、审查的情况，以及是否附具安全验算结果。项目监理机构应要求施工单位按已批准的专项施工方案组织施工。专项施工方案需要调整时，施工单位应按程序重新提交项目监理机构审查。

专项施工方案审查应包括下列基本内容：

（1）编审程序应符合相关规定；

（2）安全技术措施应符合工程建设强制性标准。

六、课后作业

选择题

1. 混凝土模板搭设跨度在（　　）以上，需要编制专项施工方案。

A.6m　　B.8m　　C.10m　　D.12m

2. 安全专项施工方案的审批，组织不少于（　　）人的专家。

A.3　　B.4　　C.5　　D.6

3. 新建筑物施工定位的重要依据是（　　）。

A. 总平面图　　B. 结构平面图　　C. 建筑平面图　　D. 底层平面图

4.（　　）是施工组织设计的核心内容，是施工组织设计的关键。

A. 图纸会审　　B. 技术交底　　C. 施工方案　　D. 质量验收

判断题

1. 质量计划是施工组织设计的组成部分。（　　）

2. 施工组织设计属于施工技术资料。（　　）

实操题

K 市建德建筑有限公司承包了 S 市舟山农牧发展有限公司培育工厂的砌筑工程项目，项目编号 010101003001。当完成了施工组织设计后（方案），2022 年 3 月 21 日，由项目部经理小明向 S 市建筑设计院有限公司（项目监理机构），递交施工组织设计（方案）报审表。

根据上列信息，填写施工组织设计（方案）报审表。要求栏目填写正确。

附：施工组织设计（方案）报审表

工程名称：　　　　　　　　　　　　　　　编号：

<table>
<tr><td>
致＿＿＿＿＿＿（项目监理机构）
我方已完成＿＿＿＿＿施工组织设计 /（专项）施工方案的编制和审批，请予以审查。
附：□施工组织设计
□专项施工方案
□施工方案
施工项目经理部（盖章）：＿＿＿＿＿＿＿＿
项目经理（签字）：＿＿＿＿＿＿＿＿
＿＿＿年＿＿＿月＿＿＿日
</td></tr>
<tr><td>
审核意见：
专业监理工程师（签字）：＿＿＿＿＿＿＿＿
＿＿＿年＿＿＿月＿＿＿日
</td></tr>
<tr><td>
审核意见：
项目监理机构（盖章）：＿＿＿＿＿＿＿＿
总监理工程师（签字、加盖执业印章）：＿＿＿＿＿＿＿＿
＿＿＿年＿＿＿月＿＿＿日
</td></tr>
<tr><td>
审批意见（仅对超过一定规模的危险性较大的分部分项工程专项施工方案）：
建设单位：＿＿＿＿＿＿＿＿
建设单位代表（签字）：＿＿＿＿＿＿＿＿
＿＿＿年＿＿＿月＿＿＿日
</td></tr>
</table>

注：本表由施工单位填写，一式三份，连同施工组织设计一并送项目监理机构审查。建设、监理、施工单位各一份。

【效果评价】

工作任务学习评价单

编号：任务（二）— 01

开工前资料收集和整理							
班级		姓名		学号		总评	
职业能力 1	能编制填写施工组织设计审批表					学时	
						评价学时	
考核项目	考核内容及要求	分值	学生自评（10%）	小组评分（20%）	教师评分（70%）	实得分	
编制填写施工组织设计审批表（70 分）	了解施工组织设计的含义与类型	15					
	熟悉施工组织设计的编制原则、编制依据与内容	25					
	编写施工组织设计审批表	30					
学习态度（10 分）	上课认真听讲，积极参与讨论，认真完成任务	10					
完成时间（10 分）	能在规定时间内完成任务	10					
合作性（10 分）	积极参与组内各项任务，善于协调与沟通	10					
总计		100					
评价评语							
	教师签字：	第　　组	组长签字：	日期：			

职业能力 2：能编制填写图纸会审记录

一、任务引入

2016 年 C 市某项目中，在对设计院图纸会审过程中，两专业图纸对应复核时发现电气专业施工图与空调专业施工图中对设备数量的描述出入颇大，电气图纸仅对一台 40kW 的空气源热泵室外主机做了相应系统配电，而在空调施工图纸的设备表中为 8 台 40kW 空气源热泵室外主机，这 280kW 的容量在电气配电系统中全无显示，如果各专业仅对自己的施工图进行审核施工，后果可想而知，必然造成不必要的经济损失。

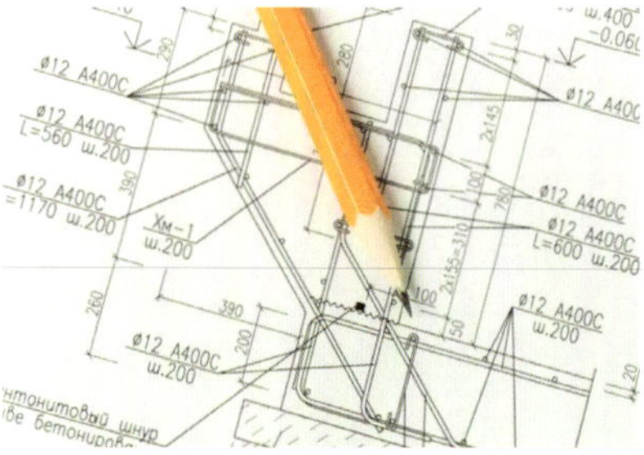

后来通过沟通，图纸修正内容包括：变压器容量增加，电容器柜的容量增加，配电低压柜进线容量增加，增加配电低压柜的数量及回路，增加了末端控制柜数量，同时对变电室内的设备排布重新进行了排布。由此可见，图纸会审中未发现的每一点设计漏洞都会对之后施工造成巨大的甚至不可逆转的恶劣影响。下面我们就来学习编制填写图纸会审记录。

二、学习目标

1. 了解图纸会审的含义、目的与适用范围。
2. 熟悉图纸会审的制度、内容与程序。
3. 掌握图纸会审记录的内容、填写及归档要求。

三、能力目标

- 能根据案例背景填写图纸会审记录。

四、基本知识

《“十四五”建筑业发展规划》文件指出：深化施工图审查作用，全面推广数字化审查机制，探索推进 BIM 审查和人工智能审查。随着国家对于全面审查政策推进，要如实执行图纸会审记录活动，以习近平新时代中国特色社会主义思想为指导，深入贯彻党的十九大和十九届历次全会精神，立足新发展阶段，完整、准确、全面贯彻新发展理念，构建新发展格局，坚持稳中求进工作总基调，以推动建筑业高质量发展。

（一）图纸会审含义

图纸会审是指建设单位、设计单位、施工单位、监理单位，材料、设备供货等相关单位，在收到审查合格的施工图设计文件后，在设计交底前进行的全面细致熟悉和审查施工图纸的活动。

图纸会审

（二）图纸会审目的

（1）使施工单位和各参建单位熟悉设计图纸，了解工程特点和设计意图，找出需要解决的技术难题，并制订解决方案。

（2）为了解决图纸中存在的问题，减少图纸的差错，将图纸中的质量隐患消灭在萌芽之中。

（三）适用范围

施工项目包括房建施工项目、市政工程项目及给排水项目。

施工图纸包括设计施工图纸、设计联系单、施工技术联系单及其他技术要求文件。

（四）图纸会审制度

1. 设计图纸控制

在设计招标或与设计单位签订合同时特别强调设计图纸的各个专业设计人员的图纸会签制度，以尽量减少图纸中各个专业的矛盾错误。

2. 图纸接收制度

现场工程师代表负责接收设计院图纸，检查图纸质量，要求清晰明确，设计及相关人员签字，设计院盖章，现场负责人做好图纸接收记录及存档图纸保管。

3. 图纸发放制度

现场工程师代表负责向监理单位发放施工图纸并做好图纸发放记录，记录清楚发放图纸名称、图号、份数、接收单位、接收时间及接收人签字。由监理单位负责对施工图纸进行审核后向各个施工单位发放。各个施工单位接收的图纸必须有监理单位盖的施工图纸专用章。

4. 图纸会审人员：下列人员必须参加图纸会审：
建设单位：现场负责人员及其他技术人员；
设计单位：设计院总工程师、项目负责人及各个专业设计负责人；
监理单位：项目总监、副总监及各个专业监理工程师；
施工单位：项目经理、项目副经理、项目总工程师及各个专业技术负责人；
其他相关单位：技术负责人。

5. 图纸会审时间控制：一般设计图纸分发后 3 个工作日内由监理负责组织业主、设计、监理、施工单位及其他相关单位进行设计交底。设计交底后 15 个工作日内由建设单位或监理负责组织上述单位进行图纸会审。

6. 图纸会审、施工单位、监理所单位及其他各个专业的工程技术人员针对自己发现的问题或对图纸的优化建议以文字性汇报材料分发会审人员讨论。

7. 图纸会审会议由业主或监理主持，主持单位应做好会议记录及参加人员签字。

8. 图纸会审每个单位提出的问题或优化建议在会审会议上必须经过讨论做出明确结论；对需要再次讨论的问题，在会审记录上明确最终答复日期。

9. 图纸会审记录由监理负责整理并分发各个相关单位执行、归档。

10. 图纸会审可采用全部图纸集中会审、分部图纸会审、分阶段图纸会审及分专业图纸会审，具体会审形式由监理确定。

11. 各个参建单位对施工图、工程联系单及图纸会审记录做好备档工作。

12. 作废的图纸设计以书面形式通知，各个施工单位自行处理。

（五）图纸会审内容

1. 是否无证设计或越级设计，图纸是否经设计单位正式签署。

2. 地质勘探资料是否齐全。

3. 设计图纸与说明是否符合当地要求。

4. 设计地震烈度是否符合当地要求。

5. 几个设计单位共同设计的图纸相互间有无矛盾；专业图纸之间、平立剖面图之间有无矛盾；标注有无遗漏。

6. 总平面与施工图的几何尺寸、平面位置、标高等是否一致。

7. 防火、消防是否满足规范要求。

8. 建筑结构与各专业图纸本身是否有差错及矛盾；结构图与建筑图的平面尺寸及标高是否一致；建筑图与结构图的表示方法是否清楚；是否符合制图标准；预埋件是否表示清楚；有无钢筋明细表或钢筋的构造要求在图中是否表示清楚。

9. 施工图中所列各种标准图册施工单位是否具备。

10. 材料来源有无保证，能否代换；图中所要求的条件能否满足；新材料、新技术的应用是否有问题。

11. 地基处理方法是否合理，建筑与结构构造是否存在不能施工、不便于施工的技术问题，或容易导致质量、安全、工程费用增加等方面的问题。

12. 工艺管道、电气线路、设备装置、运输道路与建筑物之间或相互间有无矛盾，布置是否合理。

13. 施工安全、环境卫生有无保证。

14. 图纸是否符合监理大纲所提出的要求。

（六）图纸会审程序

设计图纸会审应在开工前进行。如设计施工图纸在开工前未全部到齐，可先进行分部工程图纸会审。

1. 图纸会审的一般程序：业主或监理方主持人发言→设计方图纸交底→施工方、监理方代表提问题→逐条研究→形成会审记录文件→签字、盖章后生效。

2. 图纸会审前必须组织预审。阅图中发现的问题应归纳汇总，会上派一代表为主发言，其他人可视情况适当解释、补充。

3. 施工方及设计方专人对提出和解答的问题做好记录，以便查核。

4. 整理成为图纸会审记录，由各方代表签字盖章认可。

5. 参加图纸会审的单位：项目监理人员应熟悉工程设计文件，并应参加由建设单位主持的图纸会审和设计交底会议，会议纪要应由总监理工程师签认。由此可证，图纸会审和设计交底由建设单位主持。

五、能力操作

（一）案例学习

编制填写图纸会审记录

图纸会审会议记录

图纸会审记录表 C2-2		资料编号	00-00-C2-XXX
工程名称	XX 住宅楼工程	日期	2022 年 2 月 12 日
地点	XX 基建处会议室	专业名称	建筑
序号	图号	图纸问题	图纸问题交流
1	建施－1	建筑说明第十一条防水卷材为何种材料？厚度与层数设计上是否有要求？	防水材料另定
2	建施－8、建施 15	建施－15 中 4# 楼梯 2-2 剖面标高为 9.75 与建施－8 不符。	以建施－8 中标高 9.65 为准
3	建施 14	在汽车坡道墙体与主体结构墙体相邻处，两墙体外侧防水层如何做？	具体商定
4	建施－4、结施－4	建施－4 中⑫～⑬ / Ⓔ～Ⓕ轴处暗柱尺寸和结施－4 不符。	按结施－4 施工
5	建施－5	门窗表中给出的甲级 FM0822 图纸中标的是乙级。	应为乙级 FM0822
6	建施－5	门窗表中序号为 7、8、16、17、53、54、55、90 的门窗代号和尺寸不一致。	序号为 7、8、16、17、90 以门窗代号为准；53、54、55 以给出尺寸为准
7	建施－1	门厅门是否由厂家设计制作？	由厂家设计制作
8	建施－19	消防水池内防水施工，空气不流通，有些材料容易造成人身事故，可否采用对身体无害的材料？	做法改为环氧涂层，详见设计变更
9	建施－16	电梯基坑比其他部位低，但无集水坑，无法排水。	待定
10	建施－8	①（②）详图中标高 6.900 是否有误？	应为 10.200
11	建施－2	装修表中各层办公室等房间顶棚做法选用棚 2 还是棚 4？	见二次装修
12	建施－2	装修表中有内墙 5、8 的详细做法。	内墙做法 5、8 改为 4、7
13	建施－2	材料做法表中，基础垫层混凝土强度等级 C15，而结施－1 中基础垫层混凝土强度为 C20，以哪个为准？	以 C15 为准
14	建施－14	⑫ ~ ⑬ /Ⓓ轴处沉降缝成品止水带是否用橡胶材料？何种方式？	见 88J6-1-93-2

签字栏	建设单位	监理单位	设计单位	施工单位
	XXX	XXX	XXX	XXX

本表由施工单位整理、汇总。

本表应由建设、设计、监理和施工单位的项目相关负责人签认，形成正式图纸会审记录。不得擅自在会审记录上涂改或变更内容。

（二）表格解析

1. 责任部门

项目总工、项目工程部。

2. 提交时限

图纸会审须记录当天日期，并在图纸会审后 7 天内整理完毕并提交。

工程名称	XX 住宅楼工程	日期	2022 年 2 月 12 日

3. 规范名称

详情参考《住宅设计规范》（GB50096—2011）

1	建施－ 8、建施 15	建施－ 15 中 4# 楼梯 2-2 剖面标高为 9.75 与建施－ 8 不符。	以建施－ 8 中标高 9.65 为准
2	建施 14	在汽车坡道墙体与主体结构墙体相邻处，两墙体外侧防水层如何做？	具体商定
3	建施－ 4、结施－ 4	建施－ 4 中⑫～⑬ / Ⓔ～Ⓕ轴处暗柱尺寸和结施－ 4 不符。	按结施－ 4 施工
4	建施－ 5	门窗表中给出的甲级 FM0822 图纸中标的是乙级。	应为乙级 FM0822
5	建施－ 5	门窗表中序号为 7、8、16、17、53、54、55、90 的门窗代号和尺寸不一致。	序号为 7、8、16、17、90 以门窗代号为准；53、54、55 以给出尺寸为准

4. 相关要求

（1）图纸会审时，应重点审查施工图的有效性、对施工条件的适应性、各专业之间和全图与详图之间的协调一致性等。

（2）建筑、结构、设备安装等设计图纸是否齐全，手续是否完备；设计是否符合国家有关的经济和技术政策、规范规定，图纸总的做法说明（包括分项工程做法说明）是否齐全、清楚、明确，与建筑、结构、安装图、装饰和节点大样图之间有无矛盾；设计图纸（平、立、剖、构件布置，节点大样）之间相互配合的尺寸是否相符，分尺寸与总尺寸、大样图与小样图、建筑图与结构图、土建图与水电安装图之间互相配合的尺寸是否一致，有无错误和遗漏；设计图纸本身、建筑构造与结构构造、窗代号；结构各构件之间，在立体空间上有无矛盾，预留孔洞、预埋件、大样图或采用标准构配件图的型号、尺寸有无错误与矛盾。

（3）总图的建筑物坐标位置与单位工程建筑平面图是否一致；建筑物的设计标高是否可行；地基与基础的设计与实际情况是否相符，结构性能如何；建筑物与地下构筑物及管线之间有无矛盾。

（4）主要结构的设计在强度、刚度、稳定性等方面有无问题；主要部位的建筑构造是否合理；变更设计能否保证工程质量和安全施工。

（5）设计图纸的结构方案、建筑装饰，与施工单位的施工能力、技术水平、技术装备有无矛盾；采用新技术、新工艺，施工单位有无困难；所需特殊建筑材料的品种、规格、等级、数量能否解决，专用机械设备能否保证。

（6）安装专业的设备、管架、钢结构立柱、金属结构平台、电缆、电线支架以及设备基础是否与工艺图、电气图、设备安装图和到货的设备一致；传动设备、随机到货图纸和出厂资料是否齐全，技术要求是否合理，是否与设计图纸及设计技术文件一致，底座同土建基础是否一致；管口相对位置、接管规格、材质、坐标、标高是否与设计图纸一致；管道、设备及管件须防腐衬里、脱脂及特殊清洗时，设计结构是否合理，技术要求是否切实可行。

（7）施工（监理）单位领取图纸后，应由项目技术负责人（总监理工程师）组织相关人员对图纸进行审查，对所提出的问题按专业整理、汇总形成审查记录，报建设单位交给设计单位做设计交底准备。

（8）图纸会审应由建设单位组织设计、监理和施工单位技术负责人及有关人员参加。设计单位对各专业提出的问题进行答复。

（9）施工单位负责将设计交底的内容按专业汇总、整理形成图纸会审记录后由建设、设计、监理和施工单位相关负责人签认，不得擅自涂改或变更其内容。

5. 常见问题

设计图纸会审记录是施工文件的组成部分，与施工图具有同等效力，所以图纸会审记录的管理办法和发放范围同施工图管理、发放，必须认真实施。会审图纸综合归纳常见问题如下：

（1）建筑、结构说明有没有互相矛盾或者意图不清楚的地方；

（2）建筑、结构图中轴线位置是否一致，相对尺寸是否标注清楚；

（3）如果是框架结构，看建筑、结构图梁柱是否尺寸一致，如果是砖混，看墙厚、构造柱的布置是否一致；

（4）查看门窗的做法是否明确，有图籍的按照图籍，没有图籍做法的是否有大样图，大样图中开启方向、玻璃材质、龙骨材质等是否明确；

（5）一般设计容易疏忽的是窗台做法、窗帘盒做法、门窗材质、门垛尺寸；

（6）看结构图说明中是否与规范相矛盾或有出入，如有，协商按哪个标准施工；

（7）施工角度考虑，是否有施工难度大甚至不可能施工的结构节点，比如坡屋面与平屋面相交的地方，梁的交叉施工最容易出问题；

（8）楼梯踏步高和数量是否与标高相符；

（9）建筑立面图中的结构标高是否与结构图每层的标高相符；

（10）檐口的地方标高容易出错，适当注意；

（11）预留洞、预埋件是否错漏；

（12）构造做法是否交代清楚；

（13）材料选用是否合理，设计是否能满足质量要求；

（14）基础、地沟等是否相碰；

（15）标准图、详图是否正确；

（16）门窗、构件的尺寸、规格、数量是否相符等。

六、课后作业

判断题

1. 图纸会审记录是工程施工的正式技术文件，不得在会审记录上涂改或变更其内容。 （　　）

2. 施工图纸会审记录是工程施工的正式技术文件，是施工图纸的补充文件，是工程施工的依据之一。 （　　）

3. 单位工程开工前，由设计单位组织召开图纸会审设计交底会议，并进行图纸交底。 （　　）

单选题

1. 设计图纸分发后一般在（　　）个工作日内由监理负责组织业主、设计、监理、施工单位及其他相关单位进行设计交底。

A.3　　B.4　　C.5　　D.6

2. 设计交底后（　　）个工作日内由建设单位或监理负责组织上述单位进行图纸会审。

A.5　　B.10　　C.15　　D.20

3. 施工图设计文件审查合格后，（　　）应及时主持召开图纸会审会议，与会各方会签会议纪要。

A. 建设单位　　B. 施工单位　　C. 项目监理机构　　D. 设计单位

多选题

1. 图纸会审记录应由（　　）分别签字盖章。

A. 建设单位　　B. 监理单位

C. 设计单位　　D. 施工单位

E. 工程质量监督机构

2. 图纸会审记录除会审内容、解决办法外，还应注明工程名称及（　　）。

A. 会审日期　　B. 会审地点

C. 参加会审的单位名称　　D. 参加会审的人员姓名

E. 打印份数

实操题

会审会议备忘录

- **会议时间：** 2015 年 7 月 14 日 上午 8:30—下午 16:30
- **会议地点：** 春源公司厂区办公室
- **会议主办单位或部门：** 深圳春源钢铁工业有限公司
- **会议主持人：** 林三能
- **会议记录：** 斯兆红

与会人员名单：

（1）建设单位

深圳春源钢铁工业有限公司：林三能

（2）监理单位

深圳市龙建建设监理有限公司：仝山林、方红林

（3）设计单位

城市建设研究院：吴日重

（4）施工单位

福建省九龙建设集团有限公司：王治国、吴本银、郑传琛、顾龙英

（5）会议内容

春源公司龙岗同乐厂区二期厂房 K 区、J 区厂房工程

内容：

（1）GS0 中外墙承台梁、承台下炉渣是否可以取消？

（**回复：** 同意取消，承台梁、承台底在同一标高。）

（2）GS-01 中试验用锚桩长 13m，桩机不能施工。

（**回复：** 试桩由 4 桩锚固改为 6 桩锚固，锚桩长 8.0m，配主筋 6B18，箍筋不变。）

（3）GS-02 中 TDLL 轴标注与详图不同，以哪个为准？

（**回复：** TDL-1 与承台顶面同标高。）

（4）GS-02 中 TDL-1 长 3.0 m 是从哪里到哪里？

（**回复：** 从墙边向里延伸 3.0m 长。）

备忘录提交人： 斯兆红　　　　**备忘录审阅人：** 林三能

根据上列材料，填写图纸会审会议记录。要求文件排列有序，各栏目填写正确。

图纸会审会议记录

图纸会审记录表 C2-2		资料编号	
工程名称		日期	
地点		专业名称	
序号	图号	图纸问题	图纸问题交流

签字栏	建设单位	监理单位	设计单位	施工单位

【效果评价】

工作任务学习评价单

编号：任务（二）— 02

<table>
<tr><td colspan="9">开工前资料收集和整理</td></tr>
<tr><td>班级</td><td></td><td>姓名</td><td></td><td>学号</td><td></td><td>总评</td><td colspan="2"></td></tr>
<tr><td rowspan="2">职业能力 2</td><td rowspan="2" colspan="5">能编制填写图纸会审记录</td><td>学时</td><td colspan="2"></td></tr>
<tr><td>评价学时</td><td colspan="2"></td></tr>
<tr><td>考核项目</td><td>考核内容及要求</td><td>分值</td><td>学生自评（10%）</td><td>小组评分（20%）</td><td>教师评分（70%）</td><td>实得分</td><td colspan="2"></td></tr>
<tr><td rowspan="3">编制填写图纸会审记录（70 分）</td><td>了解图纸会审的含义、目的与适用范围</td><td>15</td><td></td><td></td><td></td><td></td><td colspan="2"></td></tr>
<tr><td>掌握图纸会审记录的内容、填写及归档要求</td><td>25</td><td></td><td></td><td></td><td></td><td colspan="2"></td></tr>
<tr><td>根据案例背景填写图纸会审记录</td><td>30</td><td></td><td></td><td></td><td></td><td colspan="2"></td></tr>
<tr><td>学习态度（10 分）</td><td>上课认真听讲，积极参与讨论，认真完成任务</td><td>10</td><td></td><td></td><td></td><td></td><td colspan="2"></td></tr>
<tr><td>完成时间（10 分）</td><td>能在规定时间内完成任务</td><td>10</td><td></td><td></td><td></td><td></td><td colspan="2"></td></tr>
<tr><td>合作性（10 分）</td><td>积极参与组内各项任务，善于协调与沟通</td><td>10</td><td></td><td></td><td></td><td></td><td colspan="2"></td></tr>
<tr><td colspan="2">总计</td><td>100</td><td></td><td></td><td></td><td></td><td colspan="2"></td></tr>
<tr><td rowspan="2">评价评语</td><td colspan="8"></td></tr>
<tr><td colspan="2">教师签字：</td><td colspan="2">第　　组</td><td colspan="2">组长签字：</td><td colspan="2">日期：</td></tr>
</table>

职业能力 3：能编制填写开工报审表

一、任务引入

某公司代建开发两幢沿街商住房工程，工程采用预应力管桩基础，框架结构。甲方采用工程量清单招投标，经公开招投标后与某施工单位于 2007 年 4 月 28 日签订建筑工程施工合同。但在实际现场放样定位工作中却发现施工场地红线范围内有个外单位洗车房没有拆除而影响了正常施工。后与外单位多次协商，红线范围内的某洗车房于 2007 年 10 月 30 日才拆除完毕，施工许可证也于 2007 年 10 月 22 日办理，导致前期无法办理施工许可证而延期开工达 5.5 个月之久。

2007 年 11 月 25 日，承包方提出：因工程延期半年开工，已安排落实的人员、机械设备一直在现场待命。半年来原材料及人工工资都有了一定程度的上涨，投标当时的价格基础与现在的价格基础已不相符，对此要求补偿因延期开工损失的费用 2009568 元。主要包括人工费、材料费、施工机械使用、利息、管理费、利润等几项内容。

2007 年 11 月到 2008 年 6 月，因赔偿问题没有协商一致，承包方一直未进场开工，再次延误工期约 8 个月。直至 2008 年 6 月 6 日，双方达成一致意见后签订补充协议，承包商正式组织施工。

此案由于甲方未达到开工条件，无法进行后续流程的办理，给甲乙双方都造成了一定的损失，并严重延误了开工时间。那么我们该如何进行正确规范的开工报审来避免不必要的损失呢？今天就让我们一起来学习开工报审的相关内容。

二、学习目标

1. 了解开工需要具备的条件。
2. 熟悉开工的办事部门及报建相关事宜。
3. 掌握开工报审的流程、表格填写及归档。

三、能力目标

- 能够编制开工报审表的填写与归档。

四、基本知识

（一）开工报审的重要性

开工报审决定着一个工程是否能顺利如期开工，是整个施工过程中最基础同时也是至关重要的一个环节。

万事开头难，在开工报审时，我们需要以正确合规的方式完成相关准备工作，取得开工条件。“商业的本性是逐利，可只有那些既有着过硬质量，又有着家国情怀的企业才能被历史记住，最伟大的商业必然是取之于民、造福于民。”在开工报审中，除了细致和完善的资料准备，诚信也是至关重要的一点。

开工报审

（二）报审条件及其部门

《建设用地规划许可证》——国土资源主管部门

《建设工程规划许可证》——规划管理部门

施工招投标——招标投标管理办公室

施工图设计文件审查——工程咨询公司

工程项目信息报送——住房和城乡建设官网

建设资金落实——银行出具证明

工程质量、安全报监——住房和城乡建设官网

防雷工程检测——气象部门

项目综合保险——住房和城乡建设官网

建筑红线验线——规划管理部门

施工许可证——住房和城乡建设官网

开工报告——监理、建设单位

（三）项目报建

2018 年 12 月 4 日起建设工程报建只须登录上海市住房和城乡建设管理委员会网站，在“网上政务大厅”的“建设管理”栏目中选择“建设工程项目信息报送”，在线填写并完成项目信息报送，取消窗口报建及审核环节。

1. 需要报建的项目类型

本市行政区域内总投资额 100 万元及以上的下列建设工程（指土木工程、建筑工程、线路管道和设备安装工程、装修工程、园林绿化工程及修缮工程）：

（1）由市、区发展改革委、经济信息化委审批、核准、备案的新建、改建、扩建工程。

（2）由国家部委审批、核准、备案的新建、改建、扩建工程，各行业主管部门、相关单位批准的装饰、装修或修缮工程，由市、区行业主管部门核准、备案的城市基础设施维修等工程。

（3）由市或区文物行政管理部门批准的文物建筑装饰、装修或修缮工程、市或区房屋行政管理部门批准的优秀历史建筑装饰、装修或修缮工程。

2. 报建所需资料

（1）营业执照及有关证明。

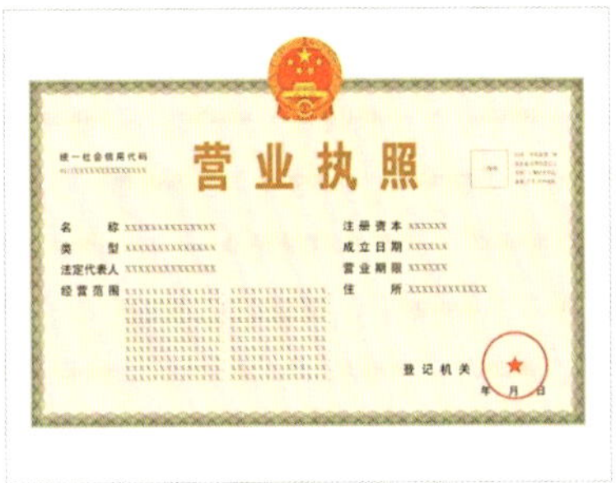

（2）建设工程立项的有关文件。

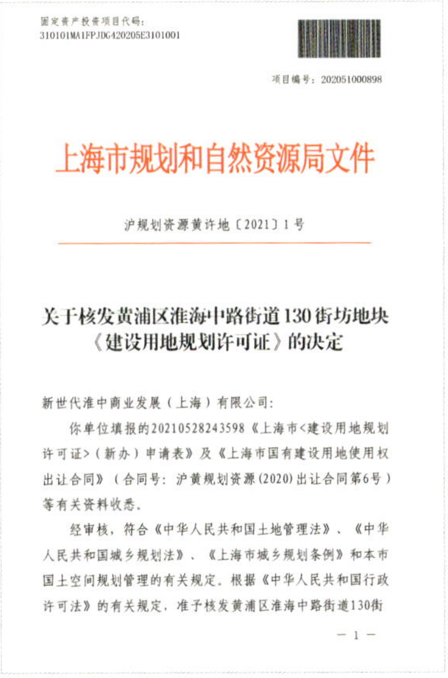

固定资产投资项目代码：
310101MA1FPJDG420205E3101001

项目编号：202051000898

上海市规划和自然资源局文件

沪规划资源黄许地〔2021〕1号

关于核发黄浦区淮海中路街道130街坊地块《建设用地规划许可证》的决定

新世代淮中商业发展（上海）有限公司：

你单位填报的20210528243598《上海市<建设用地规划许可证>（新办）申请表》及《上海市国有建设用地使用权出让合同》（合同号：沪黄规划资源(2020)出让合同第6号）等有关资料收悉。

经审核，符合《中华人民共和国土地管理法》、《中华人民共和国城乡规划法》、《上海市城乡规划条例》和本市国土空间规划管理的有关规定。根据《中华人民共和国行政许可法》的有关规定，准予核发黄浦区淮海中路街道130街

— 1 —

（3）文物或优秀历史建筑项目：文物或房管部门批准同意相关文件。

（4）房屋装修或修缮项目：《上海市房地产权证》或《不动产权证书》（建设单位与房地产权利人不一致的，另需房屋租赁合同或其他有效证明）。

（5）与建设工程相适应的资金证明（工程项目专用账户银行开户回执）。

3. 报建流程

（1）登录：建设单位用“法人一证通”数字证书登录“上海市住房和城乡建设管理委员会”（http://zjw.sh.gov.cn）→建设管理服务→建设工程项目信息报送→网上办事。

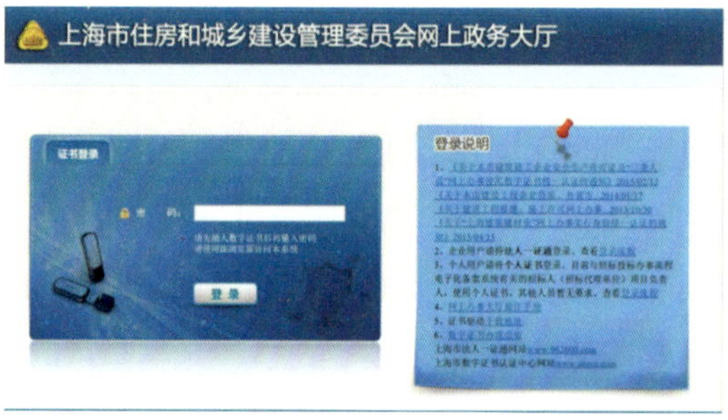

（2）填表：建设单位点击“新增项目信息报送”，选择“添加项目总投资在 100 万元及以上的项目”，选择相应项目类别，逐项填写“上海市建设工程项目信息报送表”。页面上画“ * ”标记的，为必填项。

（3）上传资料：建设单位点击“上传扫描件”上传资料。页面上画“ * ”标记的，为必传项。

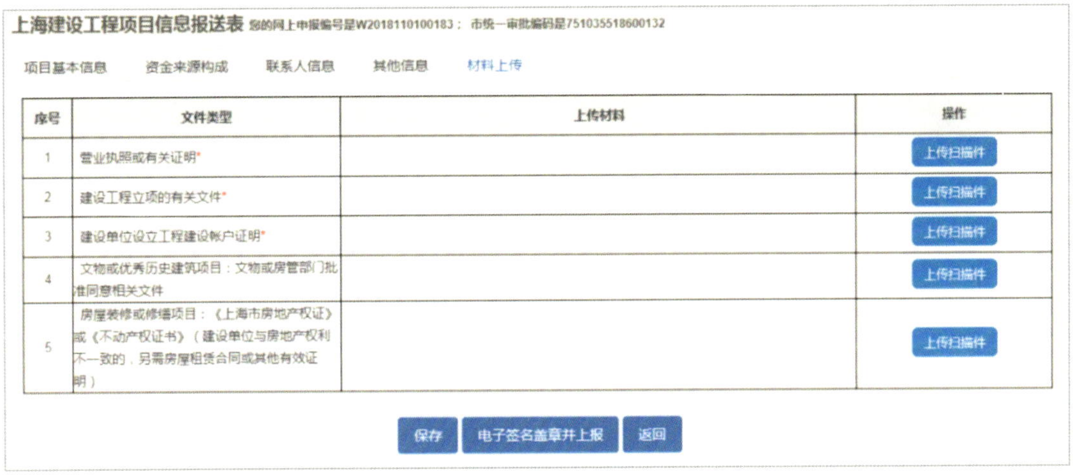

（4）提交上报完成：建设单位将所有内容填写并核对完成后，点击“电子签名并报送”，通过系统检验后点击“确认”，电子签名后即完成建设工程项目信息报送。

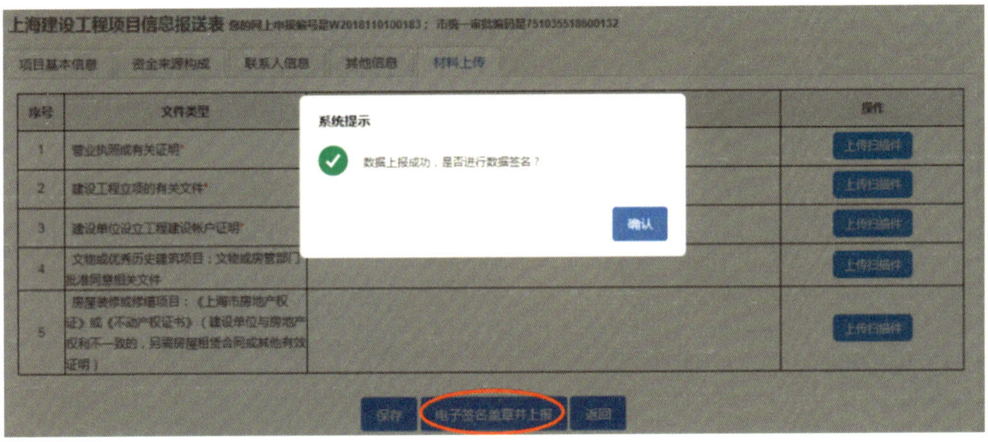

（5）下载申请表和告知单。建设单位点击“下载申请表”，下载“上海市建设工程项目信息报送表”（PDF 文件），点击“生成并下载告知单”，下载“建设工程项目信息报送告知单”。

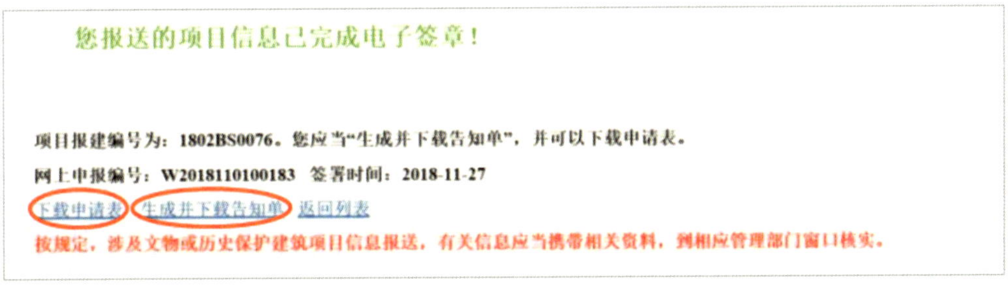

4. 窗口管理部门和受理时间

市管理部门：上海市住房和城乡建设管理委员会行政服务中心

地址：上海市徐汇区小木桥路 683 号

受理时间：周一至周五，上午 9：00 至 11：30（11：15 停止取号）。

周一至周四，下午 13：30 至 17：00（16：30 停止取号）。

周五，下午 13：30 至 15：30（15：00 停止取号）。

（四）建筑工程施工许可证

建筑工程施工许可证是建筑施工单位符合各种施工条件、允许开工的批准文件，是建设单位进行工程施工的法律凭证，也是房屋权属登记的主要依据之一。没有施工许可证的建设项目均属违章建筑，不受法律保护。当各种施工条件完备时，建设单位应当按照计划批准的开工项目向工程所在地县级以上人民政府建设行政主管部门办理施工许可证手续，领取施工许可证。未取得施工许可证的不得擅自开工。

1. 建筑工程施工许可证电子证照

自 2018 年 4 月 1 日起，在本市范围内实行建筑工程施工许可证电子证照。建设行政主管部门将不再制作发放纸质建筑工程施工许可证。建设单位可登录上海市住房和城乡建设管理委员会官方网站（http://www.shjjw.gov.cn）查询施工许可证办理情况，在办理完成后自行下载、打印和使用建筑工程施工许可证电子证照。建筑工程施工许可证电子证照与纸质建筑工程施工许可证具有同等法律效力。

建筑工程施工许可证电子证照上加盖经认证的市（区）建设行政主管部门电子签章，并附二维码。有关单位可通过关注“上海建筑业”微信服务号，扫描二维码查询最新信息。

2. 施工许可证办理权限划分

上海市行政区域内总投资额 100 万元及以上的房屋建筑工程及其附属设施、市政基础设施工程、建筑装修装饰工程需要办理施工许可证。

（1）上海市住房和城乡建设管理委员会负责本市建筑工程施工许可的综合管理和监督。

（2）上海市城乡建设和管理委员会行政服务中心负责市管项目（市政基础设施类交通工程及其附属用房和设施除外）的建筑工程施工许可证的办理。

（3）区建设行政管理部门按照其职责权限，负责所属区管项目（市政基础设施类交通工程及其附属用房和设施除外）的建筑工程施工许可证的办理。

（4）市政府委托实施管理的管委会负责管理范围内的建筑工程施工许可证的办理。

（5）市、区交通管理部门按照其职责权限，负责本市市政基础设施类交通工程（含附属用房和设施）的施工许可证的办理。

3. 办理施工许可证所需资料

材料名称	来源渠道	来源渠道说明	材料类型	纸质材料份数	材料形式	材料必要性	备注
施工许可申请表（本次申请范围） 示例样表 空白表格	申请人自备		原件和复印件	1	纸质	必要	
《建设用地批准书》或《房地产权证（或不动产权证）》或“多证合一”的建设用地规划许可证批准文件	政府部门核发	上海市规划和自然资源局、上海市自然资源确权登记局	原件和复印件	1	纸质	必要	查看详情
《建设工程规划许可证》	政府部门核发	上海市规划和自然资源局	原件和复印件	1	纸质	必要	查看详情
申领建筑工程施工许可的相关承诺书 空白表格	申请人自备		原件和复印件	1	纸质	必要	查看详情
《上海市建筑工程现场质量安全措施落实保证书》 空白表格	申请人自备		原件和复印件	1	纸质	必要	

（1）施工许可申请表（本次申请范围）。

（样表）

上海市建筑工程施工许可申请表

报建编号 :1901XX 0999

建设单位名称 上海 ×××× 有限公司		建设单位性质 有限责任公司	
建设单位地址 上海市 ×× 区 ×× 路 ×× 号			
工程名称 ×× 区办公楼项目			
建设地址 ×× 区 ×× 地块			
建设工程规模 ××××× 平方米		房屋建筑面积 ×××× 平方米	
合同价格（万元）×××× 万元		合同工期（日历天）××× 天	
法定代表人 张三		建设单位联系电话 021 - ××××××××	
建设单位联系人 李四		联系人手机号 138×××××111	
建设用地批准书 或房地产产权证编号 沪房地 ×× 号		建设工程规划 许可证编号 沪规建 ××× 号	
建设单位名称	项目负责人	证件号	手机号
上海 ×××× 有限公司	王五	31010×××××××××××××	138×××××222
勘察单位名称	项目负责人	证件号	手机号
上海 ××× 勘察有限公司	赵六	31010×××××××××××××	138×××××333
设计单位名称	项目负责人	证件号	手机号
上海 ××× 设计有限公司	孙七	31010×××××××××××××	138×××××444
施工单位名称	项目负责人	证件号	手机号
上海 ××× 建筑有限公司	周八	31010×××××××××××××	138×××××555
监理单位名称	项目负责人	证件号	手机号
上海 ××× 监理有限公司	吴九	31010×××××××××××××	138×××××666
本次申请施工许可工程的现场开工情况：未开工 / 已开工（二选一）			
本单位对上述填表内容及提供的材料真实性负责。 法定代表人（签字或盖章）： 建设单位（公章）： ×××× 年 ×× 月 ×× 日			
审查意见： 经办人： 日期：	审核意见： 审核人： 日期：	审定意见： 审定人： 日期：	

报建编号 :1901XX 0999

单位工程明细表		
单位工程名称	工程类型	工程内容
A 楼	房屋建筑	建筑面积 ××× 平方米
B 楼	房屋建筑	建筑面积 ××× 平方米
C 楼	房屋建筑	建筑面积 ××× 平方米

（2）建设用地批准书或房地产权证（或不动产权证）或“多证合一”的建设用地规划许可证批准文件。如果规划部门提供的数据完整，此材料可免于提交，否则需要申请人提交复印件并核对原件。

（3）建设工程规划许可证。如能通过本市大数据中心调取数据，可以免于提交。

（4）申领建筑工程施工许可的相关承诺书。包含对建设资金和施工场地的承诺，装修工程和新、改、扩建工程须填不同模板的承诺书。

承诺书

（建筑装饰装修工程施工许可）

建设单位会同设计单位、施工总包单位阅读并知晓了《中华人民共和国建筑法》（主席令第46号）、《建筑工程施工许可管理办法》（建设部令第18号、建设部令第42号修正）、《上海市建筑工程施工许可实施细则》（沪建管〔2015〕377号）、《上海市建筑装饰装修工程管理实施办法》（沪住建规范〔2020〕3号），现对本次申请施工许可的项目___（本次申请施工许可的项目名称）___（报建编号及施工标段号：___），施工合同信息报送编号：___，建设位置___在建设过程中，做如下承诺：

一、建设资金已经落实，建设单位已支付给施工企业不少于建筑工程合同价10%的预付款，以及截至申请之日无拖欠工程款情形；政府投资工程按财政部门支付要求落实资金。施工场地已经基本具备施工条件。

二、本次申请施工许可的项目是无需申请办理《建设工程规划许可证》的建筑装饰装修工程，以及不涉及市人民政府确定的特定区域内的房屋立面改造工程、需要变动主体承重结构的建筑物或者构筑物的大修工程、拆除重建、加高加层、建筑面积调整等工程。

三、工程分类

□（一）本次申请施工许可的项目属于特殊类建筑装饰装修工程，存在下列情形：

□1、涉及建筑主体和承重结构变动的，包括：（1）梁、板、柱等主体和承重结构局部改动的（局部管道施工开孔除外）；（2）整体或局部结构加固的；（3）建筑物内部加装、改装电梯的（既有多层住宅加装电梯除

1

外）；（4）因使用功能调整等产生荷载增加的。

□2. 涉及消防设施变动的，包括：（1）防火分区、防烟分区重新调整的；（2）改动疏散楼梯及疏散走道的；（3）改动室内消火栓系统的；（4）改动自动喷水灭火等水灭火系统的；（5）改动气体灭火及其他灭火系统的；（6）改动建筑给排水、消防电气、机械防烟系统、机械排烟系统、机械通风空调系统、正压送风系统的；（7）改动原有消防性能化设计的；（8）建筑面积大于（含）300平方米并涉及喷淋、火灾报警探测器等末端消防设施局部改动的。

□3. 涉及房屋立面改动的，包括：（1）涉及玻璃幕墙、石材幕墙、玻璃顶棚、玻璃吊顶、防护栏杆改变的；（2）涉及其他房屋外围护结构及其装饰层的外部轮廓局部变动的。

□4. 涉及功能调整的，并经市、区政府书面认定，需要列入建筑装饰装修工程的。

□（二）本次申请施工许可的项目属于一般类建筑装饰装修工程，不存在特殊类建筑装饰装修工程所列情形。

四、本次申请施工许可的建筑装饰装修工程是否存在下列情形：

（一）涉及存在《现有建筑抗震鉴定与加固规程》（DGJ08-81-2015）规定情形的、增加荷载超过设计荷载值5%的、涉及2000年之前建造且低于《建筑抗震设计规程》（DBJ08-9-92）（1996年局部修订增补）标准设计等情形的。

□是　□否

（二）涉及超限高层建筑的。

□是　□否

2

（三）涉及超出现行技术规范规程设计的建筑或者体型特别不规则的多层建筑。

□是　□否

（四）涉及玻璃幕墙改动的。

□是　□否

（五）经市、区人民政府根据项目实际情况，认为需要列入建筑装饰装修项目的。

□是　□否

以上内容如有不实，愿承担相应法律责任。

项目负责人（签字、注册章）：	设计单位（公章）：
项目负责人（签字、注册章）：	施工总包单位（公章）：
建设单位法定代表人（签名或盖章）：	建设单位（公章）：

日期：____年____月____日

3

承诺书

（新建、改建、扩建工程施工许可）

建设单位会同施工总包单位阅读并知晓了《中华人民共和国建筑法》（主席令第46号）、《建筑工程施工许可管理办法》（建设部令第18号、建设部令第42号修正）、《上海市建筑工程施工许可实施细则》（沪建管〔2015〕377号），现对本次申请施工许可的项目＿＿＿＿＿＿＿（建设工程规划许可证的建设项目名称）＿＿＿＿（建设工程规划许可证证书编号：＿＿＿＿＿＿＿＿）建设位置＿＿＿＿＿＿（建设工程规划许可证的建设位置）＿＿＿＿

在建设过程中，作如下承诺：

一、建设资金已经落实，建设单位已支付给施工企业不少于建筑工程合同价10%的预付款，且截至申请之日无拖欠工程款情形；政府投资工程按财政部门支付要求落实资金。施工场地已经基本具备施工条件，需要拆迁的，其进度符合施工要求。

二、建设位置坐落于＿＿＿（不动产权证/房地产权证/建设用地批准书/“多证合一”的建设用地规划许可证坐落的表述）＿＿＿（不动产权证/房地产权证/建设用地批准书/“多证合一”的建设用地规划许可证编号：＿＿＿＿＿＿＿＿）范围内。

三、建设工程规划许可证的建筑工程项目表所列单位工程

（一）＿＿＿＿＿＿＿＿＿＿，

（二）＿＿＿＿＿＿＿＿＿＿，

（三）＿＿＿＿＿＿＿＿＿＿，

（四）＿＿＿＿＿＿＿＿＿＿，

1

……

属上海市建设工程施工中标通知书/交易登记表【属于招标发包的需填写报建编号及施工标段号：＿（10位报建编号+3位施工标段号）＿】，施工合同（合同信息报送编号：＿＿＿＿＿＿＿＿）范围内。

以上内容如有不实，愿承担相应法律责任。

项目负责人（签字、注册章）：	施工总包单位（公章）：
建设单位法定代表人（签名或盖章）：	建设单位（公章）：

日期：＿＿年＿＿月＿＿日

2

（5）上海市建筑工程现场质量安全措施落实保证书。

上海市建筑工程现场质量安全措施落实保证书

我单位投资建设的＿＿＿＿＿＿＿＿＿＿＿＿工程（报建编号：＿＿＿＿＿＿），已按承诺，组织完成了现场质量安全保证措施，已具备以下条件：

一、机构设置及人员到岗情况

1．建设、勘察、设计、施工、监理单位五方责任主体项目负责人已取得法定代表人签署的授权书和项目负责人终身质量负责制承诺书。

2．现场建设、监理、施工等单位已建立项目管理机构。

3．建设单位项目负责人、施工单位项目负责人、项目技术负责人、质量员、安全员、监理单位总监、专业监理工程师、专职安全监理员等关键岗位人员已到岗，并完成实名制登记。

二、质量安全保障措施

1．已具备满足施工需求审图合格的施工图纸，相应的质量安全责任制已建立。

2．施工组织设计已审批通过。其中，按照规定应进行专家论证的专项施工方案，已通过专家论证。

3．监理规划和相关监理细则按规定已制定并通过审批。

4．对因施工活动可能给毗邻建（构）筑物、设施和重要管线造成影响的，或在轨道交通保护区内的，已制定安全防护措施或方案。

1

三、现场施工的基本条件

1、现场供排水、施工用电、临时设施和施工道路等施工、生活配套条件已具备。

2、施工场地内需保护的高压线，树木等，已采取安全保护措施；需拆迁的建筑物已拆除。

四、现场无违法开工及其他违反相关法律法规规定的行为

我司对以上内容做出郑重保证，保证以上情况真实有效，若现场实际有违以上内容，我司将承担一切后果，并自愿接受行政主管部门撤回施工许可证的行政处理或相应的行政处罚。

勘察单位项目负责人（签字、注册章）：

设计单位项目负责人（签字、注册章）：

施工单位项目负责人（签字、注册章）：

监理单位总监理工程师（签字、注册章）：

建设单位（公章）：

建设单位负责人（签字）：

法定代表人（签字）：

2　2018年　月　日

4. 施工许可证办理流程

办证流程示意图

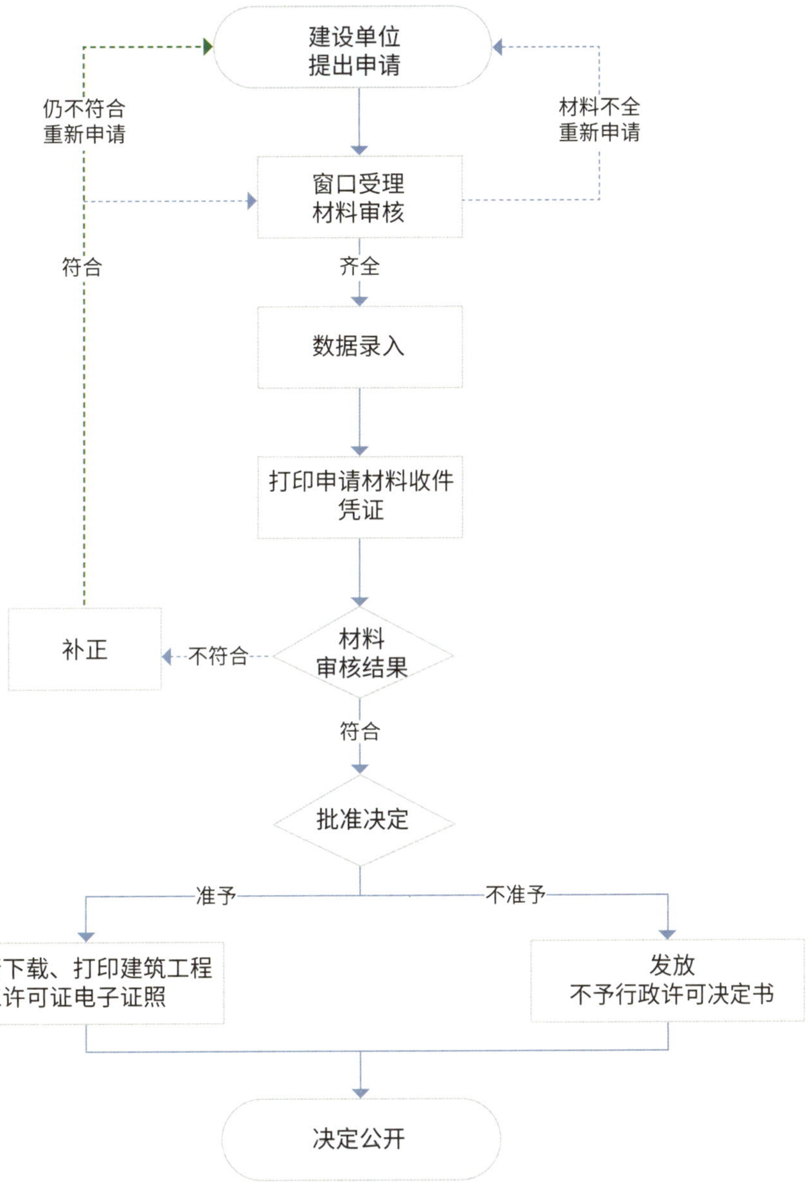

（1）**收件：**申请 人通过上海住房和城乡建设管理委员会（http://zjw.sh.gov.cn/）→“我要办”→“行政审批事项”→“建筑工程施工许可”，网上填写上海市建筑工程施工许可申请表，并下载带有条形码的上海市建筑工程施工许可申请表一式一份，加盖公章、法定代表人签字或盖章后，携带申请材料到相应的发证机关施工许可受理窗口申请施工许可证。受理窗口收件工作人员依据申请材料目录及形式标准，对申请人提交的申请材料进行审核，对符合要求的进行收件。

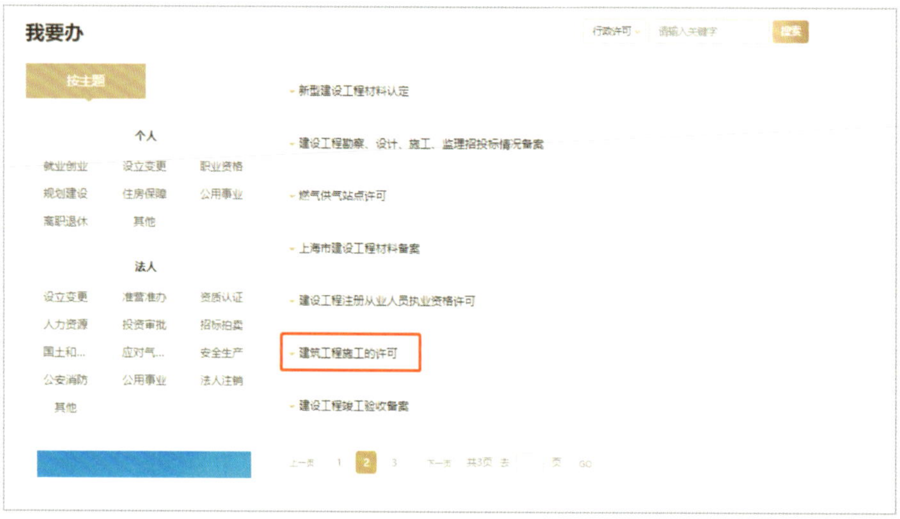

（2）**受理：**受理窗口工作人员当场，依据受理条件对申请材料进行审查，对申请材料齐全、符合法定形式的，进行收件，出具受理通知书；对申请材料不齐全或者不符合法定形式的，应当当场或自接受之日起 5 个工作日内一次告知申请人需要补正的全部内容，逾期不告知的，自收到申报资料之日起即为受理。

申请与受理

办理步骤	办理时限（工作日）	办理人员	审查标准
受理	1	受理人员	申请材料齐全，符合法定形式，具体见申请材料目录。

（3）**审查：**上海市城乡建设和管理委员会行政服务中心科室经办人员，依据审批条件对申请材料进行审查，提出审查意见，于两个工作日内完成审查并报上海市城乡建设和管理委员会行政服务中心科室。

（4）**决定：**上海市城乡建设和管理委员会行政服务中心，依据审批条件对相关审查意见进行审定，于一个工作日内做出是否准予审批的决定。

审查与决定

办理步骤	办理时限（工作日）	办理人员	审查标准
决定	3	部门负责人	1.新办的准予批准条件（1）依法应当办理用地批准手续的已办理；（2）依法应当办理建设工程规划许可证手续的已办理；（3）施工场地已经基本具备施工条件，需要征收房屋的，其进度符合施工要求，有保证工程质量和安全的具体措施；（4）依法已确定施工企业，按照规定应当招标的建筑工程没有招标，应当公开招标的工程没有公开招标，或者肢解发包工程，以及将建筑工程发包给不具备相应资质条件的企业的，所确定的施工企业无效。按照规定应当委托监理的建筑工程已委托监理。相应的勘察、设计、施工、监理合同应当完成信息报送；（5）有满足施工需要的技术资料，依法应当进行施工图设计文件审查的已按规定审查合格；（6）建设资金已经落实。建设单位应当提供建设资金已经落实承诺书。政府投资工程按财政部门支付要求落实资金；

（5）**颁证与送达：**做出准予审批的决定后，申请人可即时至上海市住房和城乡建设管理委员会网站 (http://zjw.sh.gov.cn) 下载打印建筑工程施工许可证电子证照。

颁证与送达

办理步骤	办理时限（工作日）	办理人员	结果名称	送达方式
颁证与送达	0	发证人员	《建筑工程施工许可证》	直接送达

（五）开工其他需求

开工报审的其他需求

1. 主要管理人员

施工单位：

- 项目经理
- 技术负责人
- 施工员
- 质量员
- 安全员
- 材料员
- 预算员
- 测量员
- 取样员
- 合同员等

2. 特殊工种人员

特殊工种是指从事特种作业人员岗位类别的统称，是指容易发生人员伤亡事故，对操作本人、他人及周围设施的安全有重大危害的工种。

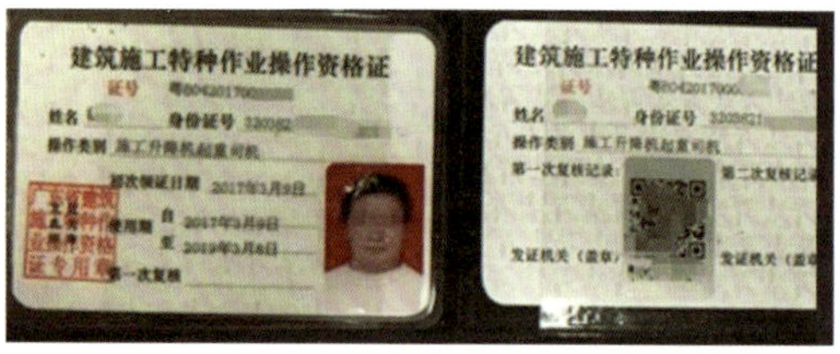

3. 相关材料

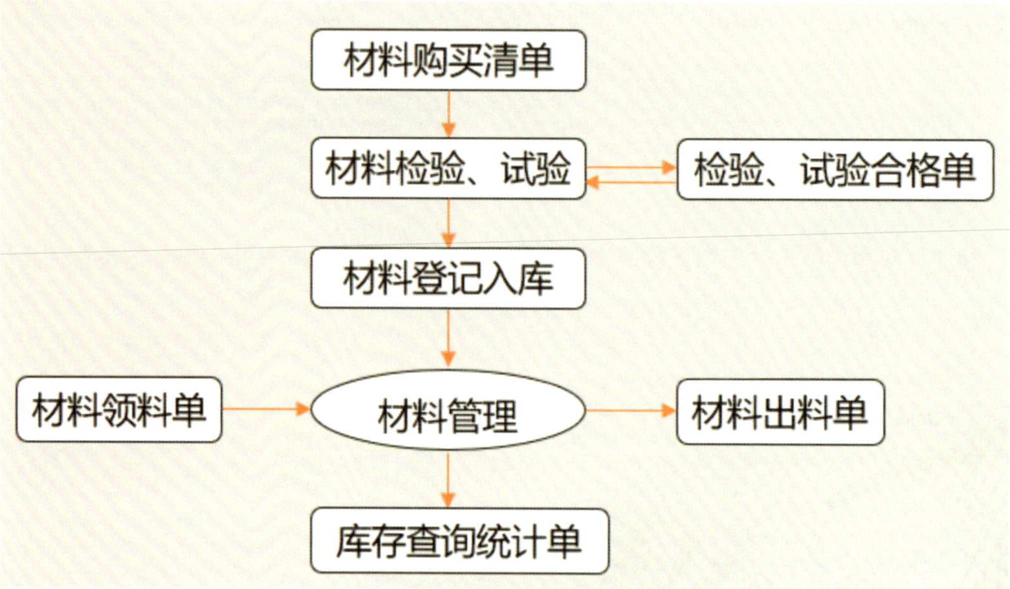

4. 施工机械

（1）挖掘机、装载机、推土机、压路机、平地机、摊铺机、铣刨机、破碎机等；

（2）塔吊、车吊、卷扬机、施工电梯、物料提升机等；

（3）电焊机、钢筋校直机、钢筋剪切机、钢筋对焊机、切割机、空压机等；

（4）混凝土输送泵、混凝土搅拌车、混凝土输送泵车、振捣器等；

（5）高空作业车、旋挖钻机、打桩机、喷浆机、燃油发电机等。

5. 开工前提条件

（1）三通一平：水通、电通、路通和场地平整。

（2）五通一平：通信、排水通、给水通、电通、路通和场地平整。

（3）七通一平：通热力、通气、通信、排水通、给水通、电通、路通和场地平整。

6. 图纸会审

图纸会审是指工程各参建单位（建设单位、监理单位、施工单位等相关单位）在收到施工图审查机构审查合格的施工图设计文件后，在设计交底前进行全面细致的熟悉和审查施工图纸的活动。各单位相关人员应熟悉工程设计文件，并应参加建设单位主持的图纸会审会议，建设单位应及时主持召开图纸会审会议，组织监理单位、施工单位等相关人员进行图纸会审，并整理成会审问题清单，由建设单位在设计交底前约定的时间提交设计单位。图纸会审由施工单位整理会议纪要，与会各方会签。

7. 施工组织设计报审

填写施工组织设计 /(专项) 施工方案报审表并提交相关附件材料。

施工组织设计 /(专项) 施工方案报审表

工程名称：　　　　　　　　　　　　　　　　　　编号：

致：＿＿＿＿＿＿＿＿(项目监理机构)

我方已完成＿＿＿＿＿＿＿＿＿＿工程施工组织设计 /(专项) 施工方案的编制和审批，请予以审查。

附件：　施工组织设计

专项施工方案

施工方案

施工项目经理部 (盖章)

项目经理 (签字)

年　　月　　日

审查意见：

专业监理工程师 (签字)

年　　月　　日

审核意见：

项目监理机构 (盖章)

总监理工程师 (签字，加盖执业印章)

年　　月　　日

8. 工程开工报审

填写工程开工报审表并提交相关附件材料。

五、能力操作

开工报审表

工程名称：××× 住宅楼工程　　　　　　　　　　　　编号：

致 ××集团开发有限公司 （建设单位）

××工程建设监理有限公司 ××项目经理部 （项目监理机构）

我方承担的 ××住宅楼 工程，已完成相关准备工作，具备开工条件，申请于 ×× 年 ×× 月 ×× 日开工，请予以审批。

附：

1. 获得政府主管部门批准的施工许可证；
2. 征地拆迁工作满足工程进度需要；
3. 施工组织设计已获得总监理工程师批准；
4. 现场管理人员、施工人员已经进场，机具、主要材料已落实；
5. 进场道路、水、电、通信等已满足开工要求；
6. 质量管理、技术管理和质量保证体系的组织机构已建立；
7. 质量管理、技术管理制度已制定；
8. 专职管理人员和特种作业人员已取得资质证、上岗证；

……

施工单位（盖章）：

项目经理（签字）：×××

×× 年 ×× 月 ×× 日

审核意见：

具备开工条件，同意开工。

项目监理机构（盖章）：

总监理工程师（签字、加盖执业印章）：×××

×× 年 ×× 月 ×× 日

审核意见：

同意开工。

建设单位（盖章）：

建设单位代表（签字）：×××

×× 年 ×× 月 ×× 日

注：1. 本表一式三份，项目监理机构、建设单位、施工单位各一份。

2. 本表摘自《建设工程监理规范》（BG/T50319—2013）。

“工程开工报审表”填写说明与依据

总监理工程师应组织专业监理工程师审查施工单位报送的工程开工报审表及相关资料；同时具备下列条件时，填报“工程开工报审表”：

（1）设计交底和图纸会审已完成。

（2）施工组织设计已由总监理工程师签认。

（3）施工单位现场质量、安全生产管理体系已建立，管理及施工人员已到位，施工机械具备使用条件，主要工程材料已落实。

（4）进场道路及水、电、通信等已满足开工要求。

六、课后作业

选择题

1. 开工报审表需要盖章的单位包括（　　）。

A. 施工单位　　B. 项目监理机构　　C. 建设单位　　D. 以上都是

2. 以下不是办理施工许可证所需资料的（　　）。

A. 建筑工程规划许可证　　B. 施工许可证申请表

C. 建设项目批准文件　　D. 承发包合同副本

3. 以下属于特殊工种人员的是（　　）。

A. 项目经理　　B. 材料员　　C. 建筑电工　　D. 预算员

判断题

1. 本市行政区域内所有房屋建筑工程及其附属设施、市政基础设施工程、建筑装修装饰工程，都需要办理施工许可证。（　　）

2. 本市范围内实行建筑工程施工许可证电子证照。（　　）

3. 基本建设项目开工的前提条件是施工现场三通一平。（　　）

实操题

根据案例背景，试填写开工报审表。

案例背景

工程名称：上海市花园小区住宅楼建设工程

建设单位：花园集团开发有限公司

项目监理机构：顺利工程建设监理有限公司审核项目经理部

开工日期：2022 年 4 月 1 日

已具备开工条件

1. 获得政府主管部门批准的施工许可证；
2. 征地拆迁工作满足工程进度需要；
3. 设计交底和图纸会审已完成；
4. 施工组织设计已获得总监理工程师批准；
5. 现场管理人员、施工人员已经进场，机具、主要材料已落实；
6. 进场道路、水、电、通信等已满足开工要求；
7. 质量管理、技术管理和质量保证体系的组织机构已建立；
8. 质量管理、技术管理制度已制定；
9. 专职管理人员和特种作业人员已取得资质证、上岗证。

附表：

开工报审表

工程名称： 编号：

致 ____________（建设单位） ____________（项目监理机构） 我方承担的 ________ 工程，已完成相关准备工作，具备开工条件，申请于 ____ 年 ____ 月 ____ 日开工，请予以审批。 附： 施工单位（盖章）： 项目经理（签字）：________ ____ 年 ____ 月 ____ 日
审核意见： 项目监理机构（盖章）： 总监理工程师（签字、加盖执业印章）：________ ____ 年 ____ 月 ____ 日
审核意见： 建设单位（盖章）：________ 建设单位代表（签字）：________ ____ 年 ____ 月 ____ 日

本表由施工单位填写。

【效果评价】

工作任务学习评价单

编号：任务（二）— 03

<table>
<tr><td colspan="8">开工前资料收集和整理</td></tr>
<tr><td>班级</td><td></td><td>姓名</td><td></td><td>学号</td><td></td><td>总评</td><td></td></tr>
<tr><td rowspan="2">职业能力 3</td><td colspan="5" rowspan="2">能编制填写开工报审表</td><td>学时</td><td></td></tr>
<tr><td>评价学时</td><td></td></tr>
<tr><td>考核项目</td><td>考核内容及要求</td><td>分值</td><td colspan="2">学生自评（10%）</td><td>小组评分（20%）</td><td>教师评分（70%）</td><td>实得分</td></tr>
<tr><td rowspan="3">编制填写开工报审表（70 分）</td><td>能列出开工所须具备的条件</td><td>15</td><td colspan="2"></td><td></td><td></td><td></td></tr>
<tr><td>能说出开工报审各项事宜所对应的办事部门及相关手续</td><td>30</td><td colspan="2"></td><td></td><td></td><td></td></tr>
<tr><td>填写开工报审表及按要求归档</td><td>25</td><td colspan="2"></td><td></td><td></td><td></td></tr>
<tr><td>学习态度（10 分）</td><td>上课认真听讲，积极参与讨论，认真完成任务</td><td>10</td><td colspan="2"></td><td></td><td></td><td></td></tr>
<tr><td>完成时间（10 分）</td><td>能在规定时间内完成任务</td><td>10</td><td colspan="2"></td><td></td><td></td><td></td></tr>
<tr><td>合作性（10 分）</td><td>积极参与组内各项任务，善于协调与沟通</td><td>10</td><td colspan="2"></td><td></td><td></td><td></td></tr>
<tr><td colspan="2">总计</td><td>100</td><td colspan="2"></td><td></td><td></td><td></td></tr>
<tr><td rowspan="2">评价评语</td><td colspan="7"></td></tr>
<tr><td colspan="2">教师签字：</td><td colspan="2">第　　组</td><td colspan="2">组长签字：</td><td>日期：</td></tr>
</table>

工作任务三

施工过程资料收集和整理

职业能力 1：能填写和整理施工日志

一、任务引入

背景：

2010 年 6 月，A 公司就其拟开发建设的住宅项目进行公开招标。A 公司于招标文件中描述静压管桩基础工程不在此次招标范围内，此部分工程由 A 公司直接分包给具有专业资质的单位进行施工。

出现分包工期延误

2010 年 7 月，B 公司投标并中标。2010 年 8 月 1 日，双方签订《建设工程施工合同》，合同约定 A 公司于 2010 年 8 月 20 日前向 B 公司移交施工场地。合同签订后，B 公司即进场开展施工前的准备工作，但桩基础分包单位由于施工进展缓慢、人员不足等直至 2010 年 10 月 20 日才完成静压管桩基础施工，A 公司才得以将施工场地交付 B 公司。由此，整个住宅项目不得不延期竣工。工程竣工前，A 公司批准了 B 公司的工期顺延申请。

B 公司提出索赔

就上述事件，B 公司其间多次发函给 A 公司及其分包的桩基础单位，催促其加紧施工并提出索赔意向。经 B 公司计算，因 A 公司直接分包单位给其造成停、窝工损失近 300 万元。工程竣工后，双方进行结算，A 公司不同意支付 B 公司停、窝工费用。鉴于双方始终无法达成一致提起诉讼。

B 公司因详细的施工日志索赔成功

最后 B 公司因详细的施工日志成功索赔 276 万元窝工损失费。仲裁庭认为施工日志的内容虽系 B 公司单方记载，但从其记录的连贯性并结合监理会议纪要来看，开业认定施工日志所反映的内容是客观、真实的，能够证明桩基础工程未在 2018 年 8 月 20 日前完工，A 公司无法按合同约定向 B 公司交付场地，支持了 B 公司的仲裁请求。

总结

此案很好地说明了施工日志在工程建设中的重要性。施工日志在庭审过程中经常被对手攻击，认为该类证据系单方面制作、缺乏证明力，该类证据的真实性、合法性均受到质疑。单方证据证明力虽较弱，但如果能与其他证据结合使用也可作为认定客观事实的依据。因此我们在记载施工日志时应尽可能详尽、具体，在条件允许的情况下附照片，特别是在预计引起索赔的事件发生后能补办签证手续的应及时补办。那么我们该如何详尽、具体、规范地填写和整理施工日志呢？今天就让我们一起来学习填写和整理施工日志。

二、学习目标

1. 了解施工日志包括的内容。
2. 熟悉施工日志的写作要求。
3. 掌握整理和填写施工日志。

三、能力目标

- 能够填写和整理施工日志。

四、基本知识

（一）施工日志的重要性

古语有云“勿以善小而不为，勿以恶小而为之”，不要小看每一件小事，写施工日志是建筑人经常接触的基础工作之一，虽然看似简单的工作，但是这里有着对建筑人责任心、专业素养等各方面的考察。根据一个施工员写的施工日志，就会大概地了解其职业素养。就像雷锋同志一样，通过一件件善意的小事，造就了伟大的雷锋精神。而写施工日志也不是一件小事，一个坚持好好写施工日志的施工员，可以通过记录及事后总结在最短的时间里积累最多的经验，造就不一样的自己。

质量是企业得以持续发展的根本，而 ISO9000 所有的管理活动都要求有相关记录证据，施工日志是 ISO9000 中最原始的记录证据：

1. 记录施工过程中出现的各种问题，利于以后的具体追溯。
2. 是一种习惯，也是对自己进行保护。
3. 为日后可能出现的工程补救和加强措施提供参考依据。
4. 为工程变更提供依据。
5. 为下一道工序提供依据。
6. 为可能发生的索赔提供依据。
7. 能够在写施工日志中积累丰富的经验。

（二）台账与施工日志的关系

1. 台账

台账没有固定的格式，没有固定的账页，企业可根据实际需要自行设计，以求尽量详细、全面地反映某方面的信息；不必按凭证号记账，但能反映出记账号更好。具体在仓库管理中，台账详细记录了什么时间，什么仓库，什么货架由谁入库了什么货物，共多少数量。同样，出库也要对应出库台账，再说得明白一点儿，台账就是流水账。

主要建筑节能材料现场管理台账

	材料名称	生产厂家或供应商	数量	规格	合格号	检验结果	进场时间	备注
1	玻化微珠防火保温砂浆	广州建源科技建材有限公司	60T	I型	12069218	合格	2012.7.10	
2	蒸压加气混凝土砌砖	清新县昊元新型墙体砖厂	2万	600*200*100	2973	合格	2012.1.4	
3	蒸压加气混凝土砌砖	清新县昊元新型墙体砖厂	2万	600*200*200	3824	合格	2012.1.4	
4	蒸压加气混凝土砌砖	清新县昊元新型墙体砖厂	2万	600*200*100	3090	合格	2012.4.9	
5	蒸压加气混凝土砌砖	清新县昊元新型墙体砖厂	2万	600*200*200	3003	合格	2012.4.9	
6								
7								
8								
9								
10								

2. 施工日志

施工日志也叫施工日志，是在建筑工程整个施工阶段的施工组织管理、施工技术等有关施工活动和现场情况变化的真实的综合性记录，也是处理施工问题的备忘录和总结施工管理经验的基本素材，是工程竣工验收资料的重要组成部分。施工日志可按单位、分部工程或施工工区（班组）建立，由专人负责收集、填写记录、保管。

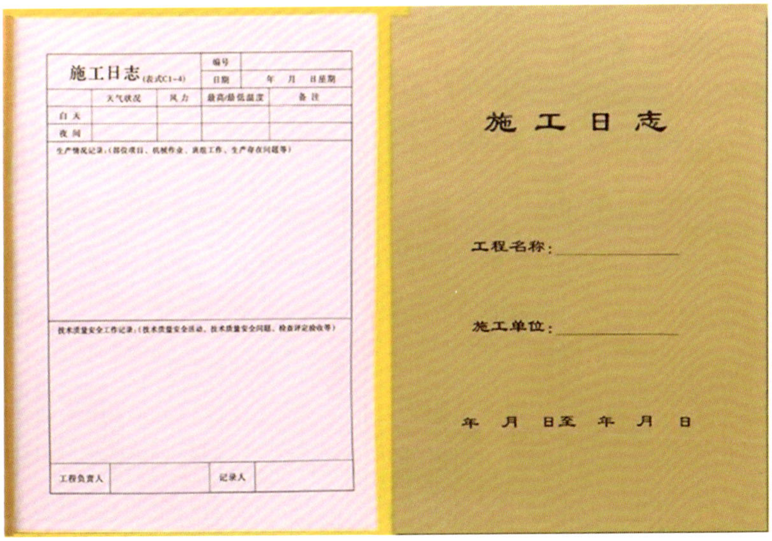

3. 台账与施工日志的关系

施工日志是台账的一部分。“志”的本义是指记载的文字。施工日志就是从开工至竣工，每天进行书面记录所形成的一本资料，它记载着施工过程中每天发生的与施工有关的有记述价值的事情。只有对施工日志的理解有一个准确的定位，才能准确地把握施工日志的编写思路。

（三）如何记好施工日志

1. 要弄懂填写施工日志的要求

施工现场的一天

（1）施工日志应按单位工程填写。

（2）记录时间：从开工到竣工验收时止。

（3）逐日记载不许中断。

（4）按时、真实、详细记录，中途发生人员变动，应当办理交接手续，保持施工日志的连续性、完整性。施工日志一般由施工员记录，由资料员汇总当天关于施工、技术、质量、安全、验收等方面的记录。

2. 要掌握施工日志的格式

要写清楚年、月、日，紧跟着后面写上星期几，最后写天气情况（用简单的字描述就行）。注意这三项缺一不可。

3. 要清楚施工日志应记录的内容

施工日志的内容可分为五类：基本内容、工作内容、检验内容、检查内容、其他内容。

① 基本内容

A. 日期、星期、气象、平均温度。平均温度可记为 XX°C ~XX°C，气象按上午和下午分别记录。

B. 施工部位。施工部位应将分部、分项工程名称和轴线、楼层等写清楚。

C. 出勤人数、操作负责人。出勤人数一定要分工种记录，并记录工人的总人数，以及工人和机械的工程量。

② 工作内容

A. 当日施工内容及实际完成情况。

B. 施工现场有关会议的主要内容。

C. 有关领导、主管部门或各种检查组对工程施工技术、质量、安全方面的检查意见和决定。

D. 建设单位、监理单位对工程施工提出的技术、质量要求、意见及采纳实施情况。

③ 检验内容

A. 隐蔽工程验收情况。应写明隐蔽工程具体名称的内容、楼层、轴线、分项工程、验收人员、验收结论等。

B. 试块制作情况。应写明试块名称、楼层、轴线、试块组数。

C. 材料进场、送检情况。应写明批号、数量、生产厂家及进场材料的验收情况，以后补上送检后的检验结果。

④ 检查内容

A. 质量检查情况：当日砼浇及成型、钢筋安装及焊接、砖砌体、模板安拆、抹灰、屋面工程、楼地面工程、装饰工程等的质量检查和处理记录；砼养护记录，砂浆、砼外加剂掺用量；质量事故原因及处理方法，质量事故处理后的效果验证。

B. 安全检查情况及安全隐患处理（纠正）情况。

C. 其他检查情况，如文明施工及场容场貌管理情况等。

⑤ 其他内容

生产情况记录（施工项目内容、机械作业、班组作业、生产存在问题等）。

A. 设计变更、技术核定通知及执行情况。

B. 停电、停水、停工情况。

C. 施工机械故障及处理情况。

⑥ 技术质量安全工作记录（技术质量安全活动，技术质量安全问题、检查验收情况等）。

A. 施工任务交底、技术交底、安全技术交底情况。

B. 冬雨季施工准备及措施执行情况。

C. 施工中涉及的特殊措施和施工方法、新技术、新材料的推广使用情况。

4. 填写过程中应注意的细节

（1）书写时一定要字迹工整、清晰，最好用仿宋体或正楷字书写。

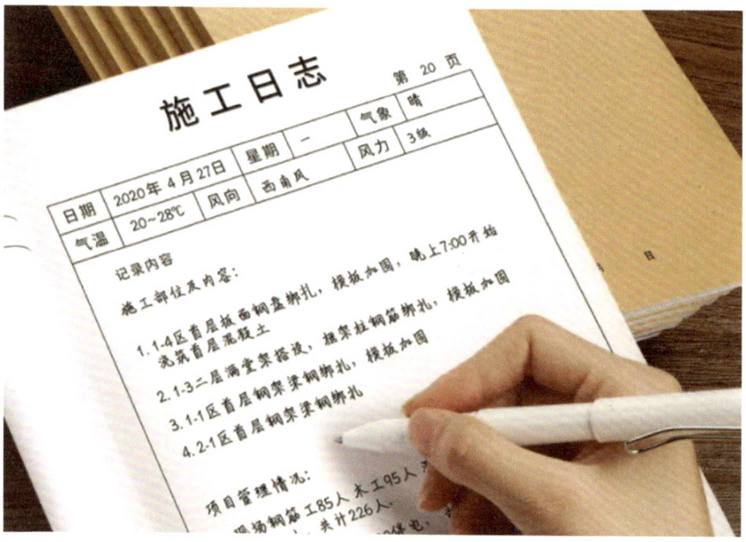

（2）当日的主要施工内容一定要与施工部位相对应。

（3）养护记录要详细，应包括养护部位、养护方法、养护次数、养护人员、养护结果等。

（4）焊接记录也要详细记录，应包括焊接部位、焊接方式（电弧焊、电渣压力焊、搭接双面焊、搭接单面焊等）、焊接电流、焊条（剂）牌号及规格、焊接人员、焊接数量、检查结果、检查人员等。

（5）其他检查记录一定要具体详细，不能泛泛而谈。检查记录记得很详细还可代替施工记录。

（6）停水、停电一定要记录清楚起止时间，停水、停电时正在进行什么工作，是否造成损失等。

（四）整理施工日志

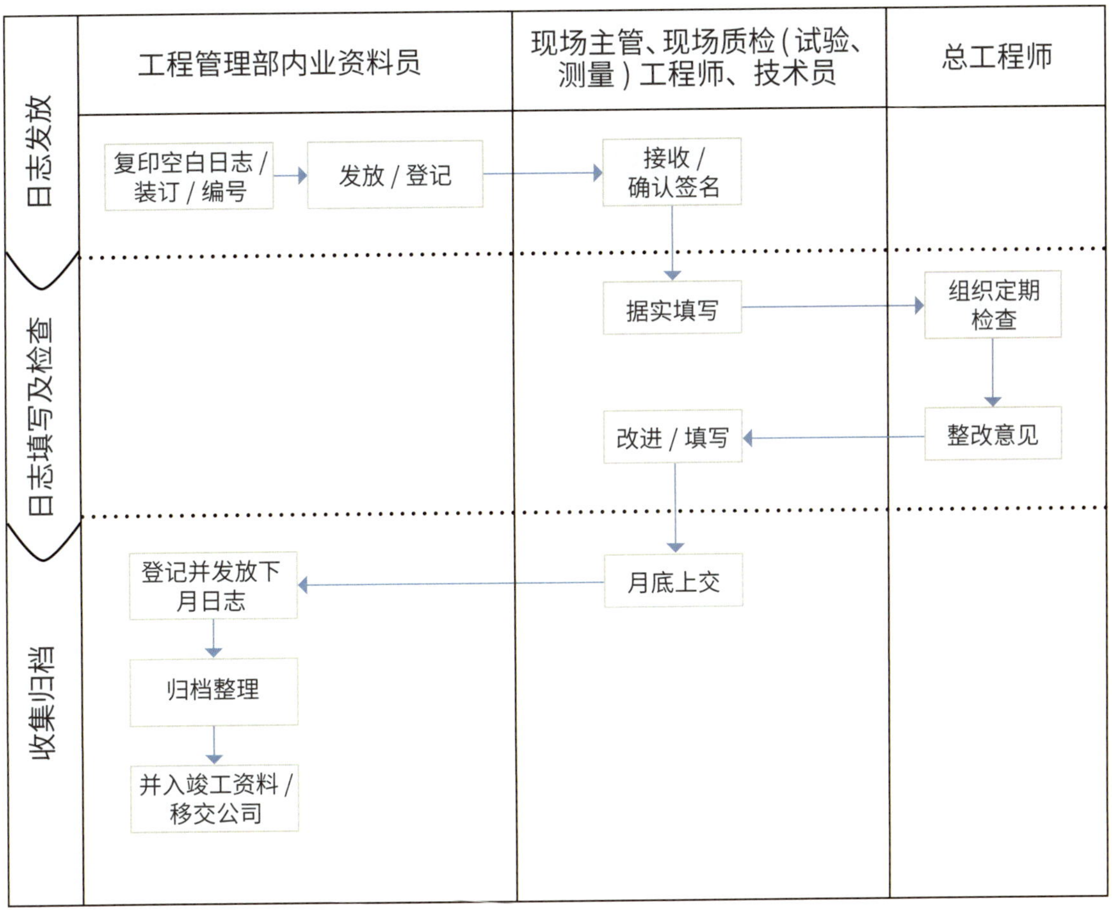

五、能力操作

施工日志表 C1-2		资料编号	00-00-C1-XXX	
	天气状况	风力	最高 / 最低温度	备 注
白天	晴	2~3 级	24/19℃	
夜间	晴	1~2 级	17/16℃	

生产情况记录：（施工部位、施工内容、机械作业、班组工作、生产存在问题等）

地下二层

1. I 段（1-13/B-J 轴）顶板钢筋绑扎，各工程埋件固定，塔吊作业（XX 型号），钢筋班组 15 人。
2. II 段（13-19/ B-J 轴）梁开始钢筋绑扎，塔吊作业（XX 型号），钢筋班组 12 人。
3. III 段（19-28/ C-G 轴）因设计单位提出对该部位施工图纸进行修改，待设计变更通知单下发后，再组织有关人员施工。
4. IV 段（28-41/ C-H 轴）剪力墙、柱模板安装，塔吊作业（XX 型号），木工班组 21 人。
5. 发现问题：I 段顶板（1-13/B-J 轴）钢筋绑扎时，钢筋保护层厚度、搭接长度不够，存在绑扎随意现象。

技术质量安全工作记录：（技术质量安全活动，检查评定验收、技术质量安全问题等）

1. 建设、设计、监理、施工单位在现场召开技术质量安全工作会议。

参加人员：XXX、XX、XXX、XXXX（职务）等。

会议决定：

（1）±0.000 以下结构于 X 月 X 日前完成。

（2）地下三层回填土 X 月 X 日前完成，地下二层回填土 X 月 X 日前完成。

（3）对施工中发现的问题（I 段 1-13/B-J 轴顶板钢筋绑扎），应立即返修并修改复查，必须符合设计、规范要求。

2. 安全生产方面：由安全员带领 3 人巡视检查，重点是“三宝、四口、五临边”，检查全面到位，无安全隐患。
3. 检查评定验收：对 II 段（13-19/ B-J 轴）梁、IV 段（28-41/ C-H 轴）剪力墙、柱予以验收，工程主控项目、一般项目符合施工质量验收规范要求。

参加验收人员

监理单位：XXX、XXX（职务）等。

施工单位：XXX、XX、XXX（职务）等。

记录人	XXX	日 期	XXXX 年 XX 月 XX 日 星期 X

本表由施工单位填写。

“施工日志”填写说明与依据

本表为施工活动的原始记录，是编制施工文件、积累资料、总结施工经验的重要依据，由项目技术负责人具体负责。应以单位工程为记载对象，从工程开工起至工程竣工止，按专业指定专人逐日记载，并保证内容真实、连续和完整。可采用计算机录入、打印，也可按规定式样（印刷的施工日志）用手工填写方式记录，并装订成册。施工日志填写应字迹清楚、内容齐全、及时、准确、具体，不得涂改，不得缺页掉角。

（一）表格解析

1. 责任部门

项目工程部

2. 提交时限

逐日记录，按周或月提交一次

3. 填写要点

（1）施工日志填写的主要内容

① 生产情况记录

A. 施工部位：对于结构工程应体现楼层、轴线、主要构件名称和标高；对于装饰装修工程应体现楼层、轴线、建筑功能房间 / 区域名称，如楼梯间、公共走廊、会议室、餐厅等；对于机电工程应体现楼层、轴线、管线或设备名称及对应编号等。

B. 施工内容：指子分部、分项、工序的具体内容，施工进度、作业动态等。

C. 机械作业、班组工作，生产存在问题等。

> **生产情况记录：**（施工部位、施工内容、机械作业、班组工作、生产存在问题等）
>
> 地下二层
>
> 1. I 段（1-13/B-J 轴）顶板钢筋绑扎，各工程埋件固定，塔吊作业（XX 型号），钢筋班组 15 人。
> 2. II 段（13-19/ B-J 轴）梁开始钢筋绑扎，塔吊作业（XX 型号），钢筋班组 12 人。
> 3. III 段（19-28/ C-G 轴）因设计单位提出对该部位施工图纸进行修改，待设计变更通知单下发后，再组织有关人员施工。
> 4. IV 段（28-41/ C-H 轴）剪力墙、柱模板安装，塔吊作业（XX 型号），木工班组 21 人。
> 5. 发现问题：I 段顶板（1-13/B-J 轴）钢筋绑扎时，钢筋保护层厚度、搭接长度不够，存在绑扎随意现象。

② 技术质量安全工作记录

A. 技术质量安全活动：如上级检查、各种工程会议、企业贯标复审等。

B. 检查评定验收：指检验批、分项、分部（子分部）工程质量验收，隐蔽工程验收。

C. 技术质量安全问题等。

D. 每个工程项目的开、竣工日期，施工勘测资料，建设行政或上级主管部门的检查，有关指示等。

E. 施工中发生的问题，如变更设计、变更施工方法、工程质量事故及其他处理情况等。

技术质量安全工作记录：（技术质量安全活动，检查评定验收、技术质量安全问题等）

1. 建设、设计、监理、施工单位在现场召开技术质量安全工作会议。

参加人员：XXX、XX、XXX、XXXX（职务）等。

会议决定：

（1）±0.000 以下结构于 X 月 X 日前完成。

（2）地下三层回填土 X 月 X 日前完成，地下二层回填土 X 月 X 日前完成。

（3）对施工中发现的问题（I 段 1-13/B-J 轴顶板钢筋绑扎），应立即返修并修改复查，必须符合设计、规范要求。

2. 安全生产方面：由安全员带领 3 人巡视检查，重点是“三宝、四口、五临边”，检查全面到位，无安全隐患。

（2）施工日志中，除记录生产情况和技术质量安全工作外，若施工中出现其他问题，如暴雨影响施工等，也要反映在施工日志中。同时强调一点，X 月 X 日施工日志记录中如果有发现不合格项的记录，也须有复查（解决、关闭）不合格项的记录。特别对监理及相关质量检查部门交出的整改通知单，必须有处理闭环记录。

（二）填写依据

1. 施工日志的编制责任：按不同专业（土建、装修、给排水、电气、通风空调、智能等）分别指定施工员记录。

2. 当对工程资料进行核查时，或工程出现某些问题时，往往需要检查施工日志中的记录，以了解当时的施工情况。借助对某些施工资料中作业时间、作业条件、材料进场、试块养护等方面的横向检查对比，能够有效地核查资料的真实性与可靠性。

六、课后作业

选择题

1. 施工日志应由项目经理部确定（　　）负责填写，记录从工程开工之日起至竣工之日止的全部技术质量管理和生产经营单位。

A. 专人　　B. 施工员

C. 技术负责人　　D. 质检人

2. 下列哪个内容不属于施工日志记录内容（　　）。

A. 施工试验情况　　B. 工程质量检查参加人员

C. 技术交底情况　　D. 当日请假人员

3. 下面哪个选项不属于施工日志的填写要求（　　）。

A. 书写字迹工整、清晰　　B. 养护记录要详细，不能泛泛而谈

C. 停水停电记录起止时间　　D. 自然灾害只写造成的影响

判断题

1. 施工日志是单位工程在施工过程中对有关施工技术和管理工作的原始记录，是施工活动各方面情况的综合记载，是查阅施工状况全过程十分重要和可靠的根据之一。（　　）

2. 施工日志应从工程开工起至竣工止逐日记载，遇台风、暴雨等不可抗因素现场停工时，可不记。（　　）

3. 施工日志应以单位工程为记载对象，从工程开工起至工程竣工日，按专业指定专业负责人，逐日记载，并保证内容真实、连续和完整，主要记录内容要齐全。（　　）

4. 施工现场原材料进场检验，其送检试验结果可以不记入施工日志。（　　）

实操题

根据案例情况，试填写施工日志。

1. 案例背景

日期：2022 年 3 月 1 日 星期二

天气：9~18°C　天气晴

风力：白天 1~2 级　夜间 2~3 级

2. 施工现场情况

上午 ×× 工地 3 号楼前，技术员、安全员在施工前进行了技术安全交底，安全员在现场召开安全会，强调浇混凝土各项安全措施，今日完成首层底板钢筋绑扎、模板加固。

（1）泥工班长黄磊带 20 人，在五层楼面 Ⓐ—Ⓔ轴 ⑪—⑳ 轴砌墙；

（2）木工班长李伟与钢筋班长张文涛分别派木工 10 人、钢筋工 4 人在五层楼面 Ⓐ ~ Ⓔ 轴 ① ~ ⑩ 轴支模、绑扎钢筋；

（3）现场有电工 1 人，负责现场用电；

（4）下午 3 点后质量员、监理工程师一起对五层楼面 Ⓐ ~ Ⓔ 轴 ① ~ ⑩ 轴梁、板、柱模板、钢筋检验批验收评定，模板、钢筋质量评定合格，并做钢筋隐蔽验收记录；

（5）下午 4 点，监理人员与施工人员一起对钢筋绑扎进行隐蔽工程验收，验收结果为优良；

（6）下午 5 点进场 20 号螺纹钢筋 30 吨、ϕ16 钢筋 30 吨，现场检验并取样送检；

（7）下午 6 点，混凝土浇筑前由项目技术负责人进行安全技术交底，进场 C35 商品混凝土 1000 立方，留取混凝土试块 5 组，商品混凝土资料齐全，送检检验合格；

（8）晚上 7 点混凝土班组长李林带 20 人浇混凝土 80m^3，留置标养、同条件养护 C30 试块各一组；

（9）根据施工计划进度，完成首层大底板浇筑任务；

（10）无安全隐患，文明施工良好。

附：施工日志表

施工日志

施工日志表 C1-2		资料编号		
	天气状况	风力	最高 / 最低温度	备 注
白天				
夜间				
生产情况记录：（施工部位、施工内容、机械作业、班组工作、生产存在问题等）				
技术质量安全工作记录：（技术质量安全活动，检查评定验收、技术质量安全问题等）				
记录人		日 期	年 月 日	

【效果评价】

工作任务学习评价单

编号：任务（三）— 01

<table>
<tr><td colspan="8">施工过程资料收集和整理</td></tr>
<tr><td>班级</td><td></td><td>姓名</td><td></td><td>学号</td><td></td><td>总评</td><td></td></tr>
<tr><td rowspan="2">职业能力 1</td><td colspan="5" rowspan="2">能填写和整理施工日志</td><td>学时</td><td></td></tr>
<tr><td>评价学时</td><td></td></tr>
<tr><td>考核项目</td><td>考核内容及要求</td><td>分值</td><td>学生自评（10%）</td><td>小组评分（20%）</td><td>教师评分（70%）</td><td colspan="2">实得分</td></tr>
<tr><td rowspan="3">填写和整理施工日志（70 分）</td><td>能说出施工日志包括的基本内容</td><td>15</td><td></td><td></td><td></td><td colspan="2"></td></tr>
<tr><td>能将施工一天的所有项目有序记录到施工日志</td><td>40</td><td></td><td></td><td></td><td colspan="2"></td></tr>
<tr><td>能将施工日志按要求整理到施工管理资料中</td><td>15</td><td></td><td></td><td></td><td colspan="2"></td></tr>
<tr><td>学习态度（10 分）</td><td>上课认真听讲，积极参与讨论，认真完成任务</td><td>10</td><td></td><td></td><td></td><td colspan="2"></td></tr>
<tr><td>完成时间（10 分）</td><td>能在规定时间内完成任务</td><td>10</td><td></td><td></td><td></td><td colspan="2"></td></tr>
<tr><td>合作性（10 分）</td><td>积极参与组内各项任务，善于协调与沟通</td><td>10</td><td></td><td></td><td></td><td colspan="2"></td></tr>
<tr><td colspan="2">总计</td><td>100</td><td></td><td></td><td></td><td colspan="2"></td></tr>
<tr><td rowspan="2">评价评语</td><td colspan="7"></td></tr>
<tr><td colspan="2">教师签字：</td><td>第　　组</td><td colspan="2">组长签字：</td><td colspan="2">日期：</td></tr>
</table>

职业能力 2：能编制填写材料及构配件的进场记录表

一、任务引入

2010 年 1 月 3 日下午 2 点 20 分左右，云南建工集团市政公司承建的昆明新机场配套引桥工程，浇筑混凝土过程中突然发生支架垮塌事故，垮塌长度约 38.5 米，宽为 13.2 米，支撑高度约为 8 米，事发时，现场施工人员共 41 人，造成 7 人死亡，26 人轻伤，8 人重伤，直接经济损失 616.75 万元。

“事故直接原因是支架架体构造有缺陷，支架安装违反规范，支架的钢管扣件有质量问题，采用从箱梁高处向低处浇筑砼的方式违反规范规定，导致架体右上角翼板支架局部失稳，连架体整体坍塌。”经调查，事故是由于参与项目建设及管理的云南建工市政建设有限公司、云南建工第五建设有限公司、吉林省松原市宁江区诚信劳务服务有限公司、云南城市建设监理有限公司、云南省昆明新机场建设指挥部等有关单位安全管理不到位、技术及管理人员配备不到位、安全责任落实不到位，未认真履行支架验收程序，未对进入现场的脚手架及扣件进行检查与验收，发现支架搭设不规范等事故隐患后，未及时采取措施进行整改，最终导致了事故的发生，是一起责任事故。

在进行建筑工程设计和施工中，认真科学地选择适宜的建筑材料，是极其重要的一项基础性工作。接下来我们就来学习材料及构配件进场的相关内容。

二、学习目标

1. 认识并了解工程物资的概念及其重要性。
2. 掌握材料、构配件进场检测内容及参与人员。
3. 掌握材料、构配件进场检测的操作步骤。

三、能力目标

- 掌握材料、构配件进场检查记录表的编写方法。

四、基本知识

（一）工程物资的重要性

施工物资资料是反映工程所用物资质量和性能指标等的各种证明文件和相关配套文件（如使用说明书、安装维修文件等）的统称。一般规定：工程物资主要包括建筑材料、成品、半成品、构配件、设备等，建筑工程所使用的工程物资均应有出厂质量证明文件：包括产品合格证、出厂检验（试验）报告、产品生产许可证和质量保证书等。

建筑材料是构成建筑结构的物质基础，建筑材料的质量好坏，决定着建筑物的质量。建筑材料的影响也是极其广泛的，对于建材的发展也是不可小觑的，建筑材料的种类与质量广泛影响着建筑行业的发展，以及资源的可持续发展问题。现在我国现代化的发展进程日益加剧，建筑材料的使用导致自然资源的消耗巨大，对于新型创新、环保节约、高效节能、回收再生的绿色建筑材料的发展不容忽视，应当引起我们的高度重视，应该进一步加大研究力度，提高生产技术，专注新型建筑材料的发展创新。

（二）工程物资的分类

1. Ⅰ类物资：指仅须有质量证明文件的工程物资，如防火涂料、管材等。

2. Ⅱ类物资：指到场后除必须有出厂质量证明文件外，还必须通过复试检验（试验）才能认可其质量的物资，如水泥、钢筋等。此类物资主要是涉及安全、功能的物资，物资出厂后应按规定进行复试，验收批量的划分及必试项目按有关规定进行，也可根据工程的特殊需要另外增加试验项目。水泥出厂超过三个月、快硬硅酸盐水泥出厂一个月后必须进行复试并提供复试检验（试验）报告，复试结果有效期限同出厂有效期限。钢筋混凝土结构、预应力混凝土结构中，严禁使用含氯化物的水泥；在工程物资试验中按规定允许进行重新取样加倍复试的物资，两次试验报告要同时保留。

3. Ⅲ类物资：指除须有出厂质量证明文件、复试检验（试验）报告外，施工完成后，须通过规定龄期后再经检验（试验）方能认可其质量的物资，如混凝土、砌筑砂浆等。

（三）材料进场检测内容和参与方

1. 质量证明文件检查。建筑工程所使用的工程物资，包括建筑材料、成品、半成品、构配件、设备等，均应有出厂质量证明文件 [包括产品合格证、出厂检验（试验）报告、产品生产许可证和质量保证书等]。

钢筋材料进场

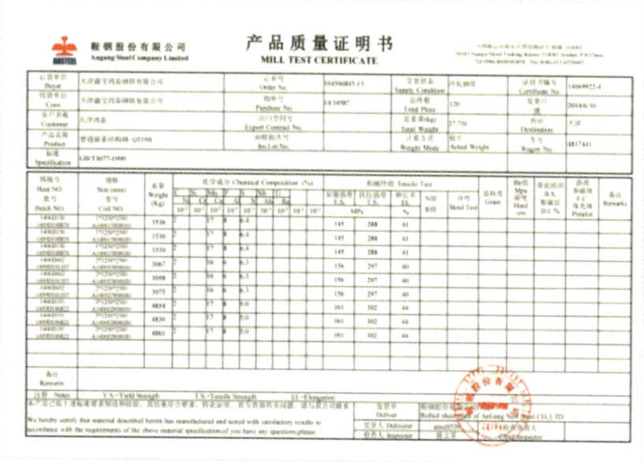

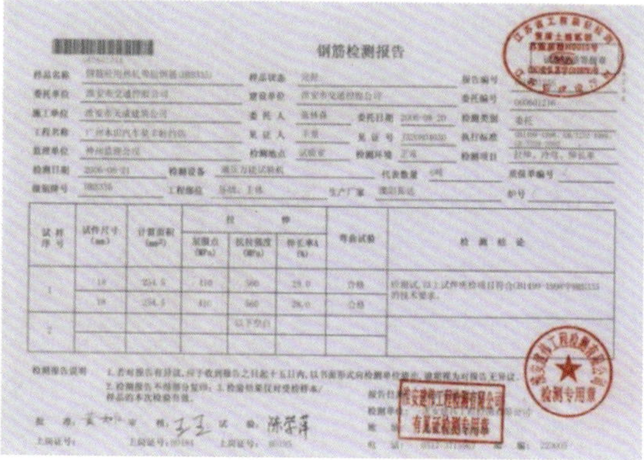

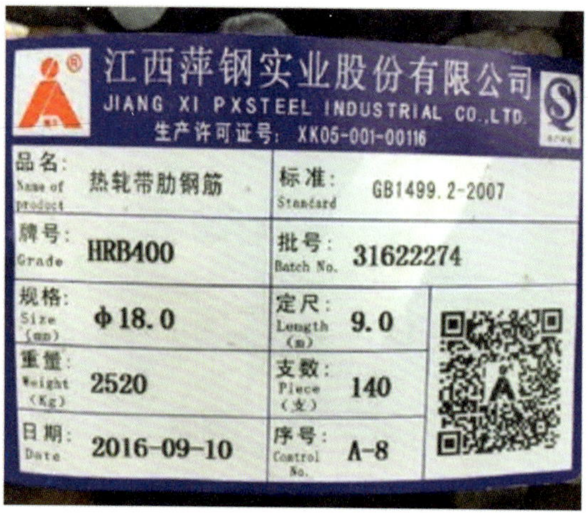

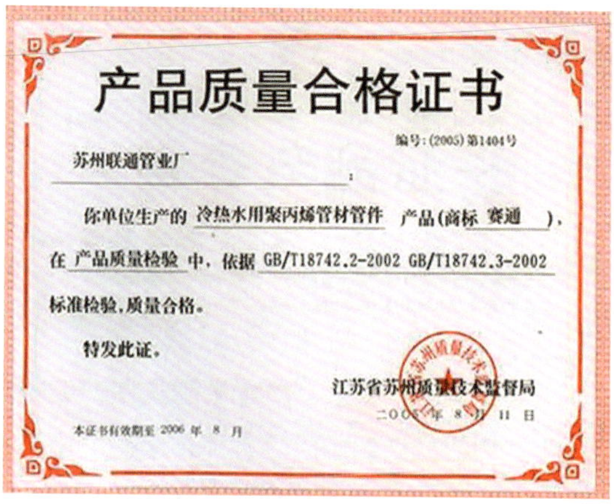

C3-08　　　　单编号：×××

委托编号	××××	试验编号		××××
委托单位	××建筑工程公司	委托日期		×年×月×日
工程名称	×××教学楼	试验日期		×年×月×日
使用部位	主体	出厂日期		×年×月×日
品　种 强度等级	××	强度试验日期	3d	√
	×××		28d	√
生产厂家	××水泥厂	代表批量		200t
主要仪器设备	××××压力试验机；检定证书编号：××× ××××抗折试验机；检定证书编号：×××			
见证号	单位：××监理公司　姓名：×××　编号：×××			
执行标准	《硅酸盐水泥、普通硅酸盐水泥》（GB175—2007）			

凝结时间/min	初凝	≥45min	76
	终凝	≤10h	317
安定性	试饼或雷氏法	雷氏夹法膨胀值0.8mm	0.8mm合格
细度（%）	负压筛析法	≤10%	7.6%

结　论	该试样所检项目均符合××××产品标准的要求。 试验单位（章）：××检测中心 ××年×月×日	备　注	

试验人：×××　　审核人：×××　　技术负责人：×××

2. 实物质量检查。检查实际进场物资的品种、规格、数量、性能指标等是否与质量证明文件相符。

3. 进场验收的参与方。

施工方

检测方

见证方

（四）工程物资资料的相关要求

1. 建筑工程采用的主要材料、半成品、成品、构配件、器具、设备应进行现场验收，有进场检验记录；涉及安全、功能的有关物资应按工程施工质量验收规范及相关规定进行复试（试验单位应向委托单位提供电子版试验数据）或有见证取样送检，有相应试（检）验报告。

2. 涉及结构安全和使用功能的材料需要代换且改变了设计要求时，应有设计单位签署的认可文件。

3. 涉及安全、卫生、环保的物资应有相应资质等级检测单位的检测报告，如压力容器、消防设备、生活供水设备、卫生洁具等。

4. 凡使用的新材料、新产品。应由具备鉴定资格的单位或部门出具鉴定证书时具有产品质量标准和试验要求，使用前应按其质量标准和试验要求进行试验或检验。新材料、新产品还应提供安装、维修、使用和工艺标准等相关技术文件。

5. 进口材料和设备等应有商检证明 [国家认证委员会公布的强制性认证 (CCC) 产品除外]、中文版的质量证明文件、性能检测报告以及中文版的安装、维修、使用、试验要求等技术文件。

6. 建筑电气产品中被列入《第一批实施强制性产品认证的产品目录》（2001 年第 33 号公告）的，必须经过“中国国家认证认可监督管理委员会”认证，认证标志为“中国强制认证（CCC）”，并在认证有效期内，符合认证要求方可使用。

（五）工程物资资料的分级管理

工程物资资料应实行分级管理。供应单位或加工单位负责收集、整理和保存所供物资原材料的质量证明文件；施工单位则须收集、整理和保存所供物资原材料的质量证明文件和进场后进行的试（检）验报告。各单位应对各自范围内工程资料的汇集、整理结果负责，并保证工程资料的可追溯性。

（六）出厂质量证明文件及检测报告

1. 砂、石、砖、水泥、钢筋，隔热保温，防腐材料、轻集料出厂质量证明文件，文件的数量按材料进场的验收批确定，供应单位随物资进场提交。

（1）水泥试验批量：每批散装不超过 500t（袋装不超过 200t）（以同一厂家、同一品种、同一等级、同批号且连续进场的为一批）。

（2）钢筋试验批量：检验按进场的批次和产品的抽样检验方案确定，对同一厂家、同一牌号、同一规格的钢筋按规定的数量作为一个检验批。对不同时间进场的同批钢筋，当有可靠依据时，可按一次进场的钢筋处理。如热轧带肋钢筋、余热处理钢筋、预应力混凝土用热处理钢筋、热轧光圆钢筋、低碳热轧圆盘条：每批不超过 60t。

（3）砖的试验批量：烧结砖、混凝土实心砖每批不超过 15 万块；烧结多孔砖、混凝土多孔砖、蒸压灰砂砖及蒸压粉煤灰砖每批不超过 10 万块（以同产地、同规格的为一批）。

（4）砌块试验批量：空心砌块每批不超过 3 万块；粉煤灰砌块每批不超过 200m^3；普通混凝土小型空心砌块、加气混凝土砌块、轻集料混凝土小型砌块每批不超过 1 万块。

（5）砂、石试验批量：用大型工具运输的（如火车、汽车、船），每批不超过 400m^3 或 600t

用小型运输工具运输的（如马车、拖拉机），每批不超过 200m^3 或 300t（以同产地、同规格、同一进场时间随物资进场提交为一批）。

（6）防水材料试验批量：大于 1000 卷抽 5 卷，每 500~1000 卷抽 4 卷，100~499 卷抽 3 卷，100 卷以下抽 2 卷。防水涂料每 10t 为一批，不足 10t 按一批抽样。

2. 常见的其他物资材料有：半成品钢筋、焊条、焊剂和焊药、外加剂、商品混凝土、预制混凝土构件预制桩、钢桩、钢筋笼等成品或半成品桩、土工合成材料，以及土、砂石料、钢结构用钢材、连接件及涂料、半成品钢构件（场外委托加工）、石材、外加剂，掺和料（粉煤灰、蛭石粉、沸石粉）；轻质隔墙材料如砌块、隔墙板；节能保温材料；防水材料如涂料、卷材、密封材料；装饰材料如天然板材、人造板材、门窗玻璃、幕墙材料、饰面板（砖）、涂料等。

常见建筑材料

3. 材料、设备的相关检验报告、型式检测报告、3C 强制认证合格证书或 3C 标志

（1）型式检验报告是型式检验机构出具的型式检验结果判定文件。型式检验是为了证明产品质量符合产品标准的全部要求面对产品进行的抽样检验。通常在有下列情况之时进行型式检验：

① 新产品或者产品转厂生产的试制定型鉴定；

② 正式生产后，如结构、材料、工艺有较大改变，可能影响产品性能时；

③ 长期停产后恢复生产时；

④ 正常生产，按周期进行型式检验；

⑤ 出厂检验结果与上次型式检验有较大差异时；

⑥ 国家质量监督机构提出进行型式检验要求时；

⑦ 用户提出进行型式检验的要求时。

型式检验的依据是产品标准，为了认证目的所进行的型式检验必须依据产品国家标准。

（2）“3C”指中国强制性产品安全认证，是国家对强制性产品认证使用的统一标志：3C 认证是英文名称“China Compulsory Certification”（中国强制性产品认证制度）的英文缩写。凡列入强制性产品认证目录内的产品，必须经国家指定的认证机构认证合格，取得相关证书并加施认证标志后，方能出厂、进口、销售和在经营服务场所使用。目前，中国公布的首批必须通过强制性认证的产品共有 19 大类 132 种。主要包括电线电缆、低压电器、信息技术设备、安全玻璃、消防产品、机动车辆轮胎、乳胶制品等。

4. 主要设备、器具的安装使用说明书：物资供应单位提供，施工单位收集。主要有：地下墙与梁板之间的接驳器；预应力工程物资（预应力筋、锚具、夹具和连接器、水泥、外加剂和预应力筋用螺旋管）。

5. 进口的主要材料设备的商检证明文件：进口材料和设备等应有商检证明 [国家认证委员会公布的强制性 (CCC) 产品除外]，中文版的质量证明文件、性能检测报告，以及中文版的安装维修、使用、试验要求等技术文件。

6. 涉及消防、安全、卫生、环保、节能的材料、设备的检测报告或法定机构出具的有效证明文件：如涉及安全、卫生、环保的物资应有相应资质等级检测单位的检测报告如压力容器、消防设备、生活供水设备、卫生洁具等；涉及结构安全和使用功能的材料需要代换且改变了设计要求时必须有设计单位签署的认可文件。

（七）质量证明文件的整理与归档

1. 质量证明文件的留档优先选用原件，特殊情况下（材料批量过大而提供的文件不够时，或材料用量过少，供应单位不能提供原件时）可采用复印件或抄件。复印件或抄件也须加盖公章并注明原件证号、存放单位和抄件时间及抄件人签字，具有可追溯性。

2. 出厂质量证明（合格证）应做背书，即由技术员、材料采购员和材料保管员分别在合格证背面签字，注明使用工程名称、使用部位、批量和进场日期。而后交资料员整理排列编号，进入资料管理流程。

3. 质量证明文件幅面小于 A4 时，应将质量证明文件按其先后顺序粘贴在质量证明文件粘贴表内。

4. 涉及结构安全和使用功能的材料需要代换且改变了设计要求时，必须有设计单位签署的认可文件。

5. 新材料和新产品应由具备鉴定资格的单位或部门出具鉴定证书，同时具有产品质量标准和试验要求及安装、维修、使用和工艺标准等相关技术文件。

6. 进口材料和设备等应有商检证明（国家认证委员会公布的强制性 3C 产品除外），中文版的质量证明文件、性能检测报告，以及中文版的安装、维修、使用试验要求等相关技术文件。

五、能力操作

材料、构配件进场检验记录应符合国家现行有关标准的规定。材料构配件进场后应由建设（监理）单位会同施工单位共同对进场物资进行检查验收，填写（材料、构配件进场检验记录）。

检查验收的主要内容包括：

1. 物资出厂质量证明文件及检（测）验报告是否齐全；
2. 实际进场物资数量、规格和型号等是否满足设计和施工计划要求；
3. 物资外观质量是否满足设计要求和规范规定；
4. 按规定须进行抽检的材料、构配件是否抽检，检验结论是否齐全；
5. 按规定应进场复试的物资，必须在进场验收合格后取样复试。

施工单位填写的材料、构配件进场检验记录应在材料进场验收通过后 1 天内提交；一式两份，并应由监理单位、施工单位各保存一份。

材料、构配件进场检验记录宜采用表的格式。

材料进场记录

<table>
<tr><td colspan="5">材料、构配件进场检验记录
表 C4-17</td><td>资料编号</td><td colspan="2">02-01-C4-XXX</td></tr>
<tr><td colspan="2">工程名称</td><td colspan="3">XXX 综合楼工程</td><td>检验日期</td><td colspan="2">XX 年 XX 月 XX 日</td></tr>
<tr><td rowspan="2">序号</td><td rowspan="2">名称</td><td rowspan="2">规格型号</td><td rowspan="2">进场数量</td><td>生产厂家</td><td>外观检验项目</td><td>试件编号</td><td rowspan="2">备注</td></tr>
<tr><td>质量证明书编号</td><td>检查结果</td><td>复试结果</td></tr>
<tr><td rowspan="2">1</td><td rowspan="2">热轧带肋钢筋</td><td rowspan="2">HRB 335
14</td><td rowspan="2">9.438t</td><td>XX 钢铁有限公司</td><td>裂纹、油污、锈蚀、质量证明文件</td><td>钢筋 007</td><td rowspan="2"></td></tr>
<tr><td>8-3221</td><td>合格</td><td>合格</td></tr>
<tr><td rowspan="2">2</td><td rowspan="2">热轧带肋钢筋</td><td rowspan="2">HRB 335
18</td><td rowspan="2">12.88t</td><td>XX 钢铁有限公司</td><td>裂纹、油污、锈蚀、质量证明文件</td><td>钢筋 008</td><td rowspan="2"></td></tr>
<tr><td>4841472</td><td>合格</td><td>合格</td></tr>
<tr><td rowspan="2"></td><td rowspan="2"></td><td rowspan="2"></td><td rowspan="2"></td><td></td><td></td><td></td><td rowspan="2"></td></tr>
<tr><td></td><td></td><td></td></tr>
<tr><td rowspan="2"></td><td rowspan="2"></td><td rowspan="2"></td><td rowspan="2"></td><td></td><td></td><td></td><td rowspan="2"></td></tr>
<tr><td></td><td></td><td></td></tr>
<tr><td rowspan="2"></td><td rowspan="2"></td><td rowspan="2"></td><td rowspan="2"></td><td></td><td></td><td></td><td rowspan="2"></td></tr>
<tr><td></td><td></td><td></td></tr>
<tr><td colspan="8">检验结论（施工单位）：
以上材料经外观检查良好，复试合格。规格型号及数量符合设计及规范要求，产品质量证明文件齐全。同意进场使用。</td></tr>
</table>

<table>
<tr><td rowspan="3">签字栏</td><td rowspan="2">施工单位</td><td rowspan="2" colspan="2">XX 建设集团有限公司</td><td>专业质检员</td><td>专业工长</td><td>检验员</td></tr>
<tr><td>XXX</td><td>XXX</td><td>XXX</td></tr>
<tr><td>监理（建设）单位</td><td colspan="3">XX 监理有限责任公司</td><td>专业工程师</td><td>XXX</td></tr>
</table>

本表由施工单位填写。

填写要点如下：

（1）工程名称：与施工图纸图签中名称一致。

（2）检验日期：填写材料、构配件进场实际检验日期。

<table>
<tr><td colspan="5">材料、构配件进场检验记录
表 C4-17</td><td>资料编号</td><td colspan="2">02-01-C4-XXX</td></tr>
<tr><td colspan="2">工程名称</td><td colspan="3">XXX 综合楼工程</td><td>检验日期</td><td colspan="2">XX 年 XX 月 XX 日</td></tr>
<tr><td rowspan="2">序号</td><td rowspan="2">名称</td><td rowspan="2">规格型号</td><td rowspan="2">进场数量</td><td>生产厂家</td><td>外观检验项目</td><td>试件编号</td><td rowspan="2">备注</td></tr>
<tr><td>质量证明书编号</td><td>检查结果</td><td>复试结果</td></tr>
</table>

（3）名称：填写材料、构配件的名称。

<table>
<tr><td colspan="5">材料、构配件进场检验记录
表 C4-17</td><td>资料编号</td><td colspan="2">02-01-C4-XXX</td></tr>
<tr><td colspan="2">工程名称</td><td colspan="3">XXX 综合楼工程</td><td>检验日期</td><td colspan="2">XX 年 XX 月 XX 日</td></tr>
<tr><td rowspan="2">序号</td><td rowspan="2">名称</td><td rowspan="2">规格型号</td><td rowspan="2">进场数量</td><td>生产厂家</td><td>外观检验项目</td><td>试件编号</td><td rowspan="2">备注</td></tr>
<tr><td>质量证明书编号</td><td>检查结果</td><td>复试结果</td></tr>
<tr><td rowspan="2">1</td><td rowspan="2">热轧带肋钢筋</td><td rowspan="2">HRB 335
14</td><td rowspan="2">9.438t</td><td>XX 钢铁有限公司</td><td>裂纹、油污、锈蚀、质量证明文件</td><td>钢筋 007</td><td rowspan="2"></td></tr>
<tr><td>8-3221</td><td>合格</td><td>合格</td></tr>
<tr><td rowspan="2">2</td><td rowspan="2">热轧带肋钢筋</td><td rowspan="2">HRB 335
18</td><td rowspan="2">12.88t</td><td>XX 钢铁有限公司</td><td>裂纹、油污、锈蚀、质量证明文件</td><td>钢筋 008</td><td rowspan="2"></td></tr>
<tr><td>4841472</td><td>合格</td><td>合格</td></tr>
</table>

（4）规格型号：按材料、构配件质量证明文件或产品填写。

<table>
<tr><td colspan="5">材料、构配件进场检验记录
表 C4-17</td><td>资料编号</td><td colspan="2">02-01-C4-XXX</td></tr>
<tr><td colspan="2">工程名称</td><td colspan="3">XXX 综合楼工程</td><td>检验日期</td><td colspan="2">XX 年 XX 月 XX 日</td></tr>
<tr><td rowspan="2">序号</td><td rowspan="2">名称</td><td rowspan="2">规格型号</td><td rowspan="2">进场数量</td><td>生产厂家</td><td>外观检验项目</td><td>试件编号</td><td rowspan="2">备注</td></tr>
<tr><td>质量证明书编号</td><td>检查结果</td><td>复试结果</td></tr>
<tr><td rowspan="2">1</td><td rowspan="2">热轧带肋钢筋</td><td rowspan="2">HRB 335
14</td><td rowspan="2">9.438t</td><td>XX 钢铁有限公司</td><td>裂纹、油污、锈蚀、质量证明文件</td><td>钢筋 007</td><td rowspan="2"></td></tr>
<tr><td>8-3221</td><td>合格</td><td>合格</td></tr>
<tr><td rowspan="2">2</td><td rowspan="2">热轧带肋钢筋</td><td rowspan="2">HRB 335
18</td><td rowspan="2">12.88t</td><td>XX 钢铁有限公司</td><td>裂纹、油污、锈蚀、质量证明文件</td><td>钢筋 008</td><td rowspan="2"></td></tr>
<tr><td>4841472</td><td>合格</td><td>合格</td></tr>
</table>

（5）进场数量：填写物资进场数量，且应有计量单位。

材料、构配件进场检验记录 表 C4-17					资料编号	02-01-C4-XXX	
工程名称	XXX 综合楼工程				检验日期	XX 年 XX 月 XX 日	
序号	名称	规格型号	进场数量	生产厂家 质量证明书编号	外观检验项目 检查结果	试件编号 复试结果	备注
1	热轧带肋钢筋	HRB 335 14	9.438t	XX 钢铁有限公司 8-3221	裂纹、油污、锈蚀、质量证明文件 合格	钢筋 007 合格	
2	热轧带肋钢筋	HRB 335 18	12.88t	XX 钢铁有限公司 4841472	裂纹、油污、锈蚀、质量证明文件 合格	钢筋 008 合格	

（6）生产厂家、质量证明书编号：应填写物资的生产厂家、质量证明文件的编号。

材料、构配件进场检验记录 表 C4-17					资料编号	02-01-C4-XXX	
工程名称	XXX 综合楼工程				检验日期	XX 年 XX 月 XX 日	
序号	名称	规格型号	进场数量	生产厂家 质量证明书编号	外观检验项目 检查结果	试件编号 复试结果	备注
1	热轧带肋钢筋	HRB 335 14	9.438t	XX 钢铁有限公司 8-3221	裂纹、油污、锈蚀、质量证明文件 合格	钢筋 007 合格	
2	热轧带肋钢筋	HRB 335 18	12.88t	XX 钢铁有限公司 4841472	裂纹、油污、锈蚀、质量证明文件 合格	钢筋 008 合格	

（7）检验结论：是对进场材料、构配件，从品种、规格型号、外观质量和质量证明文件等检验做出的综合评价。

检验结论（施工单位）：

以上材料经外观检查良好，复试合格。规格型号及数量符合设计及规范要求，产品质量证明文件齐全。同意进场使用。

六、课后作业

判断题

1. 材料试验报告不能工程部位串用，更不能单位工程之间通用。（　　）
2. 供应商必须提供材料质量证明资料原件，不得为复印件。（　　）
3. 商品混凝土生产单位应按同配合比、同批次、同强度等级提供出厂质量合格证书。（　　）

选择题

1. 进场验收是对进入施工现场的材料、构配件、设备等按相关标准规定要求进行检验，对产品达到合格与否（　　）。

A. 做出确认　B. 进行记录　C. 进行分析　D. 向上级汇报

2. 所谓检验就是对检验项目中的性能进行量测、检查、试验等，并将结果与（　　）要求进行比较，以确定每项性能是否合格所进行的活动。

A. 标准规定　B. 监理　C. 建设单位　D. 常规

3. 出厂质量证明文件资料来源单为（　　）单位。

A. 施工　B. 供货　C. 检测　D. 监理

4. 材料进场检验记录资料来源单为（　　）单位。

A. 施工　B. 供货　C. 检测　D. 监理

实操题

根据案例背景，试填写材料、构配件进场检验记录表。

上海 × 公司 2016 年 5 月 16 日进场材料如下：

1. H型钢　350×350×12J　数量：34.45 吨　生产厂家：上海宝钢
   合格证号：4-1-1631　检验项目：产品质量证明书、外观尺寸
   检验结果：合格　原件在上海 × 公司

2. H型钢　250×250×12J　数量：4.47 吨　生产厂家：上海宝钢
   合格证号：5-28-1668　检验项目：产品质量证明书、外观尺寸
   检验结果：合格　原件在上海 × 公司

3. 钢板　20mm　数量：0.32 吨　生产厂家：上海宝钢
   合格证号：4087　检验项目：产品质量证明书、外观尺寸
   检验结果：合格　原件在上海 × 公司

4. 花纹钢板　3mm　数量：1.34 吨　生产厂家：首钢
   合格证号：2941　检验项目：产品质量证明书、外观尺寸
   检验结果：合格　原件在上海 × 公司

5. 槽钢　10#　数量：0.06 吨　生产厂家：首钢
   合格证号：32-25　检验项目：产品质量证明书、外观尺寸
   检验结果：合格　原件在上海 × 公司

6. 角钢　50×5×6m　数量：0.181 吨　生产厂家：首钢
   合格证号：3-2-52　检验项目：产品质量证明书、外观尺寸
   检验结果：合格　原件在上海 × 公司

以上材料经外观检查合格。材质、规格型号及数量符合设计、规范要求，产品质量证明文件齐全。

附：材料、构配件进场检验记录表

材料进场记录

<table>
<tr><td colspan="4">材料、构配件进场检验记录
表 C4-17</td><td>资料编号</td><td colspan="3"></td></tr>
<tr><td>工程名称</td><td colspan="3"></td><td>检验日期</td><td colspan="3"></td></tr>
<tr><td rowspan="2">序号</td><td rowspan="2">名称</td><td rowspan="2">规格型号</td><td rowspan="2">进场数量</td><td>生产厂家</td><td>外观检验项目</td><td>试件编号</td><td rowspan="2">备注</td></tr>
<tr><td>质量证明书编号</td><td>检查结果</td><td>复试结果</td></tr>
<tr><td rowspan="2">1</td><td rowspan="2"></td><td rowspan="2"></td><td rowspan="2"></td><td></td><td></td><td></td><td rowspan="2"></td></tr>
<tr><td></td><td></td><td></td></tr>
<tr><td rowspan="2">2</td><td rowspan="2"></td><td rowspan="2"></td><td rowspan="2"></td><td></td><td></td><td></td><td rowspan="2"></td></tr>
<tr><td></td><td></td><td></td></tr>
<tr><td rowspan="2">3</td><td rowspan="2"></td><td rowspan="2"></td><td rowspan="2"></td><td></td><td></td><td></td><td rowspan="2"></td></tr>
<tr><td></td><td></td><td></td></tr>
<tr><td rowspan="2">4</td><td rowspan="2"></td><td rowspan="2"></td><td rowspan="2"></td><td></td><td></td><td></td><td rowspan="2"></td></tr>
<tr><td></td><td></td><td></td></tr>
<tr><td rowspan="2">5</td><td rowspan="2"></td><td rowspan="2"></td><td rowspan="2"></td><td></td><td></td><td></td><td rowspan="2"></td></tr>
<tr><td></td><td></td><td></td></tr>
<tr><td rowspan="2">6</td><td rowspan="2"></td><td rowspan="2"></td><td rowspan="2"></td><td></td><td></td><td></td><td rowspan="2"></td></tr>
<tr><td></td><td></td><td></td></tr>
<tr><td colspan="8">检验结论（施工单位）：</td></tr>
<tr><td rowspan="3">签字栏</td><td rowspan="2">施工单位</td><td rowspan="2" colspan="2"></td><td>专业质检员</td><td>专业工长</td><td colspan="2">检验员</td></tr>
<tr><td></td><td></td><td colspan="2"></td></tr>
<tr><td>监理（建设）单位</td><td colspan="3"></td><td>专业工程师</td><td colspan="2"></td></tr>
</table>

本表由施工单位填写。

【效果评价】

工作任务学习评价单

编号：任务（三）— 02

<table>
<tr><td colspan="7">施工过程资料收集和整理</td></tr>
<tr><td>班级</td><td></td><td>姓名</td><td></td><td>学号</td><td>总评</td><td></td></tr>
<tr><td rowspan="2">职业能力 2</td><td colspan="3" rowspan="2">能编制填写材料及构配件的进场记录表</td><td></td><td>学时</td><td></td></tr>
<tr><td></td><td>评价学时</td><td></td></tr>
<tr><td>考核项目</td><td>考核内容及要求</td><td>分值</td><td>学生自评（10%）</td><td>小组评分（20%）</td><td>教师评分（70%）</td><td>实得分</td></tr>
<tr><td rowspan="3">编制填写材料及构配件的进场记录（70 分）</td><td>了解工程物资的概念</td><td>10</td><td></td><td></td><td></td><td></td></tr>
<tr><td>掌握材料、构配件进场检测内容及操作步骤</td><td>25</td><td></td><td></td><td></td><td></td></tr>
<tr><td>编制填写材料及构配件的进场记录表</td><td>35</td><td></td><td></td><td></td><td></td></tr>
<tr><td>学习态度（10 分）</td><td>上课认真听讲，积极参与讨论，认真完成任务</td><td>10</td><td></td><td></td><td></td><td></td></tr>
<tr><td>完成时间（10 分）</td><td>能在规定时间内完成任务</td><td>10</td><td></td><td></td><td></td><td></td></tr>
<tr><td>合作性（10 分）</td><td>积极参与组内各项任务，善于协调与沟通</td><td>10</td><td></td><td></td><td></td><td></td></tr>
<tr><td colspan="2">总计</td><td>100</td><td></td><td></td><td></td><td></td></tr>
<tr><td rowspan="2">评价评语</td><td colspan="6"></td></tr>
<tr><td>教师签字：</td><td>第　　组</td><td colspan="2">组长签字：</td><td colspan="2">日期：</td></tr>
</table>

职业能力 3：能编制填写技术交底记录

一、任务引入

2016 年 3 月 1 日，某镇 ×× 住宅拆除现场发生一起坍塌事故，造成一人死亡。发生事故的房屋为一幢已拆除屋顶的两层楼住宅，实际负责拆迁的人员为高某。事发当日下午，高某在未制订施工方案，未向拆除施工人员进行安全技术交底的情况下，擅自安排手下工人冉某、龚某等 5 人对事发房屋进行人工拆除，其中 3 名工人在房屋外，2 名工人在房屋内进行施工作业。15 时 40 分许，房屋的天花板断裂倒塌，将正在屋内施工的冉某与龚某掩埋，现场人员立即报警并对被埋人员进行施救，2 人被救出后立即被送往嘉兴市第二医院抢救，冉某经抢救无效死亡，龚某经救治后康复出院。

经调查，拆除人员安全意识淡薄，在未确认房屋安全性及落实具体安全防护措施的情况下，盲目进入房屋内部进行人工拆除作业，导致房屋坍塌，以致冉某被埋死亡，这是本起事故发生的直接原因；而拆迁实际负责人高某未制订施工组织设计或安全专项施工方案，在对房屋进行拆除前未向镇村两级组织汇报，未到现场对拆除作业进行监护与指挥并落实具体的安全防范措施，未及时发现待拆除房屋存在坍塌危险的安全隐患，未对拆除工人进行安全教育培训及安全技术交底。这些都是本起事故发生的间接原因。

由此可见，技术交底非常重要。本事故发生前，高某未对施工作业人员进行安全培训及安全技术交底，现场作业人员安全意识淡薄，仅凭以往经验进行作业，这些都为事故的发生埋下了重大隐患。那么通过这则案例我们该如何进行规范准确的技术交底记录来规避风险事故呢？今天我们就来学习关于技术交底的内容和填写。

二、学习目标

1. 了解技术交底的概念与目的。
2. 熟悉技术交底的类型与形式。
3. 掌握技术交底记录的内容、填写及归档要求。

三、能力目标

- 能填写和整理技术交底记录。

四、基本知识

（一）建筑工程技术交底的重要性和概念

技术交底

技术交底是施工企业极为重要的一项技术管理工作，是施工方案的延续和完善，也是工程质量预控的最后一道关口。对将要开工的工程施工项目通过危险源和施工风险的排查，找出实施中存在的不安全因素，进行分析和评价，制定应对危险的对策、措施。

技术交底是保证工程施工符合设计要求和规范、质量标准和操作工艺标准规定，用以具体指导施工活动的操作性技术文件，应分级编制、落实并实施。施工技术交底实为一种施工方法，在建筑施工企业中的技术交底，是指在某一单位工程开工前，或一个分项工程施工前，由相关专业技术人员向参与施工的人员进行的技术性指导。

大国工匠胡双钱在 35 年的航空技术制造工作中，经手的零件上千万，没有出过一次质量差错。他曾说：“每个零件都关系着乘客的生命安全，确保质量，是我最大的职责。”技术交底也是对施工人员施工安全的一道保障，只要细致认真地做好每一次技术交底，我们也可以一步步地朝大国工匠迈进，只有越来越多的大国工匠涌现出来，才能进一步提高我国职工队伍的素质和产业工人队伍的整体水平，从而实现中国制造向中国创造的全面跨越。

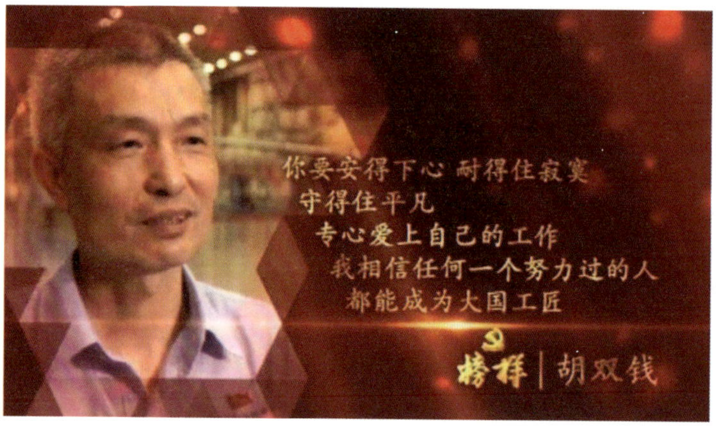

（二）建筑工程技术交底的目的

技术交底是为了使参与工程施工的技术人员及工人熟悉和了解所承担工程项目的特点、设计意图、技术质量要求，施工方法与措施和安全等方面有一个较详细的了解，便于科学地组织施工，避免技术质量等事故的发生。

（三）建筑工程技术交底的类型与形式

技术交底包括施工组织设计交底、专项施工方案技术交底、分项工程施工技术交底、“四新”（新材料、新产品、新技术、新工艺）技术交底和设计变更技术交底。

1. 技术交底分类

(1) 设计交底，即设计图纸交底。

(2) 施工设计交底。

(3) 专项方案交底、分部分项工程交底、质量（安全）技术交底、作业等。

2. 设计交底形式

(1) 办公室会议形式交底（PPT、视频、Word 等）。

(2) 施工现场动工前（讲解式等）。

(3) 书面形式形成文字交底（打印稿、告示牌等）。

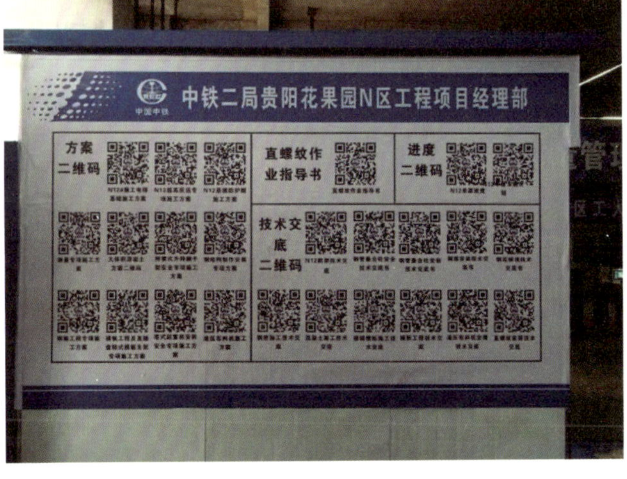

（四）建筑工程技术交底的编制依据

（1）国家、行业、地方标准、规范、规程，当地主管部门有关规定，企业技术标准和质量、环境、职业健康安全管理体系文件。

（2）工程施工图纸、标准图集、图纸会审记录、设计变更及工作联系单等技术文件。

（3）施工组织设计、施工方案对本分项工程、特殊工程等的技术、质量和其他要求。

（4）其他有关文件：工程所在地建设主管部门（含工程质量安全监督站）有关工程管理、技术推广、质量管理及治理质量通病等方面的文件；企业发布的年度工程技术质量管理、环境管理、职业健康安全管理等文件。

（五）建筑工程技术交底内容要求

1. 施工准备

（1）技术准备

① 学习和审查工程设计文件和图纸，核对平面尺寸和标高，图纸相互间有无错误或矛盾，掌握设计内容及各项技术要求，了解工程规模、特点、工程体量和质量要求，做好图纸会审及设计交底工作。

② 编制施工组织设计或专项施工方案，报有关部门和人员审批，确定施工工艺标准，并进行施工组织设计或专项施工方案技术交底。

③ 针对工程基本情况，收集工程所需的相关规范、标准、图集及技术资料。收集工程相关的水文地质资料及场区地下障碍物、管网等其他资料。

④ 根据施工方案编制技术交底，并向参加施工人员进行详细的技术、环境和职业健康安全交底。

⑤ 专业工种操作人员的岗位证书审查应齐全、有效。

⑥ 组织现场管理人员和作业人员学习有关质量、环境、职业健康安全的现行有关文件、标准和规定。

⑦ 进行测量基准交底、复测及验收工作。

⑧ 核对各种材料的见证取样、送试、检测是否符合要求。确定工程中即将使用的“四新”成果类型、内容及施工注意事项。

⑨ 其他技术准备工作。

（2）材料准备

说明施工所需材料名称、品种、规格、型号，材料质量标准等直观要求，感官判定合格的方法，强调从有“检验合格”标志牌的材料堆放处领料，每次领料批量要求等。

（3）机具准备

① 机械设备。说明所使用机械的名称、型号、性能、使用要求等。

② 主要工具。说明施工应配备的小型工具，包括测量用设备等，必要时应对小型工具的规格、合法性（对一些测量用工具，如经纬仪、水准仪、钢卷尺、靠尺等，应强调要求使用经检定合格的设备）等进行规定。

(4) 作业条件

说明与本道工序相关的上一道工序应具备的条件，是否已经过验收并合格。本工序施工现场工前准备应具备的条件等。

(5) 作业人员

说明劳动力配置、培训、特殊工种持证上岗要求等。

2. 施工进度要求

对本分项工程具体施工时间、完成时间等提出详细要求。

3. 施工工艺

(1) 工艺流程

详细列出该项目的操作工序和顺序。

(2) 操作工艺

① 施工方法。根据工艺流程所列的工序和顺序，分别对其进行详细叙述，并提出相应要求。

② 重点部位和关键环节控制要点。结合施工图提出设计的特殊要求和处理方法，细部处理要求，容易发生质量事故和环境、安全施工的工艺过程，尽量用图表达。

③ 保证质量措施。重点从人、材料、设备、方法等方面制定具有针对性的保证措施。

(3) 季节性施工

说明该项目在冬、雨期施工应采取的施工方法、措施和其他要求。

4. 质量标准

（1）主控项目

国家质量检验规范要求，包括抽检数量、检验方法。

（2）一般项目

国家质量检验规范要求，包括抽检数量、检验方法和合格标准。

5. 成品保护

对上一道工序成品的保护提出要求，对本道工序成品提出具体保护措施。

6. 应注意的质量问题

根据企业提出的预防和治理质量通病和施工问题的技术措施等，针对本工程特点具体提出质量通病及其预防措施。

7. 环境、职业健康安全管理措施

（1）环境管理措施

国家、行业、地方法规环保要求，企业对社会承诺，项目管理措施，环保隐患报告要求。

（2）职业健康安全管理措施

内容包括：作业相关安全防护设施要求、个人防护用品要求、作业人员安全素质要求、接受安全教育要求、项目安全管理规定、特种作业人员执证上岗规定，应急响应要求、隐患报告要求、相关机具安全使用要求、相关用电安全技术要求、相关危险源的防范措施，文明施工要求、相关防火要求、季节性安全施工注意事项。

（六）建筑工程技术交底的实施要求

1. 技术交底的责任：明确项目技术负责人、专业工长、管理人员、作业人员等的责任。

2. 技术交底的展开：应分层次展开，直至交底到全体施工作业人员。交底必须在作业前进行。班组长在接受技术交底后应组织全班组成员进行认真学习，根据其交底内容，明确各自责任和互相协作配合关系，制订保证全面完成任务的计划。

3. 技术交底前的准备：有书面的技术交底资料或示范、样板演示的准备。

4. 技术交底的记录：作为履行职责的凭据，技术交底记录的表格应有统一的标准格式，交底人员应认真填写表格并在表格上签字。接受交底人也应在交底记录上签字。

5. 交底文件的归档：技术交底资料和记录应由交底人整理归档。

6. 交底责任的界定：重要的技术交底应在开工前界定。交底内容编制后应由项目技术负责人批准，交底时技术负责人应到位。

7. 例外原则：外部信息或指令可能引起施工发生较大变化时应及时向作业人员交底。

8. 技术交底注意事项。

(1) 项目实施全过程活动，包括工程项目的关键过程和特殊过程，以及容易发生质量通病的部位，均应进行技术交底。

(2) 技术交底必须在该交底对应项目施工前进行，并应为施工留出足够的准备时间，技术交底不得后补。

(3) 技术交底应以书面形式进行，并辅以口头讲解。交底人和被交底人应履行交接签字手续，技术交底及时归档。

(4) 技术交底应根据施工过程的变化，及时补充新内容。施工方案、方法改变时也要及时进行重新交底。

(5) 分包单位除应接受总承运的技术交底外，还应负责其分包范围内技术交底资料的收集整理，并应在规定时间内向总包单位移交，总包单位负责对各分包单位技术交底工作进行监督检查。

五、能力操作

技术交底记录填写

施工技术交底记录表

技术交底记录表 C2-1		资料编号	
工程名称	哈尔滨 XXX 工程	交底日期	XXX 年 XX 月 XX 日水
施工单位	XX 建设集团	分项工程名称	泥砂浆地面
交底提要			

交底内容：

1. 水泥砂浆所用的砂子采用中粗砂，含泥量不大于 3%，水泥采用普通硅酸盐水泥，强度等级为 42.5, 严禁混用不同品种、不同标号的水泥。

2. 工艺流程：清理基层—弹面层水平线—洒水湿润基层 刷素水泥浆—铺设水泥浆刮尺刮平—木抹子搓平、压实钢抹子压光—养护。

3. 水泥砂浆面层厚度：一层散水台阶 20mm 厚 , 二层七层 30mm 厚 , 三层—大层 40mm 厚；水泥和砂浆的体积比 1：2.5, 其稠度不大于 35mm，强度等级不低于 M15。

4. 根据墙面高程，在墙面弹出面层水中高程线。

5. 将水泥砂浆拍实，用抹子由边向中由内向外搓平压实：木抹子应用力均匀 , 后退操作，将蜂窝麻面、脚印等消除后，再用靠尺检查平整度。

6. 面层压光宜用钢抹子分两遍成活儿，逐步加大压力。抹过头遍后，待砂浆稍收水后，即用钢抹子稍用力压出浆，然后抹平。待砂浆初凝后。进行第二遍压光。按照右边角到大面的顺序。填实压平，使表面平整。第三遍压光应在砂浆终凝前，用钢抹子压光，使表面无压痕，把第二遍留下的抹纹全面压实、压光、压平，要求表面平整光滑。

7. 当砂浆干湿度不适合时，可稍洒水或撒 1：1000 水泥砂，不宜撒干水泥。

8. 水暖管埋设的位置，应在水泥初凝后进行弹线，用钢抹子割出凹槽，凹槽边缘抹光，要求凹槽平直深浅一致。

9. 面层压光经 24h 后，用锯末草袋覆盖，洒水养护 7~10d。

10. 质量验收：

①铺设面层时，基层的抗压强度不得小于 1.2 MPa；表面应粗糙、洁净湿润并不得积水。

②整体面层施工后养护时间不应少于 7d；抗压强度达到 5MPa 后，方准让人行走；抗压强度达到设计要求后，方可正常使用。

③整体面层的抹平工作应在水泥初凝前完成，压光工作应在水泥终凝前完成。

④面层与下一层应结合牢固 , 无空鼓、裂纹。

⑤面层表面不应有裂纹脱皮、麻面、起砂等缺陷。

⑥面层表面的坡度应符合设计要求，不得有倒泛水和积水现象。

⑦踢脚线与墙面应紧密结合，高度一致，与墙面水平。

⑧面层的允许偏差：表面平整度 4mm。

审核人	XXX	交底人	XXX	接受交底人	XXX

本表由施工单位填写。

“技术交底记录”填写说明与依据

建筑工程技术交底是保证工程施工符合设计要求和规范，质量标准和操作工艺标准规定，用以具体指导施工活动的操作性技术文件，应分级编制、落实并实施。

（一）技术交底记录的一般规定

1. 技术交底应包括施工组织设计交底、专项施工方案技术交底、分项工程施工技术交底、“四新”（新材料、新产品、新技术、新工艺）技术交底和设计变更技术交底。各项交底应有文字记录，交底双方签认应齐全。

（1）重点和大型工程施工组织设计交底应由施工企业的技术负责人对项目主要技术管理人员进行交底，其他工程施工组织设计交底应由项目技术负责人进行交底。施工组织设计交底的内容包括：工程特点、难点，工程质量要求，主要施工工艺及施工方法，进度安排，组织机构设置与分工，质量、安全技术措施，质量重点、安全重点等。

（2）专项施工方案技术交底应由项目专业技术负责人负责，根据专项施工方案对专业工长进行交底，如有编制关键、特殊工序的作业指导书，以及特殊环境、特种作业的指导书，也必须向施工作业人员交底，交底内容为该专业工程、过程、工序的施工工艺、操作方法、要领、质量控制、安全措施等。

（3）分项工程施工技术交底应由专业工长对专业施工班组（或专业分包）进行交底。

（4）“四新”技术交底应由项目技术负责人向有关专业人员交底。

（5）设计变更技术交底应由项目技术部门根据变更要求，并结合具体施工步骤、措施及注意事项等对专业工长进行交底。

2. 技术交底应针对工程的特点，运用现代建筑施工管理原理，积极推广行之有效的科技成果，提高劳动生产率，保证工程质量、安全生产，保护环境、文明施工。

3. 技术交底编制应严格执行工程建设程序，坚持合理的施工程序、施工顺序和施工工艺，符合设计要求，满足材料、机具、人员等资源和施工条件要求，并贯彻执行施工组织设计、施工方案和企业技术部门的有关规定和要求，严格按照企业技术标准、施工组织设计和施工方案确定的原则和方法编写，并针对班组施工操作进行细化。

4. 技术交底应力求做到：主要项目齐全，内容具体明确、符合规范，重点突出，表述准确，取值有据，必要时辅以图示。对工程施工能起到指导作用，具有针对性、指导性和可操作性。技术交底中不应有“未尽事宜参照 XXX（规范）执行”等类似内容。

（二）技术交底记录的操作过程

1. 表头的编写

根据具体的建筑项目完成表中的资料编号、工程名称、交底日期、施工单位、分项工程名称和交底提要的填写。

2. 交底内容的填写

（1）设计意图和设计特点及应注意的问题。

（2）设计变更的情况及相关要求。

（3）新设备、新标准、新技术的采用和对施工技术的特殊要求。

（4）对施工条件和施工中存在问题的意见。

（5）其他施工注意事项。

3. 交底人员签字确认

项目部总工程师组织有关技术管理部门依据施工组织总设计、工程设计文件、施工合同和设备说明书等资料制定技术交底提纲，对项目部职能部门、工地技术负责人和主要施工负责人及分包单位有关人员进行交底并签字盖章。

六、课后作业

选择题

1. 进场验收是对进入施工现场的材料、构配件、设备等按相关标准规定要求进行检验，对产品达到合格与否（　　）。

A. 做出确认　　B. 进行记录

C. 进行分析　　D. 向上级汇报

2. 所谓检验就是对检验项目中的性能进行量测、检查、试验等，并将结果与（　　）要求进行比较，以确定每项性能是否合格所进行的活动。

A. 标准规定　　B. 监理

C. 建设单位　　D. 常规

3. 出厂质量证明文件资料来源（　　）单位。

A. 施工　　B. 供货

C. 检测　　D. 监理

判断题

1. 供应商必须提供材料质量证明资料原件，不得为复印件。（　　）

2. 建筑钢筋在使用前应抽取试件做力学性能试验和化学成分检验。（　　）

3. 商品混凝土的检验分为出厂检验和交货检验。（　　）

实操题

根据案例背景，试填写技术交底记录。

工程名称：上海阳光科技大厦
施工单位：上海市二建
交底部位：临时用电
交底时间：2018 年 5 月 6 日

交底内容：
1. 电工必须持证上岗，按规定佩戴个人防护用品，非电工严禁拆接电线。
2. 必须严格执行施工现场临时用电安全技术规范。
3. 临时用电线路严禁用铁管、模板等挤压，电线要与护栏、钢筋等金属物绝缘并隔离开。
4. 施工用线禁止车辆碾压，电线穿越道路时必须穿管埋设，其深埋不小于 50 厘米。
5. 碘钨灯线、振捣器线每天用完后要盘好挂起，不能在水中浸泡。
6. 使用移动电动工具（手砂轮、电磨子、振捣器等）必须穿绝缘鞋，戴绝缘手套，并不得用带接头的电线，线长不得超过 50 米。
7. 电焊机的二次线要严禁使用钢筋搭接，保护零线要接好，一次线长度应不大于 5 米，进线必须有保护罩。
8. 施工现场停止作业一小时以上时，应将开关箱断电上锁，下班后锁好围栏。

附：技术交底记录表

<table>
<tr><td colspan="2">技术交底记录表
C2-1</td><td>资料编号</td><td></td></tr>
<tr><td>工程名称</td><td></td><td>交底日期</td><td></td></tr>
<tr><td>施工单位</td><td></td><td>分项工程名称</td><td></td></tr>
<tr><td>交底提要</td><td colspan="3"></td></tr>
<tr><td colspan="4">交底内容：</td></tr>
</table>

审核人		交底人		接受交底人	

本表由施工单位填写。

【效果评价】

工作任务学习评价单

编号：任务（三）— 03

<table>
<tr><td colspan="8">施工过程资料收集和整理</td></tr>
<tr><td>班级</td><td></td><td>姓名</td><td></td><td>学号</td><td></td><td>总评</td><td></td></tr>
<tr><td rowspan="2">职业能力 3</td><td colspan="5" rowspan="2">能编制填写技术交底记录</td><td>学时</td><td></td></tr>
<tr><td>评价学时</td><td></td></tr>
<tr><td>考核项目</td><td>考核内容及要求</td><td>分值</td><td>学生自评（10%）</td><td>小组评分（20%）</td><td>教师评分（70%）</td><td colspan="2">实得分</td></tr>
<tr><td rowspan="3">编制填写技术交底记录（70 分）</td><td>能列出技术交底的类型与形式</td><td>15</td><td></td><td></td><td></td><td colspan="2"></td></tr>
<tr><td>知道技术交底需要填写的主要内容及要求</td><td>40</td><td></td><td></td><td></td><td colspan="2"></td></tr>
<tr><td>能填写符合工程建设程序的技术交底并按要求归档</td><td>15</td><td></td><td></td><td></td><td colspan="2"></td></tr>
<tr><td>学习态度（10 分）</td><td>上课认真听讲，积极参与讨论，认真完成任务</td><td>10</td><td></td><td></td><td></td><td colspan="2"></td></tr>
<tr><td>完成时间（10 分）</td><td>能在规定时间内完成任务</td><td>10</td><td></td><td></td><td></td><td colspan="2"></td></tr>
<tr><td>合作性（10 分）</td><td>积极参与组内各项任务，善于协调与沟通</td><td>10</td><td></td><td></td><td></td><td colspan="2"></td></tr>
<tr><td colspan="2">总计</td><td>100</td><td></td><td></td><td></td><td colspan="2"></td></tr>
<tr><td>评价评语</td><td colspan="7"></td></tr>
<tr><td></td><td colspan="2">教师签字：</td><td>第　　组</td><td colspan="2">组长签字：</td><td colspan="2">日期：</td></tr>
</table>

职业能力 4：会填写和整理地基验槽记录表

一、任务引入

地基验槽是由甲方、施工方、监理、设计院、地质勘察等单位参加的验证勘察单位提供的地质勘探报告是否与实际情况相符的验收行为，同时也是判断现阶段开挖后的地质情况是否可以进入下一步工序的工作。

案例引入：某市修建的一座库房楼，该库房为两层楼房，平面呈一字形，东西向长 47.28m，南北向宽 10.68m，高 7.50m。库房正中为楼梯间，东西各两大间，每间长 10.89m、宽 10.20m。中部有两个独立柱基。内外墙均为条形基础。此楼在使用一年后，库房西侧二楼墙上即发现有裂缝。此后裂缝数量增多，裂缝宽度扩展。据详细调查统计，大裂缝已有 33 条，有的裂缝长度超过 1.80m，宽度达 10 ～ 30mm，且地面多处开裂。6 年之后，再度调查，发现裂缝长达 3.20m，裂缝宽为 8 ～ 10mm，且内外贯通。说明 6 年多来库房的沉降一直都在发展。经调查，原勘察失误是主要原因，而未能按照规定进行地基验槽则是库房开裂的直接原因。

因此通过这则案例我们知道由于地质勘探报告不能完全准确揭示出地下土层的全部情况，等大面积开挖后或许会出现与地质报告不符的地质情况，或者开挖好以后由于降雨导致基槽有浮浆或者淤泥导致土质松软，不能直接受力，需要再次清理。所以需要验槽这个步骤来进行确认，这是后期施工的重要保障，也是多方验证现阶段地质情况可进入下一施工工序的重要程序，并需要参与的多家主体单位确认签字。

那么在实际工程中我们该如何通过准确规范的地基验槽来规避工程事故风险呢？今天我们就来学习关于地基验槽记录表的填写和整理。

二、学习目标

1. 认识并了解地基验槽的参与方。
2. 熟悉并掌握地基验槽的方法、意义及验槽必须达到的条件。
3. 熟练并准确掌握地基验槽的内容、填写及归档要求。

三、能力目标

- 能填写编制地基验槽记录表。

四、基本知识

（一）地基的重要性

地基的选择或处理是否正确，基础的设计与施工质量的好坏均直接影响到建筑物的安全性、经济性和合理性。地基验槽我们主要遵循的规范是《建筑地基基础工程施工质量验收规范》（GB50202－2002），在地基验槽过程中主要依据是《工程地质勘察报告》与施工图纸。

从安全性来分析，地基与基础的质量好坏对建筑物安全性影响是巨大的，一旦发生地基与基础质量事故，对其补救和处理十分困难，有时甚至无法补救。从经济性来分析，基础工程占整个建筑的建设费用的比例相当大，一般采用浅基础的多层建筑的基础造价占建筑造价的 15% ～ 20%，采用深基础的高层建筑的基础工程造价占总建筑费用的比例为 20% ～ 30%。

人们常说万丈高楼平地起，因此地基是重中之重，整栋建筑的力都会传递到地基部分，地基起到承重作用，所以良好的地基是建筑安全的基本条件。

质量即生命，责任重于泰山。一百道工序，一百个放心。对于好产品的追求是无止境的，它来自对每个细节的打磨和探究，它是基于一种将细节做到极致的欲望，是对以往的颠覆和创新。

（二）地基的含义和分类

地基是指建筑物下面支撑基础的土体或岩体。作为建筑地基的土层分为岩石、碎石土、砂土、粉土、黏性土和人工填土。地基有天然地基和人工地基（复合地基）两类。建筑物荷载依次向下层层传递，地基是整个建筑的最终承力部位，地基的稳定性关系到整个建筑物的安全，因此确保地基的安全至关重要。

地基

1. 天然地基

天然地基是指在自然状态下满足承担建筑物全部荷载的要求，不需要进行人工处理的地基。

天然地基土分为岩石、碎石土、砂土、黏性土四大类。

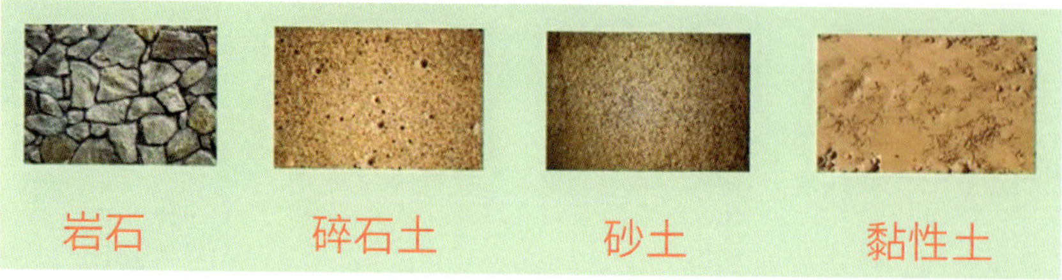

2. 人工地基

当天然地基的土质过于软弱或不良的地质条件时，需要人工加固或处理后才能修建的地基我们称为人工地基。而在地质状况不佳的条件下，如坡地、沙地或淤泥地质，或虽然土层质地较好，但上部荷载过大时，为使地基具有足够的承载能力，则要采用人工加固的方式修建地基，也称为人工地基。比如灰土地基、砂石桩地基、混凝土搅拌桩地基等。

（三）建筑的参建单位与职能

1. 勘察单位和职能

勘察，是指根据建设工程的要求，查明、分析、评价建设场地的地质、地理环境特征和岩土工程条件并提出合理基础建议，编制建设工程勘察文件的活动。在工程施工前，对地形、地质构造、地下资源蕴藏情况等进行实地调查，最后形成勘察报告，作为设计单位进行设计的依据。

2. 设计单位和职能

设计单位是从事设计工作的各类机构的总称，对设计文件的编制及设计质量等负有全面责任。其工作成果为图纸，包括建筑设计图、结构设计图、安装图纸等。

3. 施工单位和职能

施工单位又称“承建单位”，是建筑安装工程施工单位的简称。指承担基本建设工程施工任务，具有独立组织机构并实行独立经济核算的单位。在采取承发包方式进行施工时，施工单位，常被称为“乙方”。我国的施工单位按照经营方式分为施工企业和自营单位。施工企业是按照经济核算制原则建立的生产组织，按照国家计划承担各项工程的建筑安装等施工任务。其工作依据是设计单位设计出的图纸，其工作成果是建造完成的建筑物。

4. 监理单位和职能

组建建筑工程监理机构是建筑工程监理单位实施建筑工程监理的法定程序，建筑工程监理单位应根据所承担的监理任务，组建建筑工程监理机构。建筑工程监理机构一般由总监理工程师、专业监理工程师和其他监理人员组成。其主要工作是作为第三方来监督和保证工程的规范性和安全性。

5. 建设单位和职能

建设单位是指执行国家基本建设计划，组织、督促基本建设工作，支配、使用基本建设投资的基层单位。一般表现为：行政上有独立的组织形式，经济上实行独立核算，编有独立的总体设计和基本建设计划，是基本建设法律关系的主体，俗称“甲方”。

（四）勘察报告的内容、作用及重要性

1. 勘察的任务、要求及工作概况

根据勘察任务书，按照浅基础和桩基础设计的施工要求进行一次性的详细勘察。如：勘察工作自 ××× 年 × 月 × 日开始，至 × 月 × 日完成，计完成勘察工作量……

2. 场地描述

如：本场地位于 × 市 × 区 ×× 亭西北约 1000m。现为农田，地势平坦、地面标高为 5.6m 左右。×× 小平原总体上属溺谷相沉积，本场地由于受近期 × 湖相沉积影响，钻探揭示的上部覆盖层层位变化较大，层层起伏显著……

3. 划分地层分布

划分岩土地质层，编制分层统计表，进行数理统计。地基岩石的分层恰当与否，直接关系到评价的正确性和准确性。因此，此项工作必须按地质年代、成因类型、岩性、状态、风化程度、物理力学特征来综合考虑，正确地划分每一个单元的岩土层。然后编制分层统计表，包括各岩土层的分布状态和埋藏条件统计表，以及原位测试和实验测试的物理力学统计表等。

如钻探揭示的主要地层自上而下分为六层：

层级	底层说明
第一层黏土层	层顶 0.3 ～ 0.5m 为耕植土，灰黑色，其下为灰黄色黏土，层厚约 2m。黏土的天然含水量一般在 35% 左右，呈可塑状、饱和。
第二层淤泥	呈深灰色，层厚 4.9 ～ 10.8m。含腐殖质和有机质，局部具有薄粉砂层理。天然含水量均在 50% 以上，呈流塑状、饱和。
第三层粉质黏土	灰绿或灰黄色。顶板埋深 6.7 ～ 12.8m、层厚 2.2 ～ 8.2m，层位欠稳定。层中多见薄粉砂层理，呈片状结构。天然含水量变化在 28.3% ～ 39%，多呈可塑状、饱和。
第四层含泥粉砂	灰黄色至浅灰色。顶板埋探 13.5 ～ 17.2m，层厚 4.5 ～ 7.9m。含泥量变化在 10% ～ 40%，平均为 25%。平均标贯击数 N=12，呈稍密状态。

续表

第五层淤泥质土	深灰或灰褐色。顶板埋深 19.2 ～ 22.8m，层厚 11.9 ～ 19.3m。本层上部多见薄粉砂层理，局部含腐殖质，在 Z8 孔出现厚达 3.0m 的含泥细砂透镜体。天然含水量变化在 41% ～ 51%，多呈流塑状，局部为软塑。
第六层砾砂	浅灰色至灰白色。顶板埋深 34 ～ 38.2m，各钻孔均未钻穿该层，最大揭示厚度为 8m。本层上部含泥量约 10%，往深处渐减。平均标贯击数 N=31，呈中密或密实状态。

4. 勘察报告的作用和重要性

岩土工程勘察报告作为一个工程最基础的地质资料有着非常重要的作用，是设计单位、工程施工企业了解地质的重要手段，报告揭示了整个项目地质的工程概况，地质条件、土体物理力学性质指标、地下水、场地稳定性，岩土工程评价等。

勘察报告中的土层通过钻探等手段得到，相当于窥一斑而得全豹，具有一定的片面性，只有等工程开工后，基坑开挖暴露出来后才能知道地下的具体情况。因此，验证勘察报告与实际情况的相符性非常重要，这就是地基验槽记录表。

（五）验槽的准备工作

1. 察看结构说明和地质勘察报告，对比结构设计所用的地基承载力、持力层与报告所提供的是否相同；
2. 询问、察看建筑位置是否与勘察范围相符；
3. 察看场地内是否有软弱下卧层；
4. 场地是否为特别的不均匀场地、勘察方要求进行特别处理的情况，而设计方没有进行处理；
5. 要求建设方提供场地内是否有地下管线和相应的地下设施；
6. 场地是否处于采空影响区而未采取相应的地基、结构措施。

（六）验槽的必备条件和资料

1. 勘察、设计、质监、监理、施工及建设方有关负责人员及技术人员到场；
2. 附有基础平面和结构总说明的施工图阶段的结构图；
3. 详勘阶段的岩土工程勘察报告；
4. 开挖完毕、槽底无浮土、松土（若分段开挖，则每段条件相同），条件良好的基槽。基槽内不得有积水。

（七）验槽的检验内容

检查内容包括：基坑位置、平面尺寸、基底绝对高程和相对标高、基坑土质及地下水位等，有桩支护或桩基的工程还应进行桩的检查。

地基验槽

一般基坑验槽内容	（1）观察场地内是不是有填土和新近沉积土。
	（2）周围土质是否与槽壁、槽底岩土的颜色不同或有深浅变化。
	（3）局部含水量与其他部位是否不同。
	（4）场地内是否有异常。
	（5）基底岩土的性质是否因雨、雪、天寒等情况发生变化。
	（6）场地内是否有被扰动的岩土。
	（7）基槽地质情况开挖后与地质报告是否相符。
	（8）边坡稳定性是否良好。
	（9）严禁局部超挖后用虚土回填。
复合地基验槽内容	（1）换土垫层应根据基坑深度的不同在垫层施工之前进行。
	（2）周围土质是否与槽壁、槽底岩土的颜色不同或有深浅变化。
	（3）复合桩基，应在施工之中进行。
	（4）对各种采用预压法、压密、挤密、振密的复合地基，主要是用试验方法确定是否达设计要求。
桩基的验槽内容	（1）机械成孔的桩基，在施工中进行。在施工过程中就应判明桩端是否进入预定的桩端持力层；泥浆钻进时，应认真判明预定的桩端持力层是否已经达到。
	（2）人工成孔桩，在桩孔清理完毕后进行。对摩擦桩，主要检验桩长；端承桩，主要检查的是进入持力层长度、桩端直径。在混凝土浇灌之前，应清净桩底松散岩土，检验桩身的垂直度。对大直径桩必须做到每桩必验。检验的重点是桩端进入持力层的深度、桩端直径等。

（八）常用地基验槽的方法

观察法	钎探法
地基验槽通常采用观察法。观察槽壁、槽底的土质情况，验证基槽开挖深度，初步验证基槽底部土质是否与勘察报告相符，观察槽底土质结构是否被人为破坏；验槽时应重点观察柱基、墙角、承重墙下或其他受力较大部位；基槽边坡是否稳定。	对于基底以下的土层不可见部位，通常采用钎探法。地基钎探是一种土层探测施工工艺，将标示刻度的标准直径钢钎，采用机械或人工的方式，使用标定重量的击锤，垂直击打进入地基土层；根据钢钎进入待探测地基土层所需的击锤数，探测土层内隐蔽构造情况或粗略估算土层的容许承载力。地基钎探完毕后，应做好标记，保护好钎孔，未经质量检查、有关工长复验及验槽合格，不得堵塞或灌砂。

（九）推迟验槽的情况

（1）设计所使用承载力和持力层与勘察报告所提供不符；
（2）场地内有软弱下卧层而设计方未说明相应的原因；
（3）场地为不均匀场地，勘察方需要进行地基处理而设计方未进行处理。

（十）无法验槽的情况

有下列条件之一者，不能达到验槽的基本要求，无法验槽。
（1）基槽底面与设计标高相差太大；
（2）基槽底面坡度较大，高低相差悬殊；
（3）槽底有明显的机械车辙痕迹，槽底土扰动明显；
（4）槽底有明显的机械开挖、未加人工清除的沟槽、铲齿痕迹；
（5）现场没有详勘阶段的岩土工程勘察报告或附有结构设计总说明的施工图阶段的图纸。

五、能力操作

地基验槽记录

<table>
<tr><td colspan="2">地基验槽记录表
C5-3</td><td>资料编号</td><td>01-01-C5-XXX</td></tr>
<tr><td>工程名称</td><td>XX 大厦工程</td><td>验槽日期</td><td>XX 年 XX 月 XX 日</td></tr>
<tr><td>验槽部位</td><td colspan="3">⑧～⑬ /Ⓐ～Ⓗ轴内基槽</td></tr>
<tr><td colspan="4">依据：施工图纸（施工图纸号 结施—1、结施—4、地质勘察报告（编号：XX））、设计变更 / 洽商（编号 / ）及有关规范、规程。</td></tr>
<tr><td colspan="4">验槽内容：
1. 基槽开挖至勘探报告第 ③、④ 层，持力层为 ③、④ 层。
2. 基底绝对高程和相对标高 43.400/-6.300、40.850/-8.850、42.300/-7.400、44.350/-5.350 。
3. 土质情况 第③层黏质粉土、砂质粉土；第④层细砂、粉砂 。
（附：☑ 钎探记录及钎探点平面布置图）
4. 桩位置 / 、桩类型 / 、数量 / ，承载力满足设计要求。
（附：□施工记录、□桩检测记录）</td></tr>
</table>

续表

<table>
<tr><td colspan="6">

注：若建筑工程无桩基或人工支护，则相应在第 4 条填写处画“ / ”。 申报人：XXX</td></tr>
<tr><td colspan="6">检查意见：
经检查，槽底土质为第四纪沉积之黏质粉土、砂质粉土，局部粉砂、粉质黏土。
Ⓑ~Ⓒ/ ⑨ ~ ⑫轴为原建筑的肥槽，下挖 1.5m 后（见硬土层），采用级配砂石或 3：7 灰土分层回填夯实。设计须加强基础及结构刚度，坡道部分的人工堆积层至少下挖 1.0m，用 3：7 灰土分层回填夯实。

检查结论：☑ 无异常，可进行下一道工序 □ 需要地基处理</td></tr>
<tr><td rowspan="2">签字公章栏</td><td>建设单位</td><td>监理单位</td><td>设计单位</td><td>勘察单位</td><td>施工单位</td></tr>
<tr><td></td><td></td><td></td><td></td><td></td></tr>
</table>

本表由施工单位填写。

“地基验槽记录”填写说明与依据

“地基验槽记录”是土方挖至槽底设计标高，钎探完成之后进行的对建筑物持力层情况的验收。

一、表格解析

1. 责任部门

项目工程部

2. 提交时限

地基验槽通过当日完成

3. 检查要点

建筑物应进行施工验槽，检查内容包括基坑位置、平面尺寸、持力层核查、基底绝对高程和相对标高、基坑土质及地下水等，有桩支护或桩基的工程还应进行桩的检查。地基验槽检查记录应由建设、勘察、设计、监理、施工单位共同验收签认。如地基验槽未通过，需要进行地基处理，应由勘察、设计单位提出处理意见并填写“地基处理记录”。

二、填写依据

1. 规范名称

根据《建筑地基基础工程施工质量验收规范》(GB50202—2002)，理解验槽内容、规范书写。

2. 相关要求

(1)“地基验槽记录”关系到地基承载力，建筑物下沉倾斜等一系列结构安全问题，是保证建筑物整体安全的重要环节，地基验槽是所有新建工程必不可少的一项重要工作，应按有关规定要求执行。

（2）基坑的验收内容包括：

① 依据地质勘探报告验收地基土质是否与报告相符，核对基坑的土质和地下水情况，是否与勘察报告一致；

② 依据图纸核查基坑的位置，平面尺寸、基槽底标高等是否符合设计文件；

③ 若地基土与报告不相符，则须办理地基土处理洽商，对人工处理的地基，应按有关范围和设计文件的要求进行验收；

④ 审查钎探报告：包括钎探点布置图及钎探记录，检查基坑底面以下有无空穴、古墓、古井、防空掩体，地下埋设物及其他变异；

⑤ 对深基础，还应检查基坑对附近建筑物、道路、管线是否存在不利影响。

3. 操作过程

（1）表头的填写

根据具体的验槽项目完成表中编号、工程名称、验槽日期、验槽部位的填写。其中验槽日期为各方共同检查验收日期。

地基验槽记录 表 C5-3		资料编号	01-01-C5-XXX
工程名称	XX 大厦工程	验槽日期	XX 年 XX 月 XX 日
验槽部位	⑧～⑬ /Ⓐ～Ⓗ轴内基槽		

（2）验槽内容的填写

① 填写基槽（坑）位置、几何尺寸、槽底标高均按验收实测记录填写；

② 记录土层走向、厚度、土质有变化的部位，用图示加以说明；

③ 写明槽底土质类别、颜色及坚硬均匀情况；

④ 注明地下水位及水浸情况等。

验槽内容：

1. 基槽开挖至勘探报告第 ③、④ 层，持力层为 ③、④ 层。

2. 基底绝对高程和相对标高 43.400/-6.300、40.850/-8.850、42.300/-7.400、44.350/-5.350 。

3. 土质情况 第③层黏质粉土、砂质粉土；第④层细砂、粉砂 。

（附：☑ 钎探记录及钎探点平面布置图）

4. 桩位置 ___/___ 、桩类型 ___/___ 、 数量 ___/___ ，承载力满足设计要求。

（附：□ 施工记录、□ 桩检测记录）

____

____

____

注：若建筑工程无桩基或人工支护，则相应在第 4 条填写处画 “ / ” 。 **申报人：**XXX

（3）验槽处理结果和检查意见的填写

写明地基是否满足设计、规范等有关要求、是否与地质勘察报告中土质情况与实际情况相符。

检查意见：

经检查，槽底土质为第四纪沉积之黏质粉土、砂质粉土，局部粉砂、粉质黏土。Ⓑ~Ⓒ/⑨~⑫轴为原建筑的肥槽，下挖 1.5m 后（见硬土层），采用级配砂石或 3：7 灰土分层回填夯实。设计须加强基础及结构刚度，坡道部分的人工堆积层至少下挖 1.0m，用 3：7 灰土分层回填夯实。

检查结论：☑ 无异常，可进行下一道工序 **□ 需要地基处理**

（4）各部门签字确认

验槽由建设单位组织地质勘察部门、设计院、建设、监理单位及施工有关人员，共同检验做出记录并签字盖章。

签字公章栏	建设单位	监理单位	设计单位	勘察单位	施工单位

六、课后作业

选择题

1. 应在基坑（槽）四侧或两侧挖好临时排水沟和集水井，或采用井点降水，将水位降至坑、槽底以下（　　）以利于土方开挖。

A.600mm　　B.500mm　　C.400mm　　D.300mm

2. 具备一定规模的危险性较大的分部（分项）工程的专项施工方案论证专家人数不少于（　　）人。

A.3　　B.5　　C.7　　D.9

3. 持力层是指（　　）。

A. 地面下的第一层土　　B. 直接承受基础荷载的那层土

C. 地面下的第二层土　　D. 地面下的第三层土

判断题

1. 地基与基础是同一种构件的不同叫法。（　　）

2. 在我国，各个地方的地基都是完全一样的。（　　）

3. 为获得地下土层的分布情况，在进行设计前须进行工程地质勘探。（　　）

实操题

根据案例背景，试填写以下地基验槽记录表。

工程背景

南京 Z11 项目开挖完成后，于 2020 年 7 月 30 日组织验槽，参与单位中建七局、江苏省华夏工程醒目监理有限公司、南京建筑设计研究院有限公司、江苏省地质工程勘察院及南京世茂置业有限公司。本次验槽区域为商业项目Ⅲ -1 区轴线 P3-A ～ P3-E ～交 P3-2 ～ P3-10 范围内，基坑大面绝对标高为 -12.500m。

根据勘察报告，场地土层分布情况如下：

基底持力层为② -4A 粉土夹粉砂层，粉土灰色，湿～很湿，稍密～中密；粉砂，灰色，饱和，密实，含云母碎片，局部夹粉质黏土，呈“千层饼状”，摇振反应中等，无光泽，韧性、干强度低。

经检验，本区域内的基地土层为② -4A 粉土夹粉砂层，基底土质与勘察报告一致，承载力符合设计要求，基坑内设置降水井进行降水，基底标高在地下水位以上。

附：地基验槽记录

<table>
<tr><td colspan="2">地基验槽记录表
C5-3</td><td>资料编号</td><td colspan="4"></td></tr>
<tr><td>工程名称</td><td></td><td>验槽日期</td><td colspan="4"></td></tr>
<tr><td>验槽部位</td><td colspan="6"></td></tr>
<tr><td colspan="7">依据：施工图纸（施工图纸号 ________________________ ）、设计变更 / 洽商（编号 ___/___ ）及有关规范、规程。</td></tr>
<tr><td colspan="7">验槽内容：
1. 基槽开挖至勘探报告第 _____ 层，持力层为 _____ 层。
2. 基底绝对高程和相对标高 ________________________。
3. 土质情况 ________________________ 。
（附：□ 钎探记录及钎探点平面布置图）
4. 桩位置 ___/___ 、桩类型 ___/___ 、数量 ___/___ ，承载力满足设计要求。
（附：□ 施工记录、□ 桩检测记录）
____
____
____
注：若建筑工程无桩基或人工支护，则相应在第 4 条填写处画“ / ”。　申报人：XXX</td></tr>
<tr><td colspan="7">检查意见：

检查结论：□无异常，可进行下一道工序　□需要地基处理</td></tr>
<tr><td rowspan="2">签字公章栏</td><td>建设单位</td><td>监理单位</td><td>设计单位</td><td>勘察单位</td><td colspan="2">施工单位</td></tr>
<tr><td></td><td></td><td></td><td></td><td colspan="2"></td></tr>
</table>

本表由施工单位填写。

【效果评价】

工作任务学习评价单

编号：任务（三）— 04

<table>
<tr><td colspan="8">施工过程资料收集和整理</td></tr>
<tr><td>班级</td><td>姓名</td><td></td><td>学号</td><td></td><td>总评</td><td colspan="2"></td></tr>
<tr><td rowspan="2">职业能力 4</td><td colspan="4" rowspan="2">会填写和整理地基验槽记录表</td><td>学时</td><td colspan="2"></td></tr>
<tr><td>评价学时</td><td colspan="2"></td></tr>
<tr><td>考核项目</td><td>考核内容及要求</td><td>分值</td><td>学生自评（10%）</td><td>小组评分（20%）</td><td>教师评分（70%）</td><td>实得分</td><td></td></tr>
<tr><td rowspan="3">填写和整理地基验槽记录表（70 分）</td><td>能说出地基验槽方法与意义</td><td>15</td><td></td><td></td><td></td><td></td><td></td></tr>
<tr><td>能掌握地基验槽必须达到的条件</td><td>20</td><td></td><td></td><td></td><td></td><td></td></tr>
<tr><td>能填写编制地基验槽记录表</td><td>35</td><td></td><td></td><td></td><td></td><td></td></tr>
<tr><td>学习态度（10 分）</td><td>上课认真听讲，积极参与讨论，认真完成任务</td><td>10</td><td></td><td></td><td></td><td></td><td></td></tr>
<tr><td>完成时间（10 分）</td><td>能在规定时间内完成任务</td><td>10</td><td></td><td></td><td></td><td></td><td></td></tr>
<tr><td>合作性（10 分）</td><td>积极参与组内各项任务，善于协调与沟通</td><td>10</td><td></td><td></td><td></td><td></td><td></td></tr>
<tr><td colspan="2">总计</td><td>100</td><td colspan="5"></td></tr>
<tr><td rowspan="2">评价评语</td><td colspan="7"></td></tr>
<tr><td>教师签字：</td><td colspan="2">第　　组</td><td colspan="2">组长签字：</td><td colspan="2">日期：</td></tr>
</table>

职业能力 5：会填写和整理隐蔽工程验收记录表

一、任务引入

某市某小区 22 号楼为 6 层混合结构住宅楼，设计采用混凝土小型砌块砌墙，墙体加芯柱，竣工验收合格后，用户入住。但用户在使用过程中（五年后），发现墙体中没有芯柱，只发现了少量钢筋，而没有浇筑混凝土，最后经法定检测单位采用红外线照相法统计，发现大约有 82% 的墙体中未按设计要求加芯柱，只在一层部分墙体中有芯柱，造成了重大的质量隐患。这样的房子你放心住吗？

作为建筑人要明白：在建设全过程中每个环节都很重要，尤其对于隐蔽工程更是应该慎之又慎。那么今天我们就来学习一下隐蔽工程相关的内容。

二、学习目标

1. 了解隐蔽工程及隐蔽工程验收记录的概念、重要性。
2. 了解隐蔽工程的内容。
3. 了解隐蔽工程验收的程序及参与人员。
4. 学会填写隐蔽工程表式。
5. 掌握隐蔽工程验收记录资料的归档。

三、能力目标

- 能编制与填写隐蔽工程验收记录表。

四、基本知识

（一）隐蔽工程的重要性

在施工过程中，上一道工序完成的工程部位即将被下一道工序掩盖，掩盖后难以检查其材料是否符合规定、施工是否规范、质量是否符合要求，只有揭开掩盖的材料才能进行复查，这样的工程部位称为隐蔽工程。

隐蔽工程的基本知识

隐蔽工程验收记录是指被下一道工序所隐蔽的，关系到结构性能和使用工程的重要部位或项目的隐蔽检查记录。

正因为隐蔽工程的特殊性及在工程中的重要性，一旦发生质量问题，还得重新暴露整改和掩盖，会造成返工等非常大的损失，为了避免资源的浪费和当事人双方的损失，保证工程的质量和工程能够顺利完成，在施工过程中，我们要有实事求是、一丝不苟的品质，踏实细致、认真负责的工作态度。

（二）隐蔽工程主要隐蔽项目及隐蔽验收内容

隐蔽工程验收标准及规范，参考现行的国家标准、行业标准或企业标准，现有国家标准（最低标准）见附表 2。作为建筑人要明白：在建设全过程中每个环节都很重要，尤其对于隐蔽工程更是应该慎之又慎。那么今天我们就来学习一下隐蔽工程相关的内容。

附表 1

序号	工程	隐检项目	检查内容
1	地基与基础	土方工程	基槽、房心回填前检查基底清理、基底标高、基底处理情况等。
		桩基工程	基础断面尺寸，桩的位置、数量，试桩、打桩记录，人工地基的试验记录，坐标记录，钢筋笼规格、尺寸、沉渣厚度、清孔等情况。
2	建筑结构工程	结构工程	结构钢筋绑扎：检查钢筋绑扎规格、数量、位置、间距、锚固和接头位置、搭接长度、保护层厚度、钢筋及垫块绑扎和钢筋除锈情况。 结构钢筋连接：检查钢筋连接形式、连接种类、接头位置、数量和连接质量，若是焊接，还要检查焊条、焊剂的产品质量，检查焊口形式、焊缝长度、厚度、表面清渣情况。 柱、梁、楼梯、板钢筋（包括数量、规格、品种、搭接长度、焊接情况、保护层厚度、箍筋间距、预埋件等，每层一次）。 雨篷、阳台、空调板等悬臂部位钢筋（每层一次）。 屋顶水箱钢筋（包括数量、规格、品种、搭接长度）。 女儿墙压顶钢筋（包括数量、规格）。
		砖砌体	配筋砌体主筋，配筋砌体箍筋，砌体拉结筋、构造筋，与基体连接方式。 抗震、拉结、砖过梁配筋部位品种、规格及数量。
		木结构工程	屋架、檩条、墙体、顶棚、地下等隐蔽部位的防腐、防蛀、防菌等处理。
		钢结构（网架）工程	地脚螺栓规格、位置、埋设方法、紧固情况等；防火涂料涂装基层的涂料遍数及涂层厚度；网架焊接球节点的连接方式、质量情况；网架支座锚栓的位置、支撑垫块的种类及锚栓的紧固情况等。
3	建筑给水排水及供暖	水、暖、卫暗管道工程	位置、标高、坡度、试压、通水试验、焊接、防锈、防腐、保温及预埋件等。
4	建筑电气	电气线路工程	线管（线槽）的规格、位置、走向、连接及弯头做法；管内穿线的规格、数量、接线做法等；金属管的接地、防腐，与线盒的固定及管口处理等；电缆耐压绝缘试验，地线、地板、避雷针的接地电阻。
5	建筑节能	墙体节能工程	保温层附着的基层及其表面处理；保温板黏结或固定；锚固件；增强网铺设；预制保温板或预制保温墙板的板缝及构造节点；现场喷涂或浇注有机类保温材料的界面等。
		门窗节能工程	门窗框与墙体接缝处的保温填充做法。
		屋面节能工程	基层；保温层的敷设方式、厚度、板材缝隙填充质量；屋面热桥部位；隔汽层等。

续表

序号	工程	隐检项目	检查内容
5	建筑节能	地面节能工程	基层；被封闭的保温材料厚度；保温材料黏结；隔断热桥部位等。
6	地下防水工程	防水混凝土工程	混凝土的结构厚度，迎水面钢筋保护层厚度；混凝土的变形缝、施工缝、后浇带、穿墙螺栓，预埋件等设置的位置、形式和构造等；人防出口止水做法。
		卷材防水层	防水层基层、防水材料规格、厚度、铺设方式、阴阳角处理、搭接密封处理等；变形缝、穿墙管道等细部构造等情况。
		细部构造	变形缝、施工缝、后浇带、穿墙管道、预埋件等设置的形式和构造情况。
		渗排水、盲沟排水	渗排水层的构造、铺设；盲沟的构造情况。
7	建筑装饰装修工程	楼地面工程	各构造层（垫层、找平层、隔离层、填充层）的材料品种、规格、铺设厚度、铺设方式、坡度、标高、表面情况、节点密封处理等情况；变形缝的处理；防静电地板的接地处理。
		浴厕工程	基层含水率、地漏、套管、卫生器具根部、阴阳角等部位的处理情况，防水层墙面的涂刷情况。
		抹灰工程	界面剂情况，抹灰厚度大于或等于 35mm 时的加强措施；不同材料基体交接处的加强措施，抹灰前基层表面的清洁度；当底灰抹平后，暖气、电气设备的箱、槽、孔洞口周边的抹灰情况；外墙和顶棚抹灰层与基层之间，各抹灰层之间的黏结质量情况等。
		门窗工程	预埋件和锚固件的埋设：数量、位置、间距、防腐处理、埋设方式、与框和墙体的连接方式等。 门窗安装：安装位置、与墙体连接方式；缝隙防腐、填嵌及密封处理等。 固定玻璃的钉子或钢丝卡的数量、规格、位置及玻璃垫块的设置，数量、规格、位置安装方法，以及橡胶垫的设置应符合有关标准的规定。 木门窗与砖石砌体、混凝土或抹灰层接触处应进行防腐处理并应设防潮层；埋入砌体或混凝土中的木砖的防腐处理。 金属门窗防雷装置的设置应符合设计和有关标准的规定。
		吊顶工程	木龙骨防火、防腐处理，预埋件或拉结筋，吊杆安装；龙骨安装；填充材料设置。
8	智能建筑工程	通信网络系统	导管的品种、规格、位置、弯曲度、弯曲半径、连接、跨接地线、防腐、须焊接部位的焊接质量、管盒固定、管口处理、敷设情况、保护层、固定方法、固定间距，等等。
9	其他	其他	完工后无法进行检查、重要结构部位及有特殊要求的隐蔽工程。

（三）隐蔽工程验收标准及规范参考（部分）

隐蔽工程验收标准及规范，参考现行的国家标准、行业标准或企业标准，现有国家标准（最低标准）见附表2。

附表 2

序号	相关标准
1	国家标准《建筑工程施工质量验收统一标准》(GB50300—2013)
2	国家标准《建筑工程施工质量评价标准》(GB50375—2016)
3	《建筑地基基础工程施工质量验收标准》(GB50202—2018)
4	《混凝土结构工程施工质量验收规范》(GB50204—2015)
5	《建筑地面工程施工质量验收规范》(GB50209—2010)
6	《建筑给水排水及采暖工程施工质量验收规范》(GB50242—2002)
7	《通风与空调工程施工质量验收规范》(GB50243—2016)
8	《建筑电气工程施工质量验收规范》(GB50303—2015)
9	《智能建筑工程质量验收规范》(GB50339—2013)

（四）隐蔽工程验收的程序和组织

1. 施工验收组织

（1）施工单位自检。施工过程中，隐蔽工程在隐蔽前，施工单位按照有关标准、规范和设计图纸的要求进行自检，自检合格后填写隐蔽工程记录和隐蔽验收申请通知、相应的检验批质量验收记录等表格。

（2）监理单位（建设单位）收到验收申请，项目监理工程师应按时组织施工单位项目专业质量（技术）负责人等，严格按设计图纸和有关标准、规范进行验收，并在“隐蔽工程验收记录”上签认后，方可进行下一道工序。

特殊说明

经监理人检查质量不合格的，施工单位应在监理人指示的时间内完成修复，并由监理人重新检查，由此增加的费用和（或）延误的工期由施工单位承担。施工单位未通知监理人到场检查，私自将工程隐蔽部位覆盖的，监理人有权指示承包人钻孔探测或揭开检查，无论工程隐蔽部位质量是否合格，由此增加的费用和（或）延误的工期均由施工单位承担。

2. 验收程序

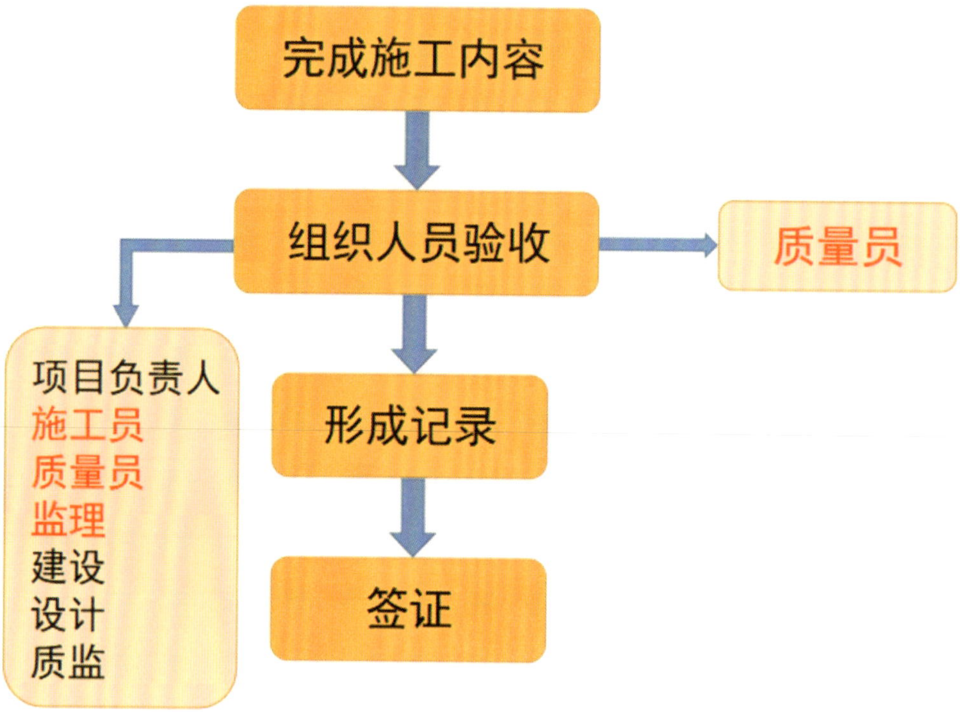

（五）“隐蔽工程验收记录”填写说明

隐蔽工程验收记录

1. 提交时限

检查合格后 1 天内完成，检验批验收前提交。

2. 填写要点

（1）工程名称：与施工图图纸签中名称一致。

（2）隐检项目：按实际检查项目填写，清楚写明（子）分部工程名称和施工工序主要检查内容（具体参考可见附表 1）。隐检项目栏填写举例：地基与基础工程（土方工程、灰土地基）、主体结构工程（钢筋绑扎）、建筑装饰装修（地面混凝土垫层）、建筑给水排水及供暖工程（防水套管安装）。

（3）隐检部位：对于结构工程隐蔽部位应体现层、轴线、标高和主要构件名称（墙、柱、板、梁等）；对于装饰、装修工程隐蔽部位应体现楼层、轴线（或建筑功能房间 / 区域名称，如楼梯间、公共走廊、会议室、餐厅等）。

（4）隐检日期：按实际检查日期填写。

（5）隐检依据：施工图纸、设计变更、工程洽商及相关的施工质量验收规范、标准、规程；本工程的施工组织设计、施工方案、技术交底等。特殊的隐检项目如新材料、新工艺、新设备等要标注具体的执行标准文号或企业标准文号。主要材料名称及规格 / 型号：按实际发生材料、设备填写，将各主要材料名称及对应的规格 / 型号表述清楚。

（6）隐检内容：结合设计、规范要求，将隐蔽部位关联的隐检项目和涉及的各检查点描述具体详细。应严格反映施工图的设计要求；按照施工质量验收规范的自检情况（如原材料复验、连接件试验、主要施工工艺做法等）填写（具体可见附表 1）。

（7）检查结论：按照监理单位检查意见填写。应明确所有隐检内容是否全部符合要求。隐检中第一次验收未通过的，应注明质量问题和复查要求。

（8）复查结论：应由监理单位填写，主要是针对第一次检查存在的问题进行复查，描述对质量问题的整改情况。

（9）签字栏：本着“谁施工、谁签认”的原则。对于专业分包工程应体现专业分包单位名称，分包单位的各级责任人签认后再报总包签认，总包签认后再报监理签认，各方签字后生效。

【表式图解】

隐蔽工程验收记录表 C5-1		资料编号	201606002
工程名称	恒花园 #3 号楼		
隐检项目	土方工程	隐检日期	2016.06.11
隐检部位	基础一层 轴线 ①～⑳ Ⓐ～Ⓓ 标高 -3.4m		

项目具体名称

参考附表 1

清楚地描述检查的部位

隐检依据：施工图图号 建施—2，结施—4 ，设计变更 / 洽商（编号 无 ）及有关国家现行标准等。

主要材料名称及规格 / 型号： 无

隐检内容：

1. 基础基底标高为 -3.4m，槽底土质为粉砂、细砂土，水位与地质勘察报告相符；
2. 基槽土层已挖至 -3.4m，基底清理到位，浮土、松土清除到持力层，无砖块、石头等杂物；
3. 基底轮廓尺寸符合设计要求。

参考附表 1

影像资料的部位、数量：×××

申报人：×××

填写检查结果。具体标准及验收规范可参考

检查意见：

隐检内容已自查

检查结论：符合要求

复查结论：

经审核：基底标高、基底轮廓尺寸符合设计要求；槽底土质与地质勘察报告相符，清槽工作到位无出现地下水，同意进行下一道工序。

复查人：×××　　复查日期：2016.06.11

<table>
<tr><td rowspan="3">签字栏</td><td rowspan="2">施工单位</td><td rowspan="2">×××</td><td>专业技术负责人</td><td>专业质检员</td><td></td></tr>
<tr><td>×××</td><td>×××</td><td></td></tr>
<tr><td>监理（建设）单位</td><td colspan="2">×××</td><td>专业工程师</td><td></td></tr>
</table>

本表由施工单位填写，并附影像资料。

【案例分享】

1. 地基与基础工程

隐蔽工程验收记录表 C5-1		资料编号	202201001
工程名称	×× 办公楼工程		
隐检项目	灰土地基	隐检日期	2022 年 1 月 13 日
隐检部位	基础 层 轴线 ① ~ ⑬ / Ⓐ ~ Ⓒ 轴线 -6.500m 标高		

隐检依据：施工图图号 结施—1、结施—3、地质勘察报告（编号 ××），设计变更 / 洽商（编号 / ）及有关国家现行标准等。

主要材料名称及规格 / 型号： 3：7 灰土

隐检内容：

1. 根据施工图纸要求，基槽土层已挖至 -6.500m，在摊铺灰土前，经钎探检查，地质情况符合勘察报告，无地下水。
2. 槽底清理：清除槽内浮土、积水和泥浆，坑（槽）边坡稳定。
3. 基底轴线尺寸。
4. 土料、石灰材质、配合比均匀符合设计要求。
5. 施工中检查分层铺设厚度、分段施工上下层的搭接长度、加水量、夯压遍数及压实系数，均符合规范要求。
6. 地基承载力检验结果达到设计要求。

影像资料的部位、数量： 申报人：×××

检查意见：

经检查，隐检项目符合设计要求和《建筑地基基础工程施工质量验收规范》（GB50202—2002）的规定。

检查结论：☑ 同意隐蔽 □ 不同意，修改后进行复查

复查结论：

复查人： 复查日期：

签字栏	施工单位	×××	专业技术负责人	专业质检员	专业工长
			×××	×××	×××
	监理（建设）单位	×××		专业工程师	×××

本表由施工单位填写，并附影像资料。

【案例分享】

2. 主体结构工程

<table>
<tr><td colspan="2">隐蔽工程验收记录表
C5-1</td><td>资料编号</td><td colspan="2">202201002</td></tr>
<tr><td>工程名称</td><td colspan="4">×× 办公楼工程</td></tr>
<tr><td>隐检项目</td><td>钢筋绑扎</td><td>隐检日期</td><td colspan="2">×× 年 × 月 × 日</td></tr>
<tr><td>隐检部位</td><td colspan="4">首层 Ⅰ 段 层⑨ ~ ⑬ / Ⓐ ~ Ⓖ 轴线 顶板、梁、挑檐（2.400m~3.550m）标高</td></tr>
<tr><td colspan="5">隐检依据：施工图图号 结施—11、结施—12 ，设计变更 / 洽商（编号 / ）及有关国家现行标准等。
主要材料名称及规格 / 型号： 钢筋 HRB335 25mm、 HRB335 22mm、 HRB335 20mm、 HRB335 18mm、HRB335 14mm、 HRB335 12mm、 HPB300 10mm、 HPB300 8mm、 HPB300 6mm</td></tr>
<tr><td colspan="5">隐检内容：
1. 钢筋有质量证明书（编号：××），复试报告（试验编号：2004-××~2004-××），合格。钢筋表面清洁，无锈蚀，无污染。
2. 钢筋规格、数量、间距等：
（1）顶板挑檐：下铁双层双向均为 HRB335 12@200、HPB300 10@150；盖铁 HRB335 14@200、HRB335 12@100、HPB300 10@150，分布筋 HPB300 6@200、HPB300 8@200，起步筋位置距梁（墙）边 50mm。
（2）梁：KL203 梁，主筋 4 根 HRB335 22mm（支座处 8 根 HRB335 22mm）+7 根 HRB335 20mm，箍筋 HPB300 8@100/200。
3. 钢筋连接形式：
（1）顶板：上、下铁采用绑扎搭接方式，上铁在跨中搭接，下铁在支座处搭接：其搭接长度为 48d（480、580、670mm），接头错开 50%。
（2）基础梁：主筋采用直螺纹连接（直径≥ 20mm），另详见钢筋直螺纹连接隐检。
4. 保护层厚度：顶板上、下铁保护层厚度 15mm，梁主筋保护层厚度 25mm。
5. 垫块形式采用塑料垫块，间距 600mm，梅花形布置：马凳规格为 HRB335 14@800×800，高度 136/186mm。
6. 绑扎丝采用 20# 火烧丝，丝扣朝向顶板、梁内。
影像资料的部位、数量：
申报人：×××</td></tr>
<tr><td colspan="5">检查意见：经检查，符合设计要求和《混凝土结构工程施工质量验收规范》(GB50204—2015) 的规定。
检查结论：☑ 同意隐蔽　　□ 不同意，修改后进行复查</td></tr>
<tr><td colspan="5">复查结论：
复查人：　　　　复查日期：</td></tr>
<tr><td rowspan="3">签字栏</td><td rowspan="2">施工单位</td><td rowspan="2">×××</td><td>专业技术负责人</td><td>专业质检员</td><td>专业工长</td></tr>
<tr><td>×××</td><td>×××</td><td>×××</td></tr>
<tr><td>监理（建设）单位</td><td colspan="2">×××</td><td>专业工程师</td><td>×××</td></tr>
</table>

本表由施工单位填写，并附影像资料。

（六）隐蔽工程验收资料归档原则

1. 竣工档案资料归档要求

在实际工程中，竣工档案资料要求隐蔽工程验收记录按照专业，分部工程按施工程序进行归档。如图：

围护 | 桩基 | 土建 | 钢结构 | 幕墙 | 节能 | 安装 | 消防 | 精装修 | 电梯 | 室外 | 民防 | 监理

【部分归档展示】

序号	
	桩基工程
	A 册
1	审批表 + 报审表 + 施工组织设计
	B 册
1	桩基工程工程概况
2	试打桩记录
3	建构（工程）测量复核单
4	桩基工程技术交底记录
5	钻孔灌注桩汇总表 (B-27)
6	钻孔灌注桩原始记录 (B-21~B-26)
7	成品桩的隐蔽工程验收记录汇总表 + 隐蔽验收记录
8	成品桩的打桩记录汇总（要标注合计总数）
9	成品桩的打桩记录（外观、接桩、施工）
10	混凝土浇灌令
11	工程技术复核单
12	成桩工程开工令
13	桩位平面布置图（桩位偏差图）指北针、图例、5 方签章（公章）
14	桩位轴线、标高、偏差记录表
15	开工报告 / 竣工报告 / 一般 / 重大 / 保修书
16	桩基工程施工小结
17	桩基工程施工日志
	C 册
1	材料汇总表
2	原材料的出厂合格证明 + 检测报告
3	钢筋、水泥、混凝土等（材料按照共用材料或单位工程区分）
4	桩基检测报告（钻孔灌注桩成孔质量检测报告 / 桩基低应变动力检测报告 / 桩基静载荷试验报告）
	D 册
1	桩基子分部工程质量验收证明书
2	地基与基础分部桩基子分部工程质量验收记录
3	桩基分项工程质量验收记录 / 检验批质量验收记录表

	土建工程
序号	**A 册**
1	审批表 + 报审表 + 施工组织总设计 + 钢筋、模板、混凝土等主要工序专项方案
	B 册
1	建设工程质量人员从业资格审查表
2	建设工程特殊工种人员上岗证审查表
3	建设工程特殊工种人员名单
4	工程概况
5	开工报告 / 竣工报告 / 一般 / 重大 / 保修书 (按照单位工程)
6	地基验槽记录
7	工程定位测量记录
8	建 (构) 工程测量复核单
9	建筑物垂直度、标高观测记录
10	建 (构) 筑物沉降观测成果
11	建筑工程沉降观测点、基准线专用水准点平面布置图
12	隐蔽汇总表 + 隐蔽 (基础、主体、装饰装修、屋面等)
13	混凝土浇灌令
14	工程技术复核单
15	施工现场质量管理检查记录、泼水检查、楼地面渗水检查等
16	施工日志
	C 册
1	材料汇总表
2	钢筋的出厂合格证明 + 检测报告
3	砂浆、混凝土试块抗压 + 评定表、同条件 + 评定表、混凝土配比、质保、抗渗 (材料按照共用材料、单位工程区分)
4	钢筋机械连接、砌体、防水材料、土样击实、回填土
5	装饰装修材料
6	其他
	D 册
1	分项、分部工程质量验收记录 (基础)(主体)
2	单位工程验收记录 (D1~D4)
3	子分部工程质量验收记录 (钢结构子分)
4	分项、检验批

2. 隐蔽工程验收记录单整理

隐蔽工程验收记录单按照分部工程、子分部工程的顺序号进行有序排列，或者按照约定的资料编号顺序进行有序排列，形成隐蔽工程验收记录单汇总表。

五、能力操作

（一）操作条件

根据《建筑工程施工质量验收统一标准》《混凝土结构工程施工质量验收规范》(GB50204—2015)，理解隐蔽工程验收的项目及内容，能够完成隐蔽工程验收记录表。

（二）注意事项

钢筋工程隐蔽检查记录是现场对钢筋工程隐蔽的记录表格，可附图说明。

检查部位需要注明轴线编号及依据的设计文件编号。

（三）操作过程

以智能建筑工程隐蔽工程验收记录表为例。

<table>
<tr><td colspan="2">隐蔽工程验收记录表
C5-1</td><td>资料编号</td><td>08-01-C5-001</td></tr>
<tr><td>工程名称</td><td colspan="3">XX 办公楼工程</td></tr>
<tr><td>隐检项目</td><td>预留电话、数据线、有线电视进线保护管</td><td>隐检日期</td><td>2022 年 2 月 10 日</td></tr>
<tr><td>隐检部位</td><td colspan="3">地下一层 ②~③/Ⓒ~Ⓓ 轴线 墙体（-1，400m）标高</td></tr>
<tr><td colspan="4">隐检依据：施工图图号 弱电施 -1 ，设计变更 / 洽商（编号 / ）及有关国家现行标准等。
主要材料名称及规格 / 型号：镀锌钢管 φ100；防水钢板 500X900mm</td></tr>
<tr><td colspan="4">隐检内容：
（1）电话、数据线、有线电视进线保护管为 8 根 φ100 镀锌钢管，与预制好的防水钢板焊接在一起，双面施焊。
（2）焊缝均匀牢固，焊接处药皮清理干净。
（3）进线保护管位置、标高正确。

影像资料的部位、数量：
申报人：XXX</td></tr>
</table>

<table>
<tr><td colspan="7">检查意见：
经检查，隐检项目符合设计要求和《智能建筑工程质量验收规范》（GB50339—2013）规定。

检查结论：　☑ 同意隐蔽　□ 不同意，修改后进行复查</td></tr>
<tr><td colspan="7">复查结论：

复查人：　　　　　　　　　　　　　　复查日期：</td></tr>
<tr><td rowspan="3">签字栏</td><td rowspan="2">施工单位</td><td rowspan="2">XXX</td><td colspan="2">专业技术负责人</td><td>专业质检员</td><td>专业工长</td></tr>
<tr><td colspan="2">XXX</td><td>XXX</td><td>XXX</td></tr>
<tr><td>监理（建设）单位</td><td colspan="3">XXX</td><td>专业工程师</td><td>XXX</td></tr>
</table>

1. 资料编号的填写

资料编号可以根据约定的规则进行编号。

如：（1）202201001，202201002……表示：2022 年 1 月的第 1 份资料，第 2 份资料……

（2）08-01-C5-001，08-01-C5-002……分别表示：分部工程代号（2 位），子分部工程代号（2 位），C5 是隐蔽工程验收记录在资料类别分类中的编号，001 代表顺序号。

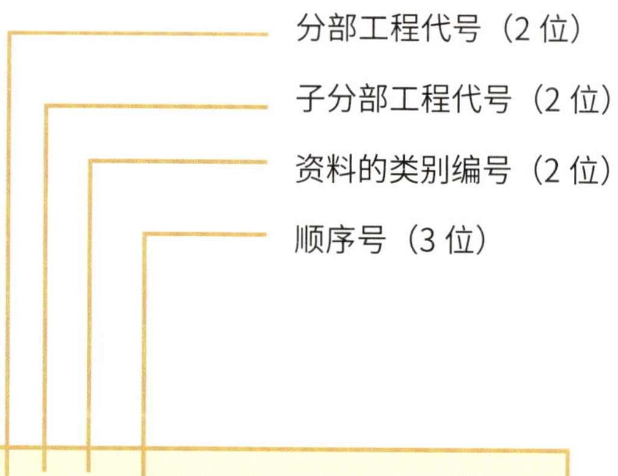

表 C5-1	资料编号	08-01-C5-001

2. 隐检部位的填写

隐蔽部位应体现层、轴线、标高和主要构件名称（墙、柱、板、梁等）等。

如：地下一层②～③/Ⓒ～Ⓓ轴线，墙体（-1，400m）标高。

隐蔽工程验收记录表 C5-1		资料编号	08-01-C5-001
工程名称	XX 办公楼工程		
隐检项目	预留电话、数据线、有限电视进线保护管	隐检日期	2022 年 2 月 10 日
隐检部位	**地下一层** ②～③/Ⓒ～Ⓓ **轴线** 墙体（-1，400m）**标高**		

3. 隐检内容

将隐蔽部位关联的隐检项目和涉及的各检查点描述具体详细。应严格反映施工图的设计要求；按照施工质量验收规范的自检情况（如原材料复验、连接件试验、主要施工工艺做法等）填写。

如：8 根镀锌钢管 φ100，与预制好的防水钢板双面施焊等。

隐检项目	预留电话、数据线、有限电视进线保护管	隐检日期	2022 年 2 月 10 日
隐检部位	**地下一层** ②～③/Ⓒ～Ⓓ **轴线** 墙体（-1，400m）**标高**		
隐检依据：施工图图号 弱电施 -1 ，设计变更 / 洽商（编号 / ）及有关国家现行标准等。 主要材料名称及规格 / 型号：镀锌钢管 φ100；防水钢板 500X900mm			
隐检内容： （1）电话、数据线、有限电视进线保护管为 8 根 φ100 镀锌钢管，与预制好的防水钢板焊接在一起，双面施焊。 （2）焊缝均匀牢固，焊接处药皮清理干净。 （3）进线保护管位置、标高正确。 影像资料的部位、数量： 申报人：XXX			

4. 检查意见及检查结论

明确所有隐检内容是否全部符合要求，可参考《智能建筑工程质量验收规范》(GB50339—2013)。

在检查结论是否同意隐蔽框中打“√”。

检查意见： **经检查，隐检项目符合设计要求和《智能建筑工程质量验收规范》（GB50339—2013）规定。**
检查结论： ☑ **同意隐蔽** □ **不同意，修改后进行复查**

5. 签字栏

各方签字后方可生效。

签字栏	施工单位	XXX	专业技术负责人	专业质检员	专业工长
			XXX	XXX	XXX
	监理（建设）单位	XXX		专业工程师	XXX

六、课后作业

判断题

1. 隐蔽工程是指在施工过程中，上一道工序的工作成果，将被下一道工序的工作成果覆盖，完工以后无法检查的那一部分工程。（ ）
2. 隐蔽工程在隐蔽前应由监理单位通知有关单位进行验收，并形成书面记录。（ ）
3. 护栏与预埋件的连接点是装饰装修细部工程隐蔽验收项目之一。（ ）

选择题

1. 不需要办理隐蔽工程验收的项目是（ ）。

A. 基础工程　B. 钢筋工程　C. 模板工程　D. 防水工程

2. 对验收不合格的隐蔽工程，（ ）应要求施工单位进行整改，自检合格后予以复查。

A. 建设单位　B. 总监理工程师　C. 专业监理工程师　D. 质监部门

实操题

根据案例背景，试填写隐蔽工程验收单。

案例背景：XX 小区 2# 房，建设单位为 XX 市 XX 房地产置业公司，施工单位为 XX 市 XX 建筑公司，监理单位为 XX 市 XX 监理有限公司。施工依据为：结构施工图 -3，结构施工图 -4；施工部位：结构工程 3 层 A~D 轴，1~20 轴；验收内容为：梁、板、柱钢筋工程

①钢筋品种、规格、数量、间距、尺寸；②搭接长度、接头设置；

③保护层厚度、垫块间距；④钢筋绑扎；

⑤钢筋表面；⑥预埋件位置、数量；

⑦拉结筋。

经验收符合设计要求和验收规范，同意一下道工序施工。验收日期 2020/03/21。

<table>
<tr><td colspan="3">隐蔽工程验收记录表
C5-1</td><td>资料编号</td><td colspan="2"></td></tr>
<tr><td colspan="2">工程名称</td><td colspan="4"></td></tr>
<tr><td colspan="2">隐检项目</td><td></td><td>隐检日期</td><td colspan="2"></td></tr>
<tr><td colspan="2">隐检部位</td><td colspan="4"></td></tr>
<tr><td colspan="6">隐检依据：施工图图号 ______________________________，设计变更 / 洽商（编号 ______________________）及有关国家现行标准等。
主要材料名称及规格 / 型号：</td></tr>
<tr><td colspan="6">隐检内容：

影像资料的部位、数量：
申报人：</td></tr>
<tr><td colspan="6">检查意见：

检查结论：</td></tr>
<tr><td colspan="6">复查结论：

复查人：复查日期：</td></tr>
<tr><td rowspan="3">签字栏</td><td rowspan="2">施工单位</td><td rowspan="2"></td><td>专业技术负责人</td><td>专业质检员</td><td>专业工长</td></tr>
<tr><td></td><td></td><td></td></tr>
<tr><td>监理（建设）单位</td><td colspan="2"></td><td>专业工程师</td><td></td></tr>
</table>

【效果评价】

工作任务学习评价单

编号：任务（三）— 05

施工过程资料收集和整理							
班级		姓名		学号		总评	
职业能力 5	会填写和整理隐蔽工程验收记录表					学时	
						评价学时	
考核项目	考核内容及要求	分值	学生自评（10%）	小组评分（20%）	教师评分（70%）	实得分	
填写和整理隐蔽工程验收记录表（70 分）	掌握主要隐蔽项目及隐蔽验收内容	30					
	了解隐蔽工程验收资料归档原则	10					
	编制与填写隐蔽工程验收记录表	30					
学习态度（10 分）	上课认真听讲，积极参与讨论，认真完成任务	10					
完成时间（10 分）	能在规定时间内完成任务	10					
合作性（10 分）	积极参与组内各项任务，善于协调与沟通	10					
总计		100					
评价评语							
	教师签字：	第　　组	组长签字：		日期：		

职业能力 6：会填写和整理施工工程检验批质量验收记录表

一、任务引入

35 年前，新加坡“小印度”老城区最高的一栋建筑在不到 60 秒的时间内轰然倒塌成废墟。一栋已经安然矗立了 15 年的建筑，缘何顷刻化为乌有？

经调查：工程师拿到了联益大厦最初的设计图纸，看心情设计的图纸，结构尺寸大小随缘；错漏百出的计算书，只校核最好算的结构。这份原始设计里的数据，按照相关的标准规范分析，结果是其结构强度严重不足。有一些柱子的安全系数甚至不到 1，也就是设计强度连建筑本身的自重都无法承受。地下室的 9 根被包了砖的柱子施工质量奇差，柱脚偏心、二次浇筑、尺寸不符，连钢筋都少了 25%。可以说这样设计出来的联益大厦，一旦建成也就意味着倒塌，严重的事故不可避免地发生了，因此建筑工程质量安全的检验尤为重要。

那么一栋建筑物在建造过程中是如何进行工程质量检验的呢？今天我们就来学习施工工程检验批的概念和填写方法。

二、学习目标

1. 认识并了解工程质量管理的重要性。
2. 学会检验批的划分方法。
3. 学会选择检验批工程施工质量验收资料表式。
4. 学会检验批工程施工质量验收记录编号的填写方法。
5. 学会编写检验批工程施工质量验收资料的编写方法。

三、能力目标

- 能编制与填写施工工程检验批质量验收资料。

四、基本知识

（一）工程质量管理的重要性

工程质量的优劣，直接影响工程建设的速度。质量差，一方面要增加返工、加固、补强等所需人工、材料、机械的消耗；另一方面给使用者增加了维修和改造的费用。同时，低劣的质量必然缩短工程的使用寿命，低劣的质量还会给社会带来极坏的影响，甚至给家庭带来极大的痛苦。反之，优良的工程质量能给各方带来丰厚的经济效益和社会效益，承包商成本降低，工程进度加快，企业信誉增强，利润和产值增加；建设项目也能早日投入运营，早日见效。

摒弃浮躁、宁静致远。外面的世界很热闹，自己却不轻易盲从；灯红酒绿中的诱惑很多，自己却坚守初心。一切走心，像田野一样安静，像诗歌一样平和。把自己化身为“工匠”，将更多的时间投入到枯燥的专业发展中，拥有不知疲倦的技术性快乐。做优质的工程，在自己的岗位上创造最大化的价值，真正把工匠精神融入工作之中。

弘扬工匠精神，勇攀质量高峰。让追求卓越、崇尚质量成为我们建筑人的价值导向。

（二）检验批、分项工程、分部工程、单位工程的质量验收之间的相互关系

建筑工程质量验收应划分为单位(子单位)工程、分部(子分部)工程、分项工程和检验批。

检验批是按同一生产条件或按规定的方式汇总起来供检验用的，由一定数量样本组成的检验体：它是工程验收的最小单位，但是分项工程乃至整个建筑工程质量验收的基础；检验批质量验收资料是在分项工程划分确定的原则下，根据施工及质量控制和专业验收需要，按楼层、施工段、变形缝等划分施工的子项，并以此进行工程施工质量验收的记录资料。

建筑工程质量验收的划分

检验批是工程验收的最小单位，是分项工程、分部工程、单位工程质量验收的基础，因此必须重视。

验收内容：主控项目、一般项目检验。

（1）主控项目

建筑工程中对安全、节能、环境保护和主要使用功能起决定性作用的检验项目。

（2）一般项目

除主控项目以外的检验项目。

注：建筑工程分部工程、分项工程划分参照《建筑工程施工质量验收统一标准》（GB 50300—2013）中的附录 B。（见附表 1）

（三）检验批验收流程

1. 自检

质量验收流程

施工班组在作业过程中，由组长按工长技术交底要求对本组作业段进行检查，发现不合格的地方必须责令工人立即整改，直至达到标准。

2. 互检

施工在完成近 70% ～ 80% 的工作量时，由工长组织各组长严格按技术标准和交底要求，对各组作业段质量进行互检，发现不合格点，责令班组立即整改，直至符合质量验收标准后，填写分项工程质量互检记录表格，有关人员签字后，报请项目质量员进行验收。

3. 专检

施工在完成 80% ～ 90% 的工作量时，并经自检、互检合格后由工长向质量员报验，质量员会同技术员严格按照国家、地区施工规范验收规范和公司内部质量验收标准对施工段进行验收，技术员对重点部位进行技术复核，对验收不合格点，责令整改直至符合验收标准，方可进入下一道工序施工。

（四）检验批工程施工质量验收记录编号

1. 检验批编号列于表的右上角，为 11 位数字编码。按《建筑工程质量验收统一标准》(GB50300—2013）的附录 B 。

2. 检验批质量验收记录表的编号是按各专业工程施工质量验收规范的分部子分部、分项工程的排序统一以 11 位数码编排的，将其写在检验批质量验收记录表表头的右上角，前 6 位数字分别代表分部工程、子分部工程及分项工程的代码，直接印在表上，后两个空格 (口) 作为检验批的顺序号填写。

▶ 检验批的编号规则：

（1）第 1、2 位，分部编号；

（2）第 3、4 位，子分部编号；

（3）第 5、6 位，分项编号；

（4）第 7、8 位，检验批编号；

（5）第 9、10、11 位为流水编号。

附表 1

序号	分部工程	子分部工程	分项工程
1	地基与基础	土方工程	土方开挖，土方回填，场地平整。
		基坑支护	排桩，重力式挡土墙，型钢水泥土搅拌墙，土钉墙与符合土钉墙，地下连续墙，沉井与沉箱，钢或混凝土支撑，锚杆，降水与排水。
		地基处理	灰土地基，砂和砂石地基，土工合成材料地基，粉煤灰地基，强夯地基，注浆地基，预压地基，振冲地基，高压喷射注浆地基，水泥土搅拌桩地基，土和灰土挤密桩地基，水泥粉煤灰碎石桩地基，夯实水泥土桩地基，砂桩地基。
		桩基础	先张法预应力管桩，混凝土预制桩，钢桩，混凝土灌注桩。
		地下防水	防水混凝土，水泥砂浆防水层，卷材防水层，涂料防水层，塑料防水板防水层，金属板防水层，膨胀土防水材料防水层，细部结构，锚喷支护，地下连续墙，盾构隧道，沉井，逆筑结构，渗排水、自沟排水、隧道排水、坑道排水，塑料排水板排水，预注浆、后注浆，结构裂缝注浆。
		混凝土基础	模板、钢筋、混凝土、后浇带混凝土、混凝土结构缝处理。
		砌体基础	砖砌体，混凝土小型空心砌块砌体，石砌体，配筋砌体。
		型钢、钢管混凝土基础	型钢、钢管焊接与螺栓连接，型钢、钢管与钢筋连接，浇筑混凝土。
		钢结构基础	钢结构制作，钢结构安装，钢结构涂装。
2	主体结构	混凝土结构	模板，钢筋，混凝土，预应力、现浇结构、装配式结构。
		砌体结构	砖砌体，混凝土小型空心砌块砌体，石砌体，配筋砖砌体，填充墙砌体。
		钢结构	钢结构焊接，紧固件连接，钢零部件加工，钢构件组装及预拼装，单层钢结构安装，多层及高层钢结构安装，空间格构钢结构制作，空间格构钢结构安装，压型金属板，防腐涂料涂装，防火涂料涂装、天沟安装、雨篷安装。
		劲钢、钢管混凝土结构	型钢、钢管现场拼装，柱脚锚固，构件安装，焊接、螺栓连接，钢筋骨架安装，型钢与钢筋连接，浇筑混凝土。
		轻钢结构	钢结构制作，钢结构安装，墙面压型板，屋面压型板。
		索膜结构	膜支撑构件制作，膜支撑构件安装，索安装，膜单元及附件制作，膜单元及附件安装。

续表

序号	分部工程	子分部工程	分项工程
2	主体结构	铝合金结构	铝合金焊接，紧固件连接，铝合金零部件加工，铝合金构件组装，铝合金构件预拼装，单层及多层铝合金结构安装，空间格构铝合金结构安装，铝合金压型板，防腐处理，防火隔热。
		木结构	方木和原木结构，胶合木结构，轻型木结构，木构件防护。
3	建筑装饰装修	地面	基层，整体面层，板块面层，地毯面层，地面防水，垫层及找平层。
		抹灰	一般抹灰，保温墙体抹灰，装饰抹灰，清水砌体勾缝。
		门窗	木门窗安装，金属门窗安装，塑料门窗安装，特种门安装，门窗玻璃安装。
		吊顶	整体面层吊顶，板块面层吊顶，格栅吊顶。
		轻质隔墙	板材隔墙，骨架隔墙，活动隔墙，玻璃隔墙。
		饰面板	石材安装，瓷板安装，木板安装，金属板安装，塑料板安装，玻璃板安装。
		饰面砖	外墙饰面砖粘贴，内墙饰面砖粘贴涂饰。
		涂饰	水性涂料涂饰，溶剂型涂料涂饰，美术涂饰。
		裱糊与软包	裱糊，软包。
		外墙防水	砂浆防水层，涂膜防水层，防水透气膜防水层。
		细部	橱柜制作与安装，窗帘盒和窗台板制作与安装，门窗套制作与安装，护栏和扶手制作与安装，花饰制作与安装。
		金属幕墙	构件与组件加工制作，构架安装，金属幕墙安装。
		石材与陶板幕墙	构件与组件加工制作，构架安装，石材与陶板幕墙安装。
		玻璃幕墙	构件与组件加工制作，构架安装，玻璃幕墙安装。

续表

序号	分部工程	子分部工程	分项工程
4	屋面工程	基层与保护	找平层，找坡层，隔汽层，隔离层，保护层。
		保温与隔热	板状材料保温层，纤维材料保温层，喷涂硬泡聚氨酯保温层，现浇泡沫混凝土保温层，种植隔热层，架空隔热层，蓄水隔热层。
		防水与密封	卷材防水层，涂膜防水层，复合防水层，接缝密封防水。
		瓦面与板面	烧结瓦和混凝土瓦铺装，沥青瓦铺装，金属板铺装，玻璃采光顶铺装。
		细部构造	檐口，檐沟和天沟，女儿墙和山墙，水落口，变形缝，伸出屋面管道，屋面出入口，泛水过水孔，设施基座，屋脊，屋顶窗。
5	建筑给水排水及供暖	室内供水系统	给水管道及配件安装，给水设备安装，室内消火栓系统安装，消防喷淋系统安装，管道防腐，绝热。
		室内排水系统	排水管道及配件安装，雨水管道及配件安装，防腐。
		室内热水供应系统	管道及配件安装，辅助设备安装，防腐，绝热。
		卫生器具安装	卫生器具安装，卫生器具给水配件安装，卫生器具排水管道安装。
		室内供暖系统	管道及配件安装，辅助设备及散热器安装，金属辐射板安装，低温热水地板辐射供暖系统安装，系统水压试验及调试，防腐，绝热。
		室外给水管网	给水管道安装，消防水泵接合器及室外消火栓安装，管沟及井室。
		室外排水管网	排水管道安装，排水管沟与井池。
		室外供热管网	管道及配件安装，系统水压试验及调试，防腐，绝热。
		建筑中水系统及游泳池系统	建筑中水系统管道及辅助设备安装，游泳池水系统安装。
		供热锅炉及辅助设备安装	锅炉安装，辅助设备及管道安装，安全附件安装，烘炉、煮炉和试运行，换热站安装，防腐，绝热。
		太阳能热水系统	预埋件及后置锚栓安装和封堵，基座、支架、集热器安装，接地装置安装，电线、电缆敷设，辅助设备及管道安装，防腐，绝热。

续表

序号	分部工程	子分部工程	分项工程
6	通风与空调	送排风系统	风管与配件制作，部件制作，风管系统安装，空气处理设备安装，消声设备制作与安装，风管与设备防腐，风机安装，系统调试。
		防排烟系统	风管与配件制作，部件制作，风管系统安装，防排烟风口、常闭正风口与设备安装，风管与设备防腐，风机安装，系统调试。
		除尘系统	风管与配件制作，部件制作，风管系统安装，除尘器与排污设备安装，风管与设备防腐，风机安装，系统调试。
		空调风系统	风管与配件制作，部件制作，风管系统安装，空气处理设备安装，消声设备制作与安装，风管与设备防腐，风机安装，风管与设备绝热，系统调试。
		空气能量回收系统	空气能量热回收装置安装，新风导入管道安装，排风管道安装，空气过滤系统安装，空气能量回收装置系统运行试验及调试。
		净化空调系统	空气质量控制系统，风管与配件制作，部件制作，风管系统安装，空气处理设备安装，消声设备制作与安装，风管与设备防腐，风机安装，风管与设备绝热，高效过滤器安装，系统调试。
		制冷设备系统	制冷机组安装，制冷剂管道及配件安装，制冷附属设备安装，管道及设备的防腐与绝热，系统调试。
		空调水系统	管道冷热（媒）水系统安装，冷却水系统安装，冷凝水系统安装，阀门及部件安装，冷却塔安装，水泵及附属设备安装，管道与设备的防腐与绝热，系统调试。
		地源热泵系统	地埋管换热系统，地下水换热系统，地表水换热系统，建筑物内系统，整体试运转、调试。
7	建筑电气	室外电气	架空线路及杆上电气设备安装，变压器、箱式变电所安装，成套配电柜、控制柜（屏、台）和动力、照明配电箱（盘）及控制柜安装，电线、电缆导管和线槽敷设，电线、电缆穿管和线槽敷设，电缆头制作、导线连接和线路电气试验，建筑物外部装饰灯具、航空障碍标志灯安装，庭院路灯安装，建筑照明通电试运行，接地装置安装。
		变配电室	变压器、箱式变电所安装，成套配电柜、控制柜（屏、台）和动力、照明配电箱（盘）安装，裸母线、封闭母线、插接式母线安装，电缆沟内和电缆竖井内电缆敷设，电缆头制作、导线连接和线路电气试验，接地装置安装，避雷引下线和变配电室接地干线敷设。

续表

序号	分部工程	子分部工程	分项工程
7	建筑电气	室外电气	架空线路及杆上电气设备安装，变压器、箱式变电所安装，成套配电柜、控制柜（屏、台）和动力、照明配电箱（盘）及控制柜安装，电线、电缆导管和线槽敷设，电线、电缆穿管和线槽敷设，电缆头制作、导线连接和线路电气试验，建筑物外部装饰灯具、航空障碍标志灯安装，庭院路灯安装，建筑照明通电试运行，接地装置安装。
		变配电室	变压器、箱式变电所安装，成套配电柜、控制柜（屏、台）和动力、照明配电箱（盘）安装，裸母线、封闭母线、插接式母线安装，电缆沟内和电缆竖井内电缆敷设，电缆头制作、导线连接和线路电气试验，接地装置安装，避雷引下线和变配电室接地干线敷设。
		供电干线	裸母线、封闭母线、插接式母线安装，桥架安装和桥架内电缆敷设，电缆沟内和电缆竖井电缆敷设，电线、电缆导管和线槽敷设，电线、电缆穿管和线槽敷线，电缆头制作、导线连接和线路电气试验。
		电气动力	成套配电柜、控制柜（屏、台）和动力、照明配电箱（盘）及控制柜安装，低压电动机、电加热器及电动执行机构检查、接线，低压电气动力设备检测、试验和空载试运行，桥架安装和桥架内电缆敷设，电线、电缆导管和线槽敷设，电线、电缆穿管和线槽敷线，电缆头制作、导线连接和线路电气试验，插座、开关、风扇安装。
		电气照明安装	成套配电柜、控制柜（屏、台）和动力、照明配电箱（盘）安装，电线、电缆导管和线槽敷设，电线、电缆导管和线槽敷线，槽板配线，钢索配线，电缆头制作，导线连接和线路气试验，普通灯具安装，专用灯具安装，插座、开关、风扇安装，建筑照明通电试运行。
		备用和不间断电源安装	成套配电柜、控制柜（屏、台）和动力、照明配电箱（盘）安装，柴油发电机安装，不间断电源的其他功能单元安装，裸母线、封闭母线、插接式母线安装，电线、电缆导管和线槽敷设，电线、电缆导管和线槽敷线，电缆头制作，导线连接和线路试验，接地装置安装。
		防雷及接地安装	接地装置安装，避雷引下线和变配电室接地干线敷设，建筑物等电位连接，接闪器安装。
8	建筑智能化	通信网络系统	通信系统，卫星及有线电视系统，公共广播系统，视频会议系统。
		计算机网络系统	信息平台及办公自动化应用软件，网络安全系统。

续表

序号	分部工程	子分部工程	分项工程
8	建筑智能化	建筑设备监控系统	空调与通风系统，空气能量回收系统，室内空气质量控制系统，变配电系统，照明系统，给水排水系统，热源和热交换系统，冷冻和冷却系统，电梯和自动扶梯系统，中央管理工作站与操作分站，子系统通信接口。
		火灾报警及消防联动系统	火灾和可燃气体探测系统，火灾报警控制系统，消防联动系统。
		会议系统与信息导航系统	会议系统，信息导航系统。
		专业应用系统	专业应用系统。
		安全防范系统	电视监控系统，入侵报警系统，巡更系统，出入口控制（门禁）系统，停车管理系统，智能卡应用系统。
		综合布线系统	缆线敷设和终接，机柜、机架、配线架的安装，信息插座和光缆芯线终端的安装。
		智能化集成系统	集成系统网络，实时数据库，信息安全，功能接口。
		电源与接地	智能建筑电源，防雷及接地。
		计算机机房工程	路由交换系统，服务器系统，空间环境，室内外空气能量交换系统，室内空调环境，视觉照明环境，电磁环境。
		住宅(小区)智能化系统	火灾自动报警及消防联动系统，安全防范系统（含电视监控系统、入侵报警系统、巡更系统、门禁系统、楼宇对讲系统、住户对讲呼救系统、停车管理系统），物业管理系统（多表现场计量及与远程传输系统、建筑设备监控系统、公共广播系统、小区网络及信息服务系统、物业办公自动化系统），智能家庭信息平台。
9	建筑节能	围护系统节能	墙体节能，幕墙节能，门窗节能，屋面节能，地面节能。
		供暖空调设备及管网节能	供暖节能、通风与空调设备节能，空调与供暖系统冷热源节能，空调与供暖系统管网节能。
		电气动力节能	配电节能，照明节能。
		监控系统节能	监测系统节能，控制系统节能。
		可再生能源	太阳能系统，地源热泵系统。

续表

序号	分部工程	子分部工程	分项工程
10	电梯	电力驱动的曳引式或强制式电梯安装	设备进场验收，土建交接检验，驱动主机，导轨，门系统，轿厢，对重，安全部件，悬挂装置，随行电缆，补偿装置，电气装置，整机安装验收。
		液压电梯安装	设备进场验收，土建交接检验，液压系统，导轨，门系统，轿厢，对重，安全部件，悬挂装置，随行电缆，电气装置，整机安装验收。
		自动扶梯、自动人行道安装	设备进场验收，土建交接检验，整机安装验收。

（五）检验批验收记录表的归档

1. 验收部位

该检验批所在分部及用图纸位置填写，如主体二层①～⑧轴。

2. 施工执行标准名称及编号

为建立健全质量管理体系，搞好过程控制，体现全过程的管理，要求各企业依据操作工艺制定企业标准。若施工单位无企业标准，可执行国家地方或行业标准。但不论执行哪种标准，在此栏要填写施工执行标准名称、编号、批准人、批准时间，执行时间（若执行国家地方成行业标准，也要经过本企业总工批准）。

3. 施工质量验收规范的规定性

建筑工程施工质量验收规范规定应填写具体的质量要求，在制表时就已填写好验收规范中主控项目、一般项目的全部内容，但由于表格的地方小，多数指标不能将全部内容填写下，所以，只将质量指标归纳，简化描述（或题目）和条文号填写上。作为检查内容提示，以便查对验收规范的原文。

4. 主控项目，一般项目施工单位检查评定记录

填写方法分以下几种情况，判定是否验收均按施工质量验收规定进行判定。

（1）对定量项目直接填写检查的数据。

（2）对定性项目，当符合规范规定时，采用打“√”的方法标注，否则采用打“×”的方法标注。无此项内容的画“/”标注。

（3）有混凝土、砂浆强度等级的检验批，按规定制取试件后。可填写试件编号。待试件试验报告出来后，对检验批进行判定，并在分项工程验收时进一步进行强度评定及验收。

(4) 对既有定性又有定量的项目，各个子项目质量均符合规范规定时，采用打“√”的方法标注，否则采用打“×”的方法标注。无此项内容的画“/”标注。

(5) 对一般项目合格点有要求的项目，应是其中带有数据的定量项目：定性项目必须基本达到。定量项目中每个项目都必须有 80% 以上的 (混凝土保护层为 90%) 检测点的实测数值达到规范规定，其余 20% 按各专业施工质量验收规范规定，通常不得超过规定值的 150%，钢结构不得超过规定值的 120%。

(6)“施工单位检查评定记录”栏的填写。有数据的项目，将实际测量的数值填入表格内，超企业标准的数字，而没有超过国家验收规范的用“○”将其圈出，对超过国家验收规范的用“△”圈出。

五、能力操作

(一) 操作条件

1. 根据《建筑工程施工质量验收统一标准》，理解检验批的定义、检验批的划分。
2. 能够完成检验批质量验收记录表的填写。

(二) 注意事项

1. 质量验收记录表是根据规范或验标指定的，具有通用性，因此在使用时，要根据工程实际情况，对于没有的内容要用“/”画掉，不留空白。
2. 检验批名称：按验收规范给定的检验批名称填写。
3. 质量验收记录表的编号与表头填写规范。
4. 主控项目，一般项目填写要求。

(三) 操作过程

1. 表头的填写

(1) 编号的填写

根据检验批编号规则进行表头编号的填写。

- 第 1、2 位为分部编号；
- 第 3、4 位为子分部编号；
- 第 5、6 位为分项编号；
- 第 7、8 位为检验批编号；
- 第 9、10、11 位为流水编号。

检验批编号（共 11 位数字）

第 1、2 位	第 3、4 位	第 5、6 位	第 7、8 位	第 9、10、11 位	
分部	子分部	分项	检验批 （省统表编号）	流水号	
分部名称	子分部名称	分项名称	检验批 （省统表编号）	累计编号	
地基与基础 01	混凝土基础 05	钢筋 02	钢筋原材 59	01050259	01050259/001
			钢筋加工 60	01050260	01050260/001
			钢筋连接 61	01050261	01050261/001
			钢筋安装 62	01050262	01050262/001
		模板 01	模板安装 57	01050157	01050157/001
			模板拆除 58	01050158	01050158/001
		混凝土 03	混凝土原材料 63	01050363	01050363/001
			混凝土施工 65	01050365	01050365/001

钢筋连接检验批质量验收记录

01020205 001
01020305 ____
02010203 ____

<table>
<tr><td colspan="2">单位（子单位）工程名称</td><td>杭州品茗科技大厦 A 座</td><td>分部（子分部）工程名称</td><td>地基与基础分部—基础子分部</td><td>分项工程名称</td><td colspan="2">钢筋混凝土扩展基础分项</td></tr>
<tr><td colspan="2">施工单位</td><td>杭州品茗建筑工程有限公司</td><td>项目负责人</td><td>周小明</td><td>检验批容量</td><td colspan="2">50 件</td></tr>
<tr><td colspan="2">分包单位</td><td>/</td><td>分包单位项目负责人</td><td>/</td><td>检验批部位</td><td colspan="2">1~10/A~E 轴基础底板</td></tr>
<tr><td colspan="2">施工依据</td><td colspan="2">《混凝土结构施工规范》（GB 50666 — 2011）</td><td>验收依据</td><td colspan="3">《混凝土结构工程施工质量验收规范》（2011 版）（GB 50204 — 2002）</td></tr>
<tr><td colspan="3">验收项目</td><td>设计要求及规范规定</td><td>最小 / 实际抽样数量</td><td colspan="2">检查记录</td><td>检查结果</td></tr>
<tr><td rowspan="2">主控项目</td><td>1</td><td>纵向受力钢筋的连接方式</td><td>第 5.4.1 条</td><td>全 / 9</td><td colspan="2">共 10 处，检查 10 处，全部合格</td><td>√</td></tr>
<tr><td>2</td><td>机械连接和焊接接头的力学性能</td><td>第 5.4.2 条</td><td>/</td><td colspan="2">试验合格，报告编号 XXX</td><td>√</td></tr>
</table>

（2）验收部位填写

填写检验批所在分部及其图纸位置。

根据该检验批所在分部及用图纸位置进行检验批部位的填写。

钢筋连接检验批质量验收记录

01020205 001
01020305 ____
02010203 ____

单位（子单位）工程名称	杭州品茗科技大厦 A 座	分部（子分部）工程名称	地基与基础分部—基础子分部	分项工程名称	钢筋混凝土扩展基础分项
施工单位	杭州品茗建筑工程有限公司	项目负责人	周小明	检验批容量	50 件
分包单位	/	分包单位项目负责人	/	检验批部位	1~10/A~E 轴基础底板
施工依据	《混凝土结构施工规范》（GB 50666 — 2011）		验收依据	《混凝土结构工程施工质量验收规范》（2011 版）（GB 50204 — 2002）	

（3）检验批容量填写

检验批容量：根据本检验批的工程量进行填写。

钢筋连接检验批质量验收记录

01020205 001
01020305 ____
02010203 ____

单位（子单位）工程名称	杭州品茗科技大厦 A 座	分部（子分部）工程名称	地基与基础分部—基础子分部	分项工程名称	钢筋混凝土扩展基础分项
施工单位	杭州品茗建筑工程有限公司	项目负责人	周小明	检验批容量	50 件
分包单位	/	分包单位项目负责人	/	检验批部位	1~10/A~E 轴基础底板
施工依据	《混凝土结构施工规范》（GB 50666 — 2011）		验收依据	《混凝土结构工程施工质量验收规范》（2011 版）（GB 50204 — 2002）	

（4）表头其他内容的填写

- 单位（子单位）工程名称填写全称，子单位工程标出该部分的位置。分部（子分部）、分项工程名称按验收规范给定的名称。
- 施工单位：项目负责人、总承包单位、分包单位均应按合同上的签章相同。
- 检验批容量：本检验批的工程量。
- 根据表头填写要求完成相对应检验批表头内容填写，对于没有的内容要用“/”画掉，不留空白。

2. 主控项目的填写

主控项目：建筑工程中对安全、节能、环境保护和主要使用功能起决定性作用的检验项目。

（1）对定量项目直接填写检查的数据。

（2）对定性项目，当符合规范规定时，采用打“√”的方法标注，否则采用打“×”的方法标注。无此项内容的画“/”标注。

（3）有混凝土、砂浆强度等级的检验批，按规定制取试件后，可填写试件编号。待试件试验报告出来后，对检验批进行判定，并在分项工程验收时进一步进行强度评定及验收。

（4）对既有定性又有定量的项目，各个子项目质量均符合规范规定时，采用打“√”的方法标注，否则采用打“×”的方法标注。无此项内容的画“/”标注。

验收项目			设计要求及规范规定	最小 / 实际抽样数量	检查记录	检查结果
主控项目	1	纵向受力钢筋的连接方式	第 5.4.1 条	全 / 9	共 10 处，检查 10 处，全部合格	√
	2	机械连接和焊接接头的力学性能	第 5.4.2 条	/	试验合格，报告编号 XXX	√
一般项目	1	接头位置和数量	第 5.4.3 条	全 / 9	共 10 处，检查 10 处，全部合格	100%
	2	机械连接和焊接的外观质量	第 5.4.4 条	全 / 9	共 10 处，检查 10 处，全部合格	100%
	3	机械连接和焊接的接头面积百分率	第 5.4.5 条	5 / 5	抽查 5 处，全部合格	100%
	4	绑扎搭接接头面积百分率和搭接长度	第 5.4.6 条 附录 B	5 / 5	抽查 5 处，全部合格	100%

模板工程安装检验批质量验收记录表

02080101____

单位（子单位）工程名称	杭州品茗科技大厦A座		分部（子分部）工程名称	主体结构分部—装配式混凝土结构	分项工程名称	模板分项
施工单位	杭州品茗建筑工程有限公司		项目负责人	周小明	检验批容量	20件
分包单位	/		分包单位项目负责人	/	检验批部位	1层柱
施工依据	《混凝土结构施工规范》（GB 50666－2011）			验收依据	装配整体式混凝土结构工程施工质量验收规范（DB33/T 1123－2016）	
施工质量验收规程的规定				最小/实际抽样数量	施工单位检查记录	检查结果
主控项目	1	纵向受力钢筋的连接方式	4.2.1条	/	质量证明文件齐全，检验合格，报告编号	√
	2	模板和支架材料的外观、规格和尺寸	4.2.2条	/	符合施工方案要求	√
	3	模板及支架的安装质量	4.2.3条	/	/	/
	4	后浇带处的模板及支架设置	4.2.4条	全 / 20	共20处，检查20处，全部合格	√
	5	支架竖杆和竖向模板安装	4.2.5条	/	/	/

3. 一般项目的填写

一般项目：除主控项目以外的检验项目均为一般项目。

（1）对一般项目合格点有要求的项目，应是其中带有数据的定量项目、定性项目必须基本达到。定量项目中每个项目都必须有80%以上的（混凝土保护层为90%）检测点的实测数值达到规范规定，其余20%按各专业施工质量验收规范规定，通常不得超过规定值的150%，钢结构不得超过规定值的120%。

一般项目	1	模板安装外观质量			4.2.6条	全 / 20	共20处，检查20处，全部合格	100%
	2	模板安装允许偏差	轴线位置		5	3 / 3	抽查3处，全部合格	100%
			底模上表面标高（mm）		±5	3 / 3	抽查3处，全部合格	100%
			模板内部尺寸（mm）		±5	3 / 3	抽查3处，全部合格	100%
			层高垂直度（mm）	≤6m	8	3 / 3	抽查3处，全部合格	100%
				＞6m	10	/	/	/
			相邻两板表面高差（mm）		2	3 / 3	抽查3处，全部合格	100%
			表面平整度（mm）		5	3 / 3	抽查3处，全部合格	100%
	3	隔离剂的品种和涂刷方法			4.2.7条	/	质量证明文件齐全有效	√

施工单位检查结果	合格　　专业工长（施工员）： 项目专业质量检查员： 年　月　日
监理单位验收结论	专业监理工程师： 年　月　日

（2）“施工单位检查评定记录”栏的填写：有数据的项目将实际测量的数值填入表格内，超企业标准的数字，而没有超过国家验收规范的用“△”圈出。

主控项目	1	模板支撑、支柱位置和垫板			第 4.2.1 条	符合设计和规范要求									
	2	避免隔离剂沾污			第 4.2.2 条	/									
一般项目	1	模板安装的一般要求			第 4.2.3 条	符合规范要求									
	2	用作模板地坪、胎模质量			第 4.2.4 条	平整光洁									
	3	模板起拱			第 4.2.5 条	/									
	4	预埋件、预留孔允许偏差	预埋钢板中心线位置 (mm)		3	/	/	/	/	/	/	/	/	/	/
			预埋管、预埋孔中心线位置 (mm)		3	/	/	/	/	/	/	/	/	/	/
			插筋	中心线位置 (mm)	5	/	/	/	/	/	/	/	/	/	/
				外露长度 (mm)	+10，-0	/	/	/	/	/	/	/	/	/	/
			预埋螺栓	中心线位置 (mm)	2	/	/	/	/	/	/	/	/	/	/
				外露长度 (mm)	+10，-0	/	/	/	/	/	/	/	/	/	/
			预留洞	中心线位置 (mm)	10	/	/	/	/	/	/	/	/	/	/
				尺寸 (mm)	+10，-0	/	/	/	/	/	/	/	/	/	/
	5	模板安装允许偏差	轴线位置（mm）		5	2	5	1	△	3	5	3	1	4	2
			底模上表面标高（mm）		±5	/	/	/	/	/	/	/	/	/	/
			截面内部尺寸 (mm)	基础	±10	/	/	/	/	/	/	/	/	/	/
				柱、墙、梁	+4，-5	/	/	/	/	/	/	/	/	/	/
			层高垂直度 (mm)	不大于 5m	6	/	/	/	/	/	/	/	/	/	/
				大于 5m	8	/	/	/	/	/	/	/	/	/	/
			相邻两板表面高差 (mm)		2	/	/	/	/	/	/	/	/	/	/
			表面平整度 (mm)		5	/	/	/	/	/	/	/	/	/	/

4. 评定验收结论

施工、监理单位评定验收结果的填写。

施工单位检查评定结果填写：主控项目与一般项目均须填写是否合格，是否符合设计及施工质量验收规范要求。

施工单位 检查评定结果	主控项目和一般项目全部合格，符合设计及施工质量验收规范要求。 项目专业质量检查员： 项目专业质量（技术）负责人： 年 月 日
监理（建设）单位验收结论	合格 专业监理工程师： （建设单位项目专业技术负责人） 年 月 日

注：地（路）面基层的偏差只适用于直接在挖、填方上做地〔路〕面的基层。

5. 检验批样表展示

钢筋连接检验批质量验收记录

01020205 ____
01020305 001
02010203 ____

<table>
<tr><td>单位（子单位）工程名称</td><td colspan="2">杭州品茗科技大厦 A 座</td><td>分部（子分部）工程名称</td><td>地基与基础分部—基础子分部</td><td>分项工程名称</td><td>筏形与箱形基础分项</td></tr>
<tr><td>施工单位</td><td colspan="2">杭州品茗建筑工程有限公司</td><td>项目负责人</td><td>周小明</td><td>检验批容量</td><td>50 件</td></tr>
<tr><td>分包单位</td><td colspan="2">/</td><td>分包单位项目负责人</td><td>/</td><td>检验批部位</td><td>1~10/A~E 轴基础底板</td></tr>
<tr><td>施工依据</td><td colspan="3">《混凝土结构施工规范》（GB 50666 — 2011）</td><td>验收依据</td><td colspan="2">《混凝土结构工程施工质量验收规范》（2011 版）（GB 50204 — 2002）</td></tr>
<tr><td colspan="3">验收项目</td><td>设计要求及规范规定</td><td>最小 / 实际抽样数量</td><td>检查记录</td><td>检查结果</td></tr>
<tr><td rowspan="2">主控项目</td><td>1</td><td>纵向受力钢筋的连接方式</td><td>第 5.4.1 条</td><td>全 / 10</td><td>共 10 处，检查 10 处，全部合格</td><td>√</td></tr>
<tr><td>2</td><td>机械连接和焊接接头的力学性能</td><td>第 5.4.2 条</td><td>/</td><td>试验合格，报告编号 XXX</td><td>√</td></tr>
<tr><td rowspan="5">一般项目</td><td>1</td><td>接头位置和数量</td><td>第 5.4.3 条</td><td>全 / 10</td><td>共 10 处，检查 10 处，全部合格</td><td>100%</td></tr>
<tr><td>2</td><td>机械连接和焊接的外观质量</td><td>第 5.4.4 条</td><td>全 / 10</td><td>共 10 处，检查 10 处，全部合格</td><td>100%</td></tr>
<tr><td>3</td><td>机械连接和焊接的接头面积百分率</td><td>第 5.4.5 条</td><td>5 / 5</td><td>抽查 5 处，全部合格</td><td>100%</td></tr>
<tr><td>4</td><td>绑扎搭接接头面积百分率和搭接长度</td><td>第 5.4.6 条 附录 B</td><td>5 / 5</td><td>抽查 5 处，全部合格</td><td>100%</td></tr>
<tr><td>5</td><td>搭接长度范围内的箍筋</td><td>第 5.4.7 条</td><td>5 / 5</td><td>抽查 5 处，全部合格</td><td>100%</td></tr>
<tr><td>施工单位检查结果</td><td colspan="6">合格
专业工长：
项目专业质量检查员：
年　月　日</td></tr>
<tr><td>监理单位验收结论</td><td colspan="6">专业监理工程师：
年　月　日</td></tr>
</table>

六、课后作业

选择题

1. 砂浆用砂的含泥量应满足下列要求：对水泥砂浆和强度登记不小于 M5 的水泥混合砂浆，不应超过（　　）。

A.2%　　B.3%　　C.5%　　D.10%

2. 对强度等级小于 M5 的水泥混合砂浆，不应超过（　　）。

A.2%　　B.3%　　C.5%　　D.10%

3. 砖和砂浆的强度等级必须符合设计要求。抽检数量：每一生产厂家的砖到现场后，按烧结砖（　　）万块为一验收批。

A.5　　B.10　　C.15　　D.50

4. 抽检数量：每检验批抽查不应少于（　　）处。

A.3　　B.4　　C.5　　D. 每 5 道墙 1 处

实操题

根据案例背景，试填写工程检验批质量验收记录表。

A 建筑工程公司为 XXX 教学楼的砖砌体工程进行检验批施工质量验收，验收部位为Ⓐ～Ⓗ轴与①～⑩轴的砖砌体工程，为混水墙，并属于非抗震设防区域。该砌体工程的验收标准为：《砌体结构工程施工质量验收规范》（GB50203 － 2011）。检验后，所有项目均符合标准规定。

1. 主控项目

（1）砖和砂浆的强度等级必须符合设计要求。

抽检数量：每一生产厂家，烧结普通砖、混凝土实心砖每 15 万块，烧结多孔砖、混凝土多孔砖、蒸压灰砂砖及蒸压粉煤灰砖每 10 万块各为一验收批，不足上述数量时按 1 批计，抽检数量为 1 组。

检验方法：查砖和砂浆试块试验报告。

（2）砖体灰缝砂浆应密实饱满，砖墙水平灰缝的砂浆饱满度不得低于 80%；砖柱水平灰缝和竖向灰缝饱满度不得低于 90%。

抽检数量：每检验批抽查不应少于 5 处。

检验方法：用百格网检查砖底面与砂浆的黏结痕迹面积，每处检测 3 块砖，取其平均值。

（3）砖砌体的转角处和交接处应同时砌筑，严禁无可靠措施的内外墙分砌施工。在抗震设防烈度为 8 度及 8 度以上地区，对不能同时砌筑而又必须留置的临时间断处应砌成斜槎，普通砖砌体斜槎水平投影长度不应小于高度的 2/3，多孔砖砌的斜槎长高比不应小于 1/2。斜槎高度不得超过一步脚手架的高度。

抽检数量：每检验批抽查不应少于 5 处。

检验方法：观察检查。

(4) 非抗震设防及抗震设防烈度为 6 度、7 度地区的临时断处，当不能留斜槎时，除转角处外，可留直槎，但直槎必须做成凸槎，且应加设拉结钢筋，拉结钢筋应符合下列规定：

1. 每 120mm 墙厚放置 1Φ6 拉结钢筋（120mm 厚墙应放置 2Φ6 拉结钢筋）；
2. 间距沿墙高不应超过 500mm，且竖向间距偏差不应超过 1000mm；
3. 埋入长度从留槎处算起每边均不应小于 500mm，对抗震设防烈度 6 度、7 度的地区，不应小于 1000mm；
4. 末端应有 90°弯钩。

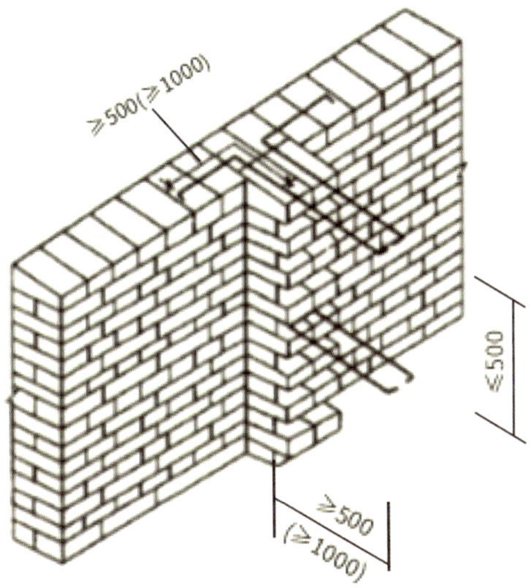

直槎处拉结钢筋示意图

抽检数量：每检验批抽查不应少于 5 处。

检验方法：观察和尺量检查。

2. 一般项目

(1) 砖砌体组砌方法应正确，内外搭砌，上下错缝。清水墙、窗间墙无通缝；混水墙中不得有长度大于 300mm 的通缝，长度 200 ～ 300mm 的通缝每间不超过 3 处，且不得位于同一面墙体上，砖柱不得采用包心砌法。

抽检数量：每检验批抽查不应少于 5 处。

检验方法：观察检查。砌体组砌方法抽检每处应为 3 ～ 5m。

(2) 砖砌体的灰缝应横平竖直，厚薄均匀，水平灰缝厚度及竖向灰缝宽度宜为 10mm，但不应该小于 8mm，也不应大于 12mm。

抽检数量：每检验批抽查不应少于 5 处。

检验方法：水平灰缝厚度用尺量 10 皮砖砌体高度折算；竖向灰缝宽度用尺量 2m 砌体长度折算。

(3) 砖砌体尺寸、位置的允许偏差及检验应符合表 1 的规定。

表 1 砖砌体尺寸、位置的允许偏差及检验

项次	项目			允许偏差（mm）	检验方法	抽检数量
1	轴线位移			10	用经纬仪和尺或用其他测量仪器检查	承重墙、柱全数检查
2	基础、墙、柱顶面标高			±15	用水准仪和尺检查	不应少于 5 处
3	墙面垂直高度	每层		5	用 2m 拖线板检查	不应少于 5 处
		全高	≤ 10m	10	用经纬仪、吊线和尺或用其他测量仪器检查	外墙全部阳角
			>10m	20		
4	表面平整度	清水墙、柱		5	用 2m 靠尺和楔形塞尺检查	不应少于 5 处
		混水墙、柱		8		
5	水平灰缝平直角	清水墙		7	拉 5m 线和尺检查	不应少于 5 处
		混水墙		10		
6	门窗洞口高、宽（后塞口）			±10	用尺检查	不应少于 5 处
7	外墙上下窗口偏移			20	以底层窗口为准，用经纬仪或吊线检查	不应少于 5 处
8	清水墙游丁走缝			20	以每层第一皮砖为准，用吊线和尺检查	不应少于 5 处

附：检验批质量验收记录

编号：

<table>
<tr><td colspan="2">单位
（子单位）
工程名称</td><td></td><td>分部（子分部）
工程名称</td><td></td><td>分项工程名称</td><td></td></tr>
<tr><td colspan="2">施工单位</td><td></td><td>项目负责人</td><td></td><td>检验批容量</td><td></td></tr>
<tr><td colspan="2">分包单位</td><td></td><td>分包单位
项目负责人</td><td></td><td>检验批部位</td><td></td></tr>
<tr><td colspan="2">施工依据</td><td colspan="2"></td><td>验收依据</td><td colspan="2"></td></tr>
<tr><td rowspan="11">主
控
项
目</td><td colspan="2">验收项目</td><td>设计要求及
规范规定</td><td>最小／实际
抽样数量</td><td>检查记录</td><td>检查结果</td></tr>
<tr><td>1</td><td></td><td></td><td></td><td></td><td></td></tr>
<tr><td>2</td><td></td><td></td><td></td><td></td><td></td></tr>
<tr><td>3</td><td></td><td></td><td></td><td></td><td></td></tr>
<tr><td>4</td><td></td><td></td><td></td><td></td><td></td></tr>
<tr><td>5</td><td></td><td></td><td></td><td></td><td></td></tr>
<tr><td>6</td><td></td><td></td><td></td><td></td><td></td></tr>
<tr><td>7</td><td></td><td></td><td></td><td></td><td></td></tr>
<tr><td>8</td><td></td><td></td><td></td><td></td><td></td></tr>
<tr><td>9</td><td></td><td></td><td></td><td></td><td></td></tr>
<tr><td>10</td><td></td><td></td><td></td><td></td><td></td></tr>
<tr><td rowspan="5">一
般
项
目</td><td>1</td><td></td><td></td><td></td><td></td><td></td></tr>
<tr><td>2</td><td></td><td></td><td></td><td></td><td></td></tr>
<tr><td>3</td><td></td><td></td><td></td><td></td><td></td></tr>
<tr><td>4</td><td></td><td></td><td></td><td></td><td></td></tr>
<tr><td>5</td><td></td><td></td><td></td><td></td><td></td></tr>
<tr><td colspan="2">施工单位
检查结果</td><td colspan="5">专业工长：
项目专业质量检查员：
年　　月　　日</td></tr>
<tr><td colspan="2">监理单位
验收结论</td><td colspan="5">专业监理工程师：
年　　月　　日</td></tr>
</table>

【效果评价】

工作任务学习评价单

编号：任务（三）— 06

<table>
<tr><td colspan="8">施工过程资料收集和整理</td></tr>
<tr><td>班级</td><td></td><td>姓名</td><td></td><td>学号</td><td></td><td>总评</td><td></td></tr>
<tr><td rowspan="2">职业能力 6</td><td rowspan="2" colspan="5">会填写和整理施工工程检验批质量验收记录表</td><td>学时</td><td></td></tr>
<tr><td>评价学时</td><td></td></tr>
<tr><td>考核项目</td><td>考核内容及要求</td><td>分值</td><td>学生自评（10%）</td><td>小组评分（20%）</td><td>教师评分（70%）</td><td colspan="2">实得分</td></tr>
<tr><td rowspan="3">施工工程检验批质量验收记录表（70 分）</td><td>了解检验批划分方法及选择工程施工质量验收资料表式</td><td>20</td><td></td><td></td><td></td><td colspan="2"></td></tr>
<tr><td>学会检验批施工质量验收记录编号填写方法</td><td>20</td><td></td><td></td><td></td><td colspan="2"></td></tr>
<tr><td>掌握检验批施工质量验收资料的填写</td><td>30</td><td></td><td></td><td></td><td colspan="2"></td></tr>
<tr><td>学习态度（10 分）</td><td>上课认真听讲，积极参与讨论，认真完成任务</td><td>10</td><td></td><td></td><td></td><td colspan="2"></td></tr>
<tr><td>完成时间（10 分）</td><td>能在规定时间内完成任务</td><td>10</td><td></td><td></td><td></td><td colspan="2"></td></tr>
<tr><td>合作性（10 分）</td><td>积极参与组内各项任务，善于协调与沟通</td><td>10</td><td></td><td></td><td></td><td colspan="2"></td></tr>
<tr><td colspan="2">总计</td><td>100</td><td></td><td></td><td></td><td colspan="2"></td></tr>
<tr><td rowspan="2">评价评语</td><td colspan="7"></td></tr>
<tr><td colspan="2">教师签字：</td><td>第　　组</td><td colspan="3">组长签字：</td><td>日期：</td></tr>
</table>

职业能力 7：能填写和整理技术核定单

一、任务引入

一份不寻常的技术核定单

近日，S 市审计局在一综合楼工程决算审计中，层层设疑，顺藤摸瓜，识破了施工单位利用变更逃避不平衡报价风险的企图，避免了 60 余万元财政资金的损失。

本项目中，施工单位在技术核定单中建议工程按照设计意图采用超薄型钢结构面层防火涂料。后经建设、设计及监理单位确认，手续完整。但还好 S 市审计局经验丰富的审计人员，出于职业敏感，在心里对建议的内容打了个问号，经过审计人员从原设计资料入手，通过查阅原设计图纸，发现图纸对钢结构防火涂料规定很明确：刷无机富锌底漆，环氧云铁中间漆，聚氨酯面漆。“设计意图”很明显。从而识破了施工单位利用变更逃避不平衡报价风险的企图，避免了 60 余万元财政资金的损失。所以在工程实施过程中，应加强对技术核定记录的管理，把常常疏于把关的技术核定单重视起来，让施工过程有据可查。下面让我们来学习填写和整理技术核定单。

二、学习目标

1. 了解技术核定单（洽商记录）的概念及作用。
2. 学会技术核定单（洽商记录）的流转过程。
3. 学会技术核定单（洽商记录）的填写内容。
4. 掌握技术核定单（洽商记录）归档整理。

三、能力目标

- 能编制技术核定单。

四、基本知识

技术核定单是记录施工图设计责任之外，对完成施工承包义务，采取合理的施工措施等技术事宜，提出的具体方案、方法、工艺、措施等，经发包方和有关单位共同核定的凭证之一。根据《“十四五”建筑业发展规划》指出，要全面加强建筑市场信用体系建设，完善建筑市场信用管理政策体系，构建以信用为基础的新型建筑市场监管机制。从做好技术核定单开始，面向建筑市场和安全保障体系，为初步形成建筑业高质量发展体系框架而努力。

（一）工程技术核定单的定义

工程技术核定单（洽商记录）是施工过程中，由于设计图纸本身差错，设计图纸与实际情况不符，施工条件变化，原材料的规格、品种、质量不符合设计要求，以及施工人员提出合理化建议等，需要对设计图纸部分内容进行修改而办理的工程洽商记录文件。比如方案修改，实物量变动，位置变化等技术方面的更改。技术核定单（洽商记录）是记录施工图设计责任之外，对完成施工承包义务，采取合理的施工措施等技术事宜，提出的具体方案、方法、工艺、措施等，经发包方和有关单位共同核定的凭证之一。

什么是技术核定单

（二）出具工程技术核定单的注意事项

1. 在施工过程中，出于施工条件、材料规格、品种不能满足设计要求以及合理的施工措施建议等原因，需要对审查通过的施工图设计文件进行修改时，应当由施工单位出具技术核定单。

2. 出于设计原因或建设单位原因发生变更、补充设计的，应当由设计单位出具设计变更通知单，不得由施工单位出具技术核定单。

3. 技术核定单应当以审查通过的施工图设计文件作为依据，其内容应当符合法律、法规、规章和国家及本市现行的规范标准。

4. 技术核定单应当在事发前核定，并明确技术核定的事由。

5. 技术核定单应当由施工单位现场技术负责人填写，公司技术管理部门负责人审核。填写人和审核人应当在技术核定单上签字。

6. 监理单位应当由相关专业监理工程师对技术核定单内容进行审核，总监理工程师审批。审核人和审批人应当在技术核定单上签字。

7. 设计单位应当由相关专业的设计人员对技术核定单内容进行校核，设计项目负责人审批。校核人和审批人应当在技术核定单上签字。

8. 建设单位应当由项目负责人对技术核定单的内容进行审核。审核人应当在技术核定单上签字。

9. 技术核定单应当加盖施工单位、监理单位和建设单位项目部门公章，加盖设计单位技术专用章。

10. 技术核定单的报批流程依次为施工单位、监理单位、设计单位和建设单位。技术核定单经各方签字认可后方可实施。

11. 建设单位、监理单位和设计单位若仅同意技术核定单中的部分内容，应当注明同意和不同意的内容。

12. 建设单位、施工单位、监理单位和设计单位应当将技术核定单妥善保存，工程竣工后及时归档。

（三）工程技术核定单（洽商记录）与设计变更通知单及工程变更单的区别

技术核定单（洽商记录）只是认定该项内容的做法，不能作为计价的依据。

技术核定单：施工单位、建设单位、监理单位任何一方都可以提出，但需要设计单位及相关单位签字盖章。

工程变更是个总称，包括设计变更、施工变更。设计变更由设计单位发起，施工变更由施工单位发起。

设计变更通知单是设计单位对原设计存在的缺陷提出的设计变更和建设。施工、监理单位提出的变更设计都应由原设计单位编制设计变更通知单，对变更的内容要做出详细的设计，必要时可另附变更后的图纸，以满足施工要求。

<table>
<tr><td colspan="3">设计变更通知单
表 C2-3</td><td>资料编号</td><td colspan="2">02-00-C2-032</td></tr>
<tr><td colspan="2">工程名称</td><td>专利技术研发中心研发用房建设项目</td><td>专业名称</td><td colspan="2">结构</td></tr>
<tr><td colspan="2">设计单位名称</td><td>中国建筑设计院有限公司</td><td>日　期</td><td colspan="2">2016 年 3 月 17 日</td></tr>
<tr><td>序号</td><td>图　号</td><td colspan="4">变　更　内　容</td></tr>
<tr><td>1</td><td>观光电梯 3</td><td colspan="4">根据电梯厂家提供的设计资料，补充观光电梯 3 钢结构图纸，见附图 1-8。
此图纸需经电梯厂家确认后，由钢结构设计单位进行深化设计。
观光电梯外幕墙应由幕墙厂家配合设计，并配合钢结构设计单位做好连接件预留工作。
七层结构相关位置需根据电梯要求拆改，具体做法见附图 9-11。</td></tr>
<tr><td>2</td><td>电梯底坑</td><td colspan="4">根据电梯厂家提供的设计资料，经复核，部分电梯底坑需回填一定厚度以满足电梯安装要求。回填采用 C20 素混凝土。具体厚度见附图 12。</td></tr>
<tr><td>3</td><td>HDT1、2 修改</td><td colspan="4">HDT1、2，电梯厂家要求的尺寸小于已按建筑、结构图完成施工的井道尺寸。根据电梯厂家提供的资料，经各方现场协商，HDT1、HDT2 井道修改见附图 13。
沿附图中 200 厚混凝土墙位置，向上砌筑直至 1 层结构顶板。其中地下一层需按电梯要求预留门洞、呼叫盒洞。墙体砌筑要求见结构设计总说明。</td></tr>
<tr><td>4</td><td>电梯侧壁</td><td colspan="4">为满足电梯安装要求，补充电梯井道内（开门一侧）楼层梁突出砌体墙内皮（100厚）处的处理方式。见附图 14。
在电梯门洞以上、楼层梁以下，电梯门洞宽度范围内，贴砌体墙填补 100 厚发泡混凝土板。</td></tr>
<tr><td>5</td><td>观光电梯 1、2</td><td colspan="4">根据电梯厂家提供的设计资料，补充观光电梯 1、2 钢结构图纸及地下挡墙做法，见附图 15-23。
此图纸需经电梯厂家确认后，由钢结构设计单位进行深化设计。
观光电梯外幕墙应由幕墙厂家配合设计，并配合钢结构设计单位做好连接件预留工作。</td></tr>
<tr><td>6</td><td></td><td colspan="4"></td></tr>
<tr><td>7</td><td></td><td colspan="4"></td></tr>
<tr><td rowspan="2">签字栏</td><td colspan="2">监理（建设）单位</td><td colspan="2">设计单位</td><td>施工单位</td></tr>
<tr><td colspan="2"></td><td colspan="2"></td><td></td></tr>
</table>

本表由变更提出单位填写。

（四）工程技术核定单（洽商记录）的流转过程

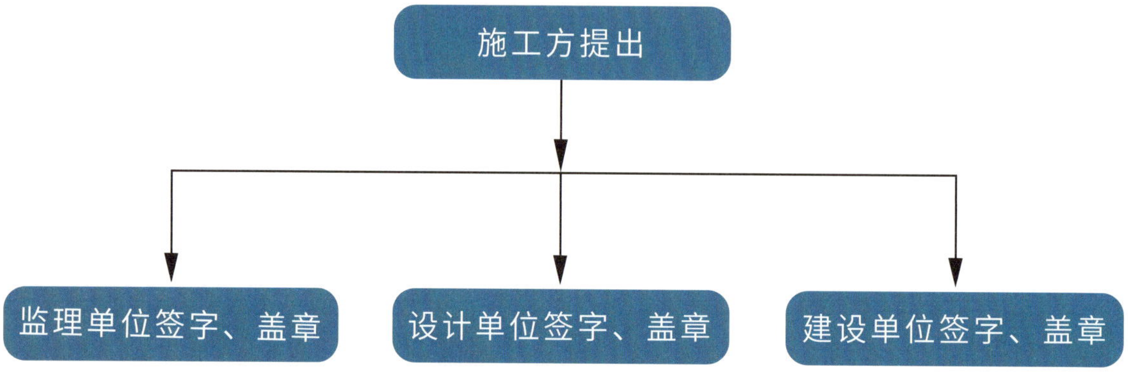

在建设工程项目施工过程中，因施工方对施工图纸的某些要求不甚明白，或图纸内部存在某些矛盾，或工程材料调整与代用，改变建筑节点构造、管线位置或走向等，需要通过设计单位明确或确认的，施工方必须以技术核定单的方式向监理工程师提出，报送设计单位核准确认。

1. 办理技术核定单原则：凡属设计施工图纸技术要求的变更均应办理现场技术核定单。

2. 办理技术核定单程序：由承包商提出现场技术核定单内容，并事前经设计同意，经监理工程师、业主相关专业工程师、项目主管、共同现场核定确认。

3. 技术核定单必须严格遵循国家规程规范、行业标准和经业主批准的设计图纸、技术要求，必须严格遵循国家建设工程的相关规定和要求。

4. 办理技术核定单的时效性：现场技术核定单必须在事发前现场核定。

5. 办理技术核定单的规定：相关专业工程师、项目主管必须现场共同核定认可，并按制度要求报批，单一认可、事后补办及未经批准均不能作为结算依据。

6. 技术核定单：必须报工程管理部、造价合约部审查，工程总监审定。

7. 对技术核定单专业工程师、项目主管负有抽检责任，如发现承包商实际施工技术与现场技术核定单要求不符应及时书面通知监理工程师处理，要求监理工程师监督施工单位进行限期更换，并对相关情况做书面记载直至做出相应处罚。

（五）“工程技术核定单（洽商记录）”填写说明

【表格解读】

工程技术核定单（洽商记录）

<table>
<tr><td colspan="3">工程技术核定单（洽商记录）
表 C2-4</td><td>资料编号</td><td></td></tr>
<tr><td>工程名称</td><td colspan="2"></td><td>专业名称</td><td></td></tr>
<tr><td>提出单位名称</td><td colspan="2"></td><td>日期</td><td></td></tr>
<tr><td>内容摘要</td><td colspan="4"></td></tr>
<tr><td>序号</td><td colspan="2">图号</td><td colspan="2">洽商内容</td></tr>
<tr><td></td><td colspan="2"></td><td colspan="2"></td></tr>
<tr><td rowspan="2">签字栏</td><td>建设单位</td><td>监理单位</td><td>设计单位</td><td>施工单位</td></tr>
<tr><td></td><td></td><td></td><td></td></tr>
</table>

本表由变更单位填写。

1. 提交时限

洽商提出后 7 天内完成。

2. 填写要点

（1）工程名称：与施工图图纸签名称一致。

工程技术核定单（洽商记录） 表 C2-4		资料编号	
工程名称		专业名称	

（2）工程洽商记录应按专业分别填写，不可将不同专业的洽商办理在同一份工程洽商记录上，“专业名称”填写如建筑、结构、给水排水、电气、通风空调等。

工程技术核定单（洽商记录） 表 C2-4		资料编号	
工程名称		专业名称	

（3）洽商内容不得影响结构安全和使用功能。

（4）填写依据：《建筑工程资料管理规程》（DB11/T695 — 2017）。

（5）基本规定：施工单位对钢筋代换、细部尺寸修改等提出重大技术问题可用技术核定单（洽商记录），但必须征得设计单位和建设、监理单位的同意。

（6）出于设计原因或建设单位原因发生变更、补充设计的，应当由设计单位出具设计变更通知单，不得由施工单位出具技术核定单。

（7）技术核定单应当以审查通过的施工图设计文件作为依据，其内容应当符合法律、法规、规章和国家及本市现行的规范标准。

（8）技术核定（工程洽商）的内容应具体准确。对于原设计的变更处，均应详细标明相关图纸的图号、轴线位置和修改内容。

（9）技术核定应具有建设单位、监理单位、设计单位、施工单位项目负责人或其委托人共同签字确认后生效。设计单位如委托建设或监理单位办理签认，应依法办理书面委托手续，才能由被委托方代为签认。

（10）建设单位、施工单位、监理单位和设计单位应当将技术核定单妥善保存，工程竣工后及时归档。

（11）设计图纸交底后，应办理一次性工程洽商记录。

（12）凡需要设计变更的项目，应在收到有效的设计变更通知或办理工程洽商后，再进行施工。

（13）施工单位在签认设计单位签发的设计变更通知书或设计变更图纸时，如对施工进度和施工准备情况产生影响，应及时向建设单位说明情况，并办理经济洽商。

（14）施工过程中，增发、续发、更换施工图时，应同时签办洽商记录，确定新发图纸的启用日期、应用范围及与原图的关系；如已按原图施工的情况，要说明处置意见。

（15）工程洽商记录须进行更改时，应在洽商记录中写清原洽商记录日期、编号、更改内容。并在原洽商被修正的条款上注明“作废”标记。

【表式图解】

例：

<table>
<tr><td colspan="3">工程技术核定单（洽商记录）
表 C2-4</td><td>资料编号</td><td>02-07-C2-001</td></tr>
<tr><td>工程名称</td><td colspan="2">XXX 区 594（北块）、596 街坊商办用房项目 II 标段工程</td><td>专业名称</td><td>基坑支护</td></tr>
<tr><td>提出单位名称</td><td colspan="2">XXXX 建设集团有限公司</td><td>日　期</td><td>XX 年 XX 月 XX 日</td></tr>
<tr><td>内容摘要</td><td colspan="4">关于本工程“两墙合一”部位栈桥压顶梁上部环梁插筋问题</td></tr>
<tr><td>序号</td><td colspan="2">图号</td><td colspan="2">洽商内容</td></tr>
<tr><td>1</td><td colspan="2">工图结构围护施 12、23
结构图 20-04A/31-04A</td><td colspan="2">1. 关于本工程“两墙合一”部位栈桥压顶梁上部环梁插筋问题：根据结构围护施工图 12、23，结构图 20-04A/31-04A 中显示上述交接处位置插筋由设计确认。结合现场施工情况该处预留插筋按如下节点处理。
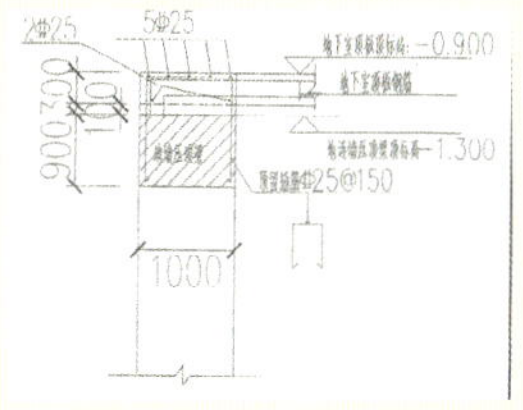</td></tr>
<tr><td rowspan="2">签字栏</td><td>建设单位</td><td>监理单位</td><td>设计单位</td><td>施工单位</td></tr>
<tr><td>XXXX 建设集团有限公司</td><td>XXX</td><td>XXX</td><td>XXX</td></tr>
</table>

项目具体名称

清楚地描述核定内容

图号要明确详细标明相关图纸的图号、轴线位置和修改内容

（六）技术核定单（洽商记录）资料归档原则

竣工档案资料归档要求

在实际工程中，竣工档案资料要求技术核定单（洽商记录）按照专业，分部工程按施工程序进行归档。

围护 | 桩基 | 土建 | 钢结构 | 幕墙 | 节能 | 安装 | 消防 | 精装修 | 电梯 | 室外 | 民防 | 监 ...

	幕墙
	A 册
1	审批表 + 报审表 + 施工组织设计
	B 册
1	施工技术交底（共用）
2	隐蔽工程验收记录汇总表
3	隐蔽工程验收记录表
4	工程技术核定单
5	幕墙安装、玻璃幕墙主要构件安装、幕墙淋水记录
6	打胶养护环境温度、湿度记录等检查记录
	C 册
1	材料汇总表（幕墙）
2	原材料的出厂合格证明、合格证、检测报告、复试报告、备案证、3C 证书等
	D 册
1	分部工程质量验收证明书
2	分部、子分部工程质量验收记录
3	分项、检验批

技术核定单（洽商记录）整理

按照技术核定单（洽商记录）编号有序排列。

完整填写技术核定单（洽商记录）设计变更依据性文件对照表。

技术核定单 设计变更依据性文件对照表

共 页 第 页

序号	依据性文件名称	日期 / 编号	修改条款	修改图号	备注
01	技术核定单	001	第一条	基坑围护 -02	
02	技术核定单	002	第一条	基坑围护 -03	
03	技术核定单	003	第一条	基坑围护 -23	
04	技术核定单	004	第一条	基坑围护 -14	
05	技术核定单	005	第一条	S-N1-10-01.01	
06	技术核定单	005	第二条	S-N1-10-01.01	
07	技术核定单	005	第三条	S-N1-10-01.01	
08	技术核定单	005	第四条	S-N1-10-01.01	
09	技术核定单	006	第一条	S-N1-10-01.01	
10	技术核定单	006	第二条	S-N1-10-01.01	
11	技术核定单	006	第三条	S-N1-10-01.01	
12	技术核定单	006	第四条	S-N1-10-01.01	
13	技术核定单	006	第五条	S-N1-10-01.01 基坑围护 -14	
14	技术核定单	007	第一条	基坑围护 -B17-B21	
15	技术核定单	008	第一条	A-03-N1-02	
16	技术核定单	009	第一条	基坑围护 -17B	
17	技术核定单	010	第一条	基础围护图 -15	
18	技术核定单	011	第一条	S-N1-11-01A	
19	技术核定单	011	第二条	S-N1-11-01A	
20	技术核定单	011	第三条	S-N1-11-01A	
21	技术核定单	012	第一条	S-N1-10-01.01 S-N1-11-01	
22	技术核定单	013	第一条	S-N1-10-01.01	
23	技术核定单	014	第一条	S-N1-11-01	
24	技术核定单	015	第一条	S-N1-10-01.01 S-N1-11-01	
25	技术核定单	016	第一条	A-04-N1-01 A-10-N1-01	
26	技术核定单	017	第一条	S-N1-10-01.01	
27	技术核定单	018	第一条	A-10-N1-01A	

施工单位：黄浦区 ××× 施工 施工负责人：××× 编制人：××× （印章：××建设集团有限公司 项目部）	监理单位： 总监：××× （印章：××工程建设有限公司 监理部）

五、能力操作

（一）操作条件

理解工程技术核定单（洽商记录）的概念及作用，根据《建筑工程资料管理规程》（DB11/T695 — 2009），能够完成工程技术核定单（洽商记录）的填写。

（二）注意事项

工程洽商记录应按专业分别填写工程技术核定（工程洽商）的内容应具体准确。对于原设计的变更处，均应详细标明相关图纸的图号、轴线位置和修改内容。各单位应该加盖公章。

（三）操作过程

1. 资料编号的填写：资料编号可以根据约定的规则进行编号，例如：

（1）202201001，202201002…… 表 示：2022 年 1 月 的 第 1 份 资 料， 第 2 份 资 料 ……01-02-C2-XXX，02-01-C2-XXX……表示：子分部工程代号（2 位），分项工程代号（2 位），C2 是工程技术核定单（工程洽商）记录在资料类别分类中的编号，XXX 代表顺序号。

工程技术核定单（洽商记录） 表 C2-4		资料编号	02-07-C2-001
工程名称	XXX 区 594（北块）、596 街坊商办用房项目 II 标段工程	专业名称	基坑支护
提出单位名称	XXXX 建设集团有限公司	日　期	XX 年 XX 月 XX 日
内容摘要	关于本工程“两墙合一”部位栈桥压顶梁上部环梁插筋问题		

2. 工程名称要与施工图图纸中名称一致。

工程技术核定单（洽商记录） 表 C2-4		资料编号	02-07-C2-001
工程名称	XXX 区 594（北块）、596 街坊商办用房项目 II 标段工程	专业名称	基坑支护
提出单位名称	XXXX 建设集团有限公司	日　期	XX 年 XX 月 XX 日
内容摘要	关于本工程“两墙合一”部位栈桥压顶梁上部环梁插筋问题		

3. 摘要内容：清楚地表述须洽商的内容。

工程技术核定单（洽商记录） 表 C2-4		资料编号	02-07-C2-001
工程名称	XXX 区 594（北块）、596 街坊商办用房项目 II 标段工程	专业名称	基坑支护
提出单位名称	XXXX 建设集团有限公司	日　期	XX 年 XX 月 XX 日
内容摘要	关于本工程“两墙合一”部位栈桥压顶梁上部环梁插筋问题		

4. 洽商内容：内容明确具体，对于原设计的变更处，均应详细标明相关图纸的图号、轴线位置和修改内容必要时附图，签字齐全，不得任意涂改和后补。

序号	图号	洽商内容
1	工图结构围护施 12、23 结构图 20-04A/31-04A	1. 关于本工程“两墙合一”部位栈桥压顶梁上部环梁插筋问题：根据结构围护施工图 12、23，结构图 20-04A/31-04A 中显示上述交接处位置插筋由设计确认。结合现场施工情况该处预留插筋按如下节点处理。 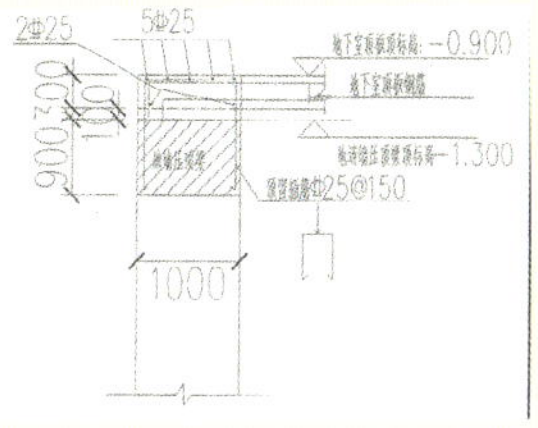

5. 签字栏：各方签字后方可生效。

签字栏	建设单位	监理单位	设计单位	施工单位
	XXXX 建设集团有限公司	XXX	XXX	XXX

六、课后作业

判断题

1. 技术核定单是施工和竣工决算的依据，也是编制竣工图的依据之一，应由建设、设计、监理、施工单位分别签字盖章认可。 (　　)
2. 出于设计原因或建设单位原因发生变更、补充设计的，应当由施工单位出具技术核定单。 (　　)
3. 在施工过程中，因施工方对施工图纸的某些部位要求不明确的，需要设计单位明确或确认的，由施工单位提出（设计通知单）。 (　　)

选择题

1. 施工过程中，出于施工方法、程序、材料、机械等原因，不能按图施工，由施工单位填写（　　）。

A. 技术复核单　　B. 技术交底单

C. 技术核定单　　D. 技术记录单

2. 设计交底图纸会审纪要、设计变更通知和（　　）是工程设计变更的主要依据资料。

A. 技术交底记录　　B. 施工日志

C. 技术复核单　　D. 技术核定单

3. 在施工过程中，因施工方对施工图纸的某些部位要求不明确的，需要设计单位明确或确认的，由施工单位提出（　　）。

A. 设计通知单　　B. 工程签证单

C. 技术核定单　　D. 设计交底单

实操题

根据案例背景，试填写工程技术核定单（洽商记录）。

商办用房项目 II 标段工程，建设单位为 XXXX 建设集团有限公司，根据工程图纸编号 A-03-N1-02，屋面设备机房内部的装修材料表做法未明确。施工单位王某某提出需要进行关于屋面设备机房内部做法事宜的技术核定，施工单位吴某某审批通过，同意进行技术核定，最后，经过各方核定，同意根据业主要求其装饰做法参照地上 2 层至 15 层设备机房做法。

即：楼面做法：抹光混凝土 (S20)，硬化剂、固化剂。

内墙做法：亚光乳胶漆。

平顶做法：耐水腻子找平。

报价参照主楼 2 层至 15 层设备机房做法。

工程技术核定单（洽商记录）

<table>
<tr><td colspan="3">工程技术核定单（洽商记录）
表 C2-4</td><td>资料编号</td><td></td></tr>
<tr><td>工程名称</td><td colspan="2"></td><td>专业名称</td><td></td></tr>
<tr><td>提出单位名称</td><td colspan="2"></td><td>日　期</td><td></td></tr>
<tr><td>内容摘要</td><td colspan="4"></td></tr>
<tr><td>序号</td><td colspan="2">图号</td><td colspan="2">洽商内容</td></tr>
<tr><td></td><td colspan="2"></td><td colspan="2"></td></tr>
<tr><td rowspan="2">签字栏</td><td>建设单位</td><td>监理单位</td><td>设计单位</td><td>施工单位</td></tr>
<tr><td></td><td></td><td></td><td></td></tr>
</table>

本表由变更单位填写。

【效果评价】

工作任务学习评价单

编号：任务（三）— 07

<table>
<tr><td colspan="9">施工过程资料收集和整理</td></tr>
<tr><td>班级</td><td></td><td>姓名</td><td></td><td>学号</td><td></td><td></td><td>总评</td><td></td></tr>
<tr><td rowspan="3">职业能力 7</td><td colspan="6" rowspan="3">能填写和整理技术核定单</td><td>学时</td><td></td></tr>
<tr><td>评价学时</td><td></td></tr>
<tr></tr>
<tr><td>考核项目</td><td>考核内容及要求</td><td>分值</td><td>学生自评（10%）</td><td>小组评分（20%）</td><td>教师评分（70%）</td><td>实得分</td></tr>
<tr><td rowspan="3">填写和整理技术核定单（70 分）</td><td>了解技术核定单（洽商记录）的概念及作用</td><td>15</td><td></td><td></td><td></td><td></td></tr>
<tr><td>学会技术核定单（洽商记录）的填写内容</td><td>30</td><td></td><td></td><td></td><td></td></tr>
<tr><td>学会技术核定单（洽商记录）归档整理</td><td>25</td><td></td><td></td><td></td><td></td></tr>
<tr><td>学习态度（10 分）</td><td>上课认真听讲，积极参与讨论，认真完成任务</td><td>10</td><td></td><td></td><td></td><td></td></tr>
<tr><td>完成时间（10 分）</td><td>能在规定时间内完成任务</td><td>10</td><td></td><td></td><td></td><td></td></tr>
<tr><td>合作性（10 分）</td><td>积极参与组内各项任务，善于协调与沟通</td><td>10</td><td></td><td></td><td></td><td></td></tr>
<tr><td colspan="2">总计</td><td>100</td><td></td><td></td><td></td><td></td></tr>
<tr><td rowspan="2">评价评语</td><td colspan="6"></td></tr>
<tr><td>教师签字：</td><td colspan="2">第　　组</td><td colspan="2">组长签字：</td><td>日期：</td></tr>
</table>

职业能力 8：会整理建筑节能相关资料

一、任务引入

随着全球气候变暖，人们越来越认识到，建筑使用能源所产生的二氧化碳是造成气候变暖的主要来源。节能建筑成为建筑发展的必然趋势，绿色建筑也应运而生。今天，就和大家分享一下全球典型的绿色建筑案例。

被动式节能运用

波兰：乔托莫被动式节能学校

学校根据当地环境的特点和城市开发的传统，采取了因地制宜的设计。包括地下换热器（用于供暖和制冷），每间教室有独立运行的通风设备，安装了二氧化碳感应器和高效的空气复原系统，输送足够的新鲜空气，优化能源的使用。同时全面覆盖 LED 照明，最大限度地节约了建筑运营的成本。

中国第一高楼

中国：上海中心大厦

上海中心大厦不仅是中国第一高楼，备受瞩目的还有它自身应用的多项节能环保技术，涉及照明、采暖、制冷、发电，以及可再生能源领域。据预计，这些节能技术每年将为大厦减少碳排放 2.5 万吨。其中安装于 565 ～ 578 米的 270 台 500 瓦风力发电机，总装机功率为 135 千瓦，每年可发电约 119 万千瓦时，满足建筑的外部照明及部分停车库的用电需求。

在认识了作为节能建筑的两大案例之后，下面我们来正式学习建筑工程中的节能材料和方法，并能掌握建筑节能资料的分类与整理要求。

二、学习目标

1. 了解建筑工程中的节能材料和方法。
2. 熟悉建筑节能的意义。
3. 掌握建筑节能资料的分类与整理要求。

三、能力目标

- 能完成建筑节能资料的整理与归档。

四、基本知识

全面的建筑节能，就是建筑全寿命过程中每一个环节节能的总和。是指建筑在选址、规划、设计、建造和使用过程中，通过采用节能型的建筑材料、产品和设备，执行建筑节能标准，加强建筑物所使用的节能设备的运行管理，合理设计建筑围护结构的热工性能，提高采暖、制冷、照明、通风、给排水和管道系统的运行效率，以及利用可再生能源，在保证建筑物使用功能和室内热环境质量的前提下，降低建筑能源消耗，合理、有效地利用能源。

全面的建筑节能是一项系统工程，必须由国家立法、政府主导，根据《“十四五”建筑业发展规划》指出：要全面持续深化绿色建造试点工作，提炼可复制推广经验。开展绿色建造示范工程创建行动，提升工程建设集约化水平，实现精细化设计和施工。培育绿色建造创新中心，加快推进关键核心技术攻关及产业化应用。研究建立绿色建造政策、技术、实施体系，出台绿色建造技术导则和计价依据，构建覆盖工程建设全过程的绿色建造标准体系。严格按照国家节能政策和节能标准的规定，全面贯彻执行各项节能措施，从而使每一位公民真正树立起全面的建筑节能观，将建筑节能真正落到实处。

（一）概念

建筑节能是指在建筑材料生产、房屋建筑和构筑物施工及使用过程中，满足同等需要或达到相同目的的条件下，尽可能降低能耗。具体指在建筑物的规划、设计、新建（改建、扩建）、改造和使用过程中，执行节能标准，采用节能型的技术、工艺、设备、材料和产品，提高保温隔热性能和采暖供热、空调制冷制热系统效率，加强建筑物用能系统的运行管理，利用可再生能源，在保证室内热环境质量的前提下，增大室内外能量交换热阻，以减少供热系统、空调制冷制热、照明、热水供应因大量热消耗而产生的能耗。

（二）节能材料

建筑节能材料突出在产品制作和使用过程中具有节约能源、改善建筑功能的一类建筑材料。

建筑节能材料主要包括新型墙体材料、保温隔热材料、防水密封材料、陶瓷材料、新型化学材料、装饰装修材料，以及各种工业废渣的综合利用等。

1. 保温节能材料

（1）挤塑板

挤塑板是经由特殊工艺连续挤出发泡成型的材料，其表面形成的硬膜均匀平整，内部完全闭孔发泡连续均匀，呈蜂窝状结构，因此具有高抗压、轻质、不吸水、不透气耐磨、不降解的特性。

（2）钢丝网采水泥泡沫板

钢丝网采水泥泡沫板是一种新型建筑材料，选用强化钢丝焊接而成的三维笼为构架，阻燃 EPS 泡沫塑料芯材组成，是目前取代轻质墙体最理想的材料。

（3）胶粉聚苯颗粒

胶粉聚苯颗粒是由胶粉料、聚苯颗粒轻料和水泥混拌组成，现场加水即可使用，其保温性能较好，施工简单。

（4）陶瓷保温材料

陶瓷保温材料板是以陶土尾矿、陶瓷碎片、河道淤泥、掺假料等作为主要原料，采用先进的生产工艺和发泡技术经高温焙烧而成的高气孔率的闭孔陶瓷材料。

（5）硼硅酸盐保温材料（泡沫玻璃）

硼硅酸盐保温材料是一种固体基质联结的封闭口孔网状结构材料。该材料是由优质天然矿物质硅酸镁组成基料，掺和一定数量的辅助原料和填充料，再加入一定的化学添加剂，采取新工艺、新技术研制而成。

（6）硬泡聚氨酯现场喷涂、硬泡聚氨酯保温板

硬泡聚氨酯现场喷涂是以组合料（白料）和原材料（黑料）混合反应形成的具有防水和保温隔热等功能的硬质泡沫塑料，称为聚氨酯硬质泡沫，简称聚氨酯硬泡。

聚氨酯硬泡保温板是指在工厂的专业生产线上生产的、以聚氨酯硬泡为芯材、两面覆以某种非装饰面层的保温板材。面层一般是为了增加聚氨酯硬泡保温板与基层墙面的黏结强度，防紫外线和减少运输中的破损。

（7）自保温材料

自保温技术是指使用的墙体围护结构材料本身具有一定的保温隔热性能，目前的墙体自保温技术主要是使用保温隔热性能好的建筑砌块，配套轻质砌筑砂浆。

2. 屋面节能材料

（1）XPS 挤塑板

它是以聚苯乙烯树脂为原料加上其他的原辅料与聚合物，通过加热混合同时注入催化剂，然后挤塑压出成型而制造的硬质泡沫塑料板。它的学名为挤塑聚苯乙烯泡沫塑料（简称 XPS）。

（2）陶瓷保温板

陶瓷保温板是以陶土尾矿、陶瓷碎片、河道淤泥、掺假料等作为主要原料，采用先进的生产工艺和发泡技术经高温焙烧而成的高气孔率的闭孔陶瓷材料。

（3）EPS 泡沫板

EPS 泡沫板又名聚苯乙烯泡沫板、EPS 板是由含有挥发性液体发泡剂的可发性聚苯乙烯珠粒，经加热预发后在模具中加热成型的白色物体，其有微细闭孔的结构特点等。

（4）钢丝网采水泥泡沫板

钢丝网采水泥泡沫板是一种新型建筑材料，选用强化钢丝焊接而成的三维笼为构架，阻燃 EPS 泡沫塑料芯材组成，是目前取代轻质墙体最理想的材料。

（5）蛭石及蛭石砖

蛭石砖以膨胀蛭石为原料、加黏结剂制成的具有规整形状的隔热制品。有水泥膨胀蛭石制品、水玻璃膨胀蛭石制品和沥青膨胀蛭石制品等。

（6）发泡水泥

发泡水泥是通过发泡机的发泡系统将发泡剂用机械方式充分发泡，并将泡沫与水泥浆均匀混合，然后经过发泡机的泵送系统进行现浇施工或模具成型，经自然养护所形成的一种含有大量封闭气孔的新型轻质保温材料。

3. 节能门窗和节能玻璃

（1）塑钢型材门窗

塑钢门窗型材是一种复合化学材料，主要成分为聚氯乙烯，功能助剂为氯化聚乙烯、钛白粉、碳酸钙、ACR、稳定剂、紫外线吸收剂等。

（2）塑铝型材门窗

塑铝型材门窗，又叫断桥铝门窗，是继铝合金门窗、塑钢门窗之后一种新型门窗，具有节能、隔音、防噪、防尘、防水功能。

（3）玻璃钢型材门窗

玻璃钢型材纤维增强材料，是20世纪初开发的一种新型复合材料，它具有质轻、高强、防腐、保温、绝缘、隔音等诸多优点。

（4）中空玻璃

它是用两片（或三片）玻璃，使用高强度高气密性复合黏结剂，将玻璃片与内含干燥剂的铝合金框架黏结，制成的高效能隔音隔热玻璃。

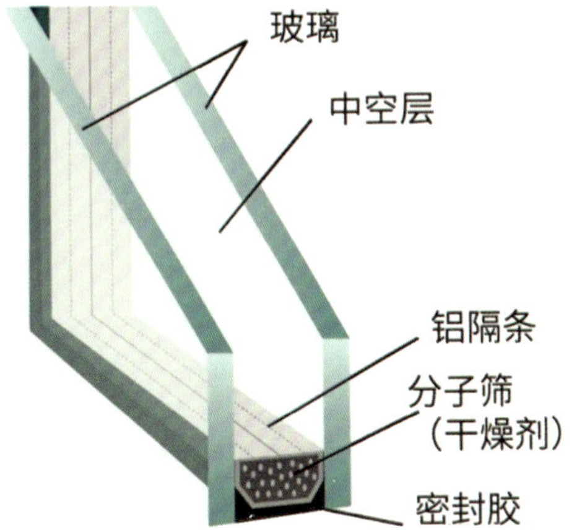

（5）真空玻璃

真空玻璃是一种新型玻璃深加工产品，是基于保温瓶原理研发而成。真空玻璃的结构与中空玻璃相似，其不同之处在于真空玻璃空腔内的气体非常稀薄，几乎接近真空。

（6）镀膜玻璃

镀膜玻璃（Coated glass）也称反射玻璃。镀膜玻璃是在玻璃表面涂镀一层或多层金属、合金或金属化合物薄膜，以改变玻璃的光学性能，满足某种特定要求。

4. 新型节能材料

新型节能材料，是指在制造过程中使用新的工艺技术，产品具有节能、节土、利废和保护环境的特点。

建筑节能新材料分为新型墙体材料、新型保温隔热材料、新型防水密封材料、节能玻璃、节能门窗等。主要有防火彩钢板、抗震钢结构材料、免蒸泡沫混凝土砌块砖、水泥发泡轻质复合隔墙板、水泥发泡外墙保温装饰一体板等。

（三）节能思路

减少能源总需求量：减少建筑的冷、热及照明能耗是降低建筑能耗总量的重要内容。

建筑节能思路

1. 建筑规范与设计

合理选择建筑的地址：光能也是清洁能源之一；规划建筑朝向，通风、遮阳模拟等也是建筑节能技术的重要手段。合理地设计开窗面积；采取合理的外部环境设计（主要方法为：在建筑周围布置树木、植被、水面、假山、围墙）；合理设计建筑形体（包括建筑整体体量和建筑朝向的确定），以改善既有的微气候。

2. 围护结构

一般增大围护结构的费用仅为总投资的 3% ～ 6%，而节能却可达 20% ～ 40%。通过改善建筑物围护结构的热工性能，在夏季可减少室外热量传入室内，在冬季可减少室内热量的流失。

冬季建筑物获得热量的途径一般包括供暖设备的供热(占70%～75%)，阳光辐射的热(占15%～20%)，建筑物内部的热(包括炊事、照明、家电、人体散热，占8%～12%)。这些热量又通过围护结构(门窗、外墙、屋顶及不供暖地下室顶板)向外散失。建筑物的总失热包括围护结构的传热耗热量(占70%～80%)和通过门窗缝隙的空气渗透的耗热量(占20%～30%)，因此建筑节能的主要途径是：减小建筑物外表面积和加强围护结构的保温，以减少传热耗热量；提高窗户的气密性，以减少空气渗透耗热量，在减小建筑总失热量的前提下，尽量利用太阳辐射得热和建筑内部得热，最终达到节能的目的。

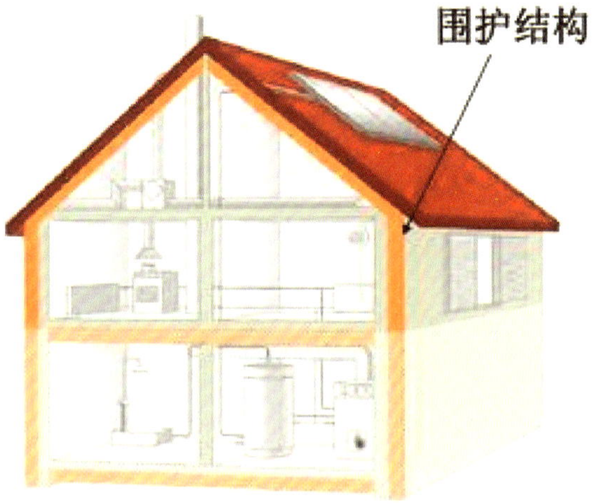

(1) 外墙节能技术

复合墙体的应用：复合墙体一般用块体材料或钢筋混凝土作为承重结构，与保温隔热材料复合，或在框架结构中用薄壁材料加以保温、隔热材料作为墙体。外保温复合墙体的做法是将绝热材料复合在承重墙外侧。外保温复合墙体与内保温复合墙体相比，具有以下特点：保护主体结构，延长使用寿命；消除了热桥的影响；改善墙体潮湿情况等特点。

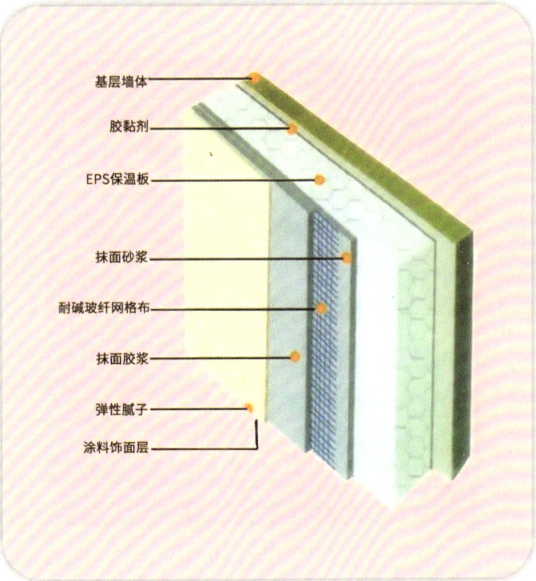

（2）门窗节能技术

门窗作为建筑围护结构中的重要组成部分，其担任了节能的重要任务。门窗面积占房屋建筑总面积的比例约为七分之一，而门窗耗能却占据了建筑耗能的二分之一以上。门窗的合理应用对于建筑节能的推广工作具有举足轻重的意义。

门窗节能应该从以下三个方面进行考量：一、门窗材质；二、玻璃；三、门窗工艺。门窗节能是整体的节能，因此门窗的节能不仅取决于材质，还取决于玻璃，更取决于门窗的工艺。

对门窗的节能处理主要是改善材料的保温隔热性能和提高门窗的密闭性能。

新材料的运用：铝合金断热型材、铝木复合型材、钢塑整体挤出型材、塑木复合型材，以及UPVC 塑料型材。

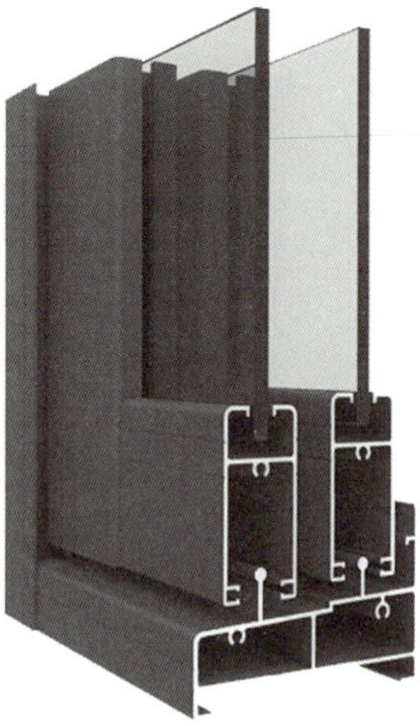

（3）屋面节能技术

屋顶的保温、隔热是围护结构节能的重点之一。主要是在屋顶铺设保温、隔热板或粉刷各种保温绝热及反射材料来达到保温节能效果的屋顶。另还可通过屋顶平改坡、屋顶绿化、蓄水屋顶、通风屋顶、太阳能屋顶等，实现建筑节能的效果。

3. 提高终端用户用能效率

根据建筑的特点和功能，设计高能效的暖通空调设备系统。在使用中，采用能源管理和监控系统监督和调控室内的舒适度、室内空气品质和能耗情况。如欧洲国家通过传感器测量周边环境的温、湿度和日照强度，然后基于建筑动态模型预测采暖和空调负荷，控制暖通空调系统的运行。

4. 提高总的能源利用效率

建筑中的能耗设备，如空调、热水器、洗衣机等应选用能源效率高的能源供应。例如作为燃料，天然气比电能的总能源效率更高。采用第二代能源系统，可充分利用不同品位热能，最大限度地提高能源利用效率，如热电联产（CHP）、冷热电联产（CCHP）。

在节约能源、保护环境方面，新能源的利用起到至关重要的作用。新能源通常指非常规的可再生能源，包括有太阳能、地热能、风能、生物质能等。上述各项措施对建筑热性能的影响相互作用，采用计算机动态模拟分析的方法，对不同方式组合下的建筑热性能及全年能耗情况进行预测分析，以优化设计。

5. 新材料的开发利用

（1）外墙保温及饰面系统 (EIFS)

此系统是多层复合的外墙保温系统，在民用建筑和商业建筑中都可以应用。EIFS 系统包括以下几部分：主体部分是由聚苯乙烯泡沫塑料制成的保温板，一般是 30 ～ 120mm 厚，该部分以合成黏结剂或机械方式固定于建筑外墙；中间部分是持久的、防水的聚合物砂浆基层，此基层主要用于保温板上，以玻璃纤维网来增强并传达外力的作用；最外面部分是美观持久的表面覆盖层。为了防褪色、防裂，覆盖层材料一般采用丙烯酸共聚物涂料技术，此种涂料有多种颜色和质地可以选用，具有很强的耐久性和耐腐蚀能力。

（2）建筑保温绝热板系统 (SIPS)

建筑保温绝热板系统可用于民用建筑和商业建筑，是高性能的墙体、楼板和屋面材料。板材的中间是聚苯乙烯泡沫或聚氨酯泡沫夹心层，一般 120 ～ 240mm 厚，两面根据需要可采用不同的平板面层，例如在房屋建筑中两面可以采用工程化的胶合板类木制产品。用此材料建成的建筑具有强度高、保温效果好、造价低、施工简单、节约能源、保护环境的特点。

（3）隔热水泥模板外墙系统 (ICFS)

建筑保温绝热板系统是一种绝缘模板系统，主要由循环利用的聚苯乙烯泡沫塑料和水泥类的胶凝材料制成模板，用于现场浇筑混凝土墙或基础。施工时在模板内部水平或垂直配筋，墙体建成后，该绝缘模板将作为永久墙体的一部分，形成在墙体外部和内部同时保温绝热的混凝土墙体。混凝土墙面外包的模板材料满足了建筑外墙所需的保温、隔声、防火等要求。

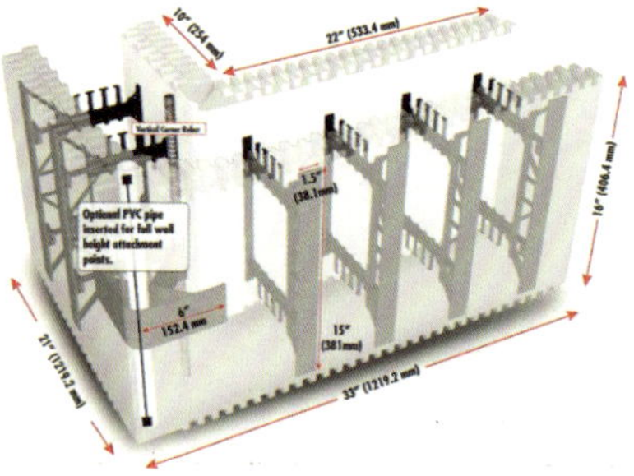

五、能力操作

（一）建筑节能资料验收

建筑节能部分验收与其他部分并无不同。

幕墙节能工程检验批质量验收表

100002 001

<table>
<tr><td colspan="2">工程名称</td><td colspan="2">门卫</td><td>分项工程名称</td><td colspan="2">幕墙节能</td></tr>
<tr><td colspan="2">施工单位</td><td>上海建工二建集团有限公司</td><td>专业工长</td><td></td><td>项目经理</td><td>曹卫</td></tr>
<tr><td colspan="2">施工执行标准名称及编号</td><td colspan="2">《建筑节能工程施工质量验收规范》（DGJ 08-113 — 2017）</td><td>验收部位</td><td colspan="2">1</td></tr>
<tr><td colspan="2">分包单位</td><td></td><td>分包项目经理</td><td></td><td>施工班组长</td><td></td></tr>
<tr><td colspan="4">验收规范规定</td><td colspan="2">施工单位检查评定记录</td><td>监理（建设）单位验收记录</td></tr>
<tr><td rowspan="7">主控项目</td><td>1</td><td>用于幕墙节能工程的材料、构件等，其品种、规格应符合设计要求和相关标准的规定。</td><td>第 5.2.1 条</td><td colspan="2"></td><td rowspan="7"></td></tr>
<tr><td>2</td><td>幕墙节能工程使用的保温隔热材料，其导热系数、密度、燃烧性能应符合设计要求。幕墙玻璃的传热系数、遮阳系数、可见光透射比、中空玻璃露点（密封性能）应符合设计要求。</td><td>第 5.2.2 条</td><td colspan="2"></td></tr>
<tr><td>3</td><td>幕墙节能工程使用的材料、构件等进场时，应对保温材料的导热系数、密度；幕墙玻璃的可见光透射比、传热系数、遮阳系数、中空玻璃密封性能隔热型材的抗拉强度、抗剪强度进行复验，复验应为见证取样送检。</td><td>第 5.2.3 条</td><td colspan="2"></td></tr>
<tr><td>4</td><td>幕墙的气密性能应符合设计规定的等级要求。当幕墙面积合计大于 300m 或幕墙面积占建筑外墙总面积超过 50%时，应对幕墙进行气密性能检测，检测结果应符合建筑节能设计规定的等级要求。密封条应镶嵌牢固、位置正确、对接严密。单元式幕墙板块之间的密封应符合设计要求，开启部分关闭应严密。</td><td>第 5.2.4 条</td><td colspan="2"></td></tr>
<tr><td>5</td><td>幕墙节能工程使用的保温材料，其厚度应符合设计要求，安装应牢固，不松脱；保温材料的填塞应饱满、平整保温材料的隔汽铝箔面应朝向室内，无隔汽铝箔面时应在室内侧有内衬隔汽板。</td><td>第 5.2.5 条</td><td colspan="2"></td></tr>
<tr><td>6</td><td>幕墙工程热桥部位的隔热措施应符合设计要求，断热节点的连接应牢固。</td><td>第 5.2.6 条</td><td colspan="2"></td></tr>
<tr><td>7</td><td>渗透水的收集和排放应通畅，并不得渗漏。</td><td>第 5.2.7 条</td><td colspan="2"></td></tr>
</table>

续表

一般项目	1	镀（贴）膜玻璃的安装方向、位置应正确，无脱膜、划伤、气泡等。中空玻璃应采用双道密封。	第 5.3.1 条		
	2	单元式幕墙板块组装应符合规范规定。	第 5.3.2 条		
	3	幕墙与周边墙体间的接缝处应采用弹性闭孔材料填充饱满，并应采用耐候密封胶密封。	第 5.3.3 条		
	4	构造缝、结构缝的保温或密封做法应符合设计要求。	第 5.3.4 条		
施工单位检查评定结果	项目专业质量检查员： (项目技术负责人)　　年　月　日				
监理（建设）单位验收结论	监理工程师： (建设单位项目专业技术负责人)　　年　月　日				

（二）建筑节能资料整理与归档

节能资料需要单独整理，建筑节能资料同样分为 A、B、C、D 四册，在进行归档整理时，按照目录顺序进行。

A 册：

施工组织设计、质量计划资料

节能 A-0

表号	资料名称	备注	页码
A-0	目录		
A-1	施工组织设计（质量计划）审批表		
A-1-1	施工组织设计（方案）报审表		
A-2	施工组织设计修改审批表		
A-3	施工组织设计（质量计划）		
	施工组织设计（总文档）		
	工程概况		
	质量、安全、文明施工的工作目标		
	现场管理人员组织架构及人员组成		
	工程难点、关键工序的确定及相应技术保障措施		
	工程施工总进度计划表		
	分部分项工程施工方案		
	质量保证措施		
	安全保证措施		
	文明保证措施		
	季节保证措施		
	隐蔽工程验收计划表		

续表

	主要机械设备计划表		
	原材料、成品、半成品设备检验计划		
	计量、测量仪器强制性鉴定、检验计划		
	工程质量验收计划		
	各施工阶段劳动组织表（按分部、分项）		
	各施工阶段劳动组织表（按工种）		
A-4	其他规范、规定要求的施工组织内容		

B 册：

质量管理资料目录

节能 B-0

表号	资料名称	备注	页码
B-0	目录		
B-1	建筑工程施工图审查备案证书		
B-1-1	民用建筑节能设计审查备案登记表		
B-2	建设工程质量人员从业资格审查表		
B-3	建设工程特殊工种人员上岗证审查表		
B-4	建设工程开工报告		
B-5	建设工程复工报告		
B-6	建设工程竣工报告		
B-7	图纸会审设计交底纪要		
B-7-1	图纸会审设计交底纪要（内容）		
B-8	技术核定单		
B-9	施工图设计修改通知单		
B-10	技术质量交底记录		
B-11	建筑节能隐蔽工程施工质量验收记录		
B-12	工程技术复核单		
B-13	施工现场质量管理检查记录		
B-14	工程质量一般事故报告表		
B-15	工程质量重大事故报告表		
B-16	新材料新工艺施工记录		
B-17	工程质量保修书		
B-18	施工日志		
B-19	竣工图（含设计变更图纸）		
B-20	其他资料		

C 册：

质量保证资料目录

节能 C-0

表号	资料名称	备注	页码
C-0	目录		
C-1	建筑节能保温系统材料、构配件、设备质量证明书、复试报告汇总表		
C-2	保温系统材料、构配件、设备质量证明书		
C-3	保温系统材料、构配件、设备质量复试报告		
C-4	墙体层面、幕墙、地面等保温隔热材料（导热系数、密度、抗压强度或压缩强度、燃烧性能等）		
C-5	幕墙及外窗气密性、水密性、耐风压检测报告		
C-6	节能、保温系统测试记录		
C-7	室内环境检测报告		
C-8	墙体保温板材与基层的现场黏结强度试验		
C-9	墙体节能保温层后置锚固件锚固力现场拉拔试验		
C-10	幕墙玻璃的传热系数、遮阳系数、可见光投射比、中空玻璃露点复验报告		
C-11	室内采暖系统试运转和调试记录		
C-12	风机和空调机组等设备的试运行和调试记录		
C-13	空调与采暖系统冷热源和辅助设备的试运转和调试记录		
C-14	电缆、电线的试验报告		
C-15	建筑设备工程系统节能性能检测报告		
C-16	外墙节能构造钻芯检验报告		
C-17	其他规范、固定、要求的内容		

D 册：

质量验收资料目录

节能 D-0

表号	资料名称	备注	页码
D-0	目录		
D-1	建筑节能分部工程质量验收表		
D-2	建筑节能分部工程质量控制资料核查记录及主要功能抽查记录		
D-3	建筑节能分部工程观感质量核查记录		
D-4	分项工程质量验收汇总表		
D-5	检验批施工质量验收记录		
D-6-1	质检机构签发的质量问题整改通知单		
D-6-2	质检机构签发的局部暂缓施工指令单		
D-7	质量整改报告及复查意见		
D-8	规范标准规定的其他内容		

六、课后作业

判断题

1. 屋顶的保温、隔热是围护结构节能的重点之一。（ ）

2. 建筑节能工程外墙节能构造的现场实体的质量检测检验应必须由具备资质的检测机构承担。（ ）

3. 建筑施工企业对进场的节能材料和设备的品种、规格、包装、外观和尺寸等进行检查验收，即可形成相应的验收记录。（ ）

单选题

1. 节能分项工程验收应由（ ）主持。

A. 施工单位项目经理　　B. 施工单位项目技术负责人
C. 监理工程师　　D. 总监理工程师

2. 建筑围护结构施工完成后，应对外窗进行（ ）。

A. 现场构造的实体检验　　B. 现场节能性能检测
C. 现场传热系数检测　　D. 现场气密性实体检测

多选题

1. 属于建筑节能工程现场检验的有（ ）。

A. 外墙节能构造的现场实体检验　　B. 外窗气密性现场实体检测
C. 系统节能性能检测　　D. 围护结构传热系数检测
E. 外窗传热系数检测

2. 门窗节能工程包括（ ）分项。

A. 门窗材料　　B. 门窗玻璃　　C. 保温材料
D. 加固材料　　E. 遮阳设施

【效果评价】

工作任务学习评价单

编号：任务（三）— 08

施工过程资料收集和整理							
班级		姓名		学号		总评	
职业能力 8	会整理建筑节能相关资料					学时	
						评价学时	
考核项目	考核内容及要求	分值	学生自评（10%）	小组评分（20%）	教师评分（70%）	实得分	
整理建筑节能相关资料（70 分）	了解建筑节能意义、节能材料和节能方法	15					
	掌握建筑节能资料的分类与整理要求	20					
	能完成建筑节能资料的整理与归档	35					
学习态度（10 分）	上课认真听讲，积极参与讨论，认真完成任务	10					
完成时间（10 分）	能在规定时间内完成任务	10					
合作性（10 分）	积极参与组内各项任务，善于协调与沟通	10					
总计		100					
评价评语							
	教师签字：	第　　组	组长签字：		日 期：		

工作任务四

竣工验收资料收集和整理

职业能力 1：会编制修改竣工图与折叠图纸

一、任务引入

“古典开朗两相宜，尖塔形斜顶，抹灰木架与柱式装饰遥相呼应……”那些刻有时代印记的建筑，精巧的结构，宁静而含蓄的气场都令人叹为观止。从打地基搬运柱础石；按照建筑开间、进深来精确定位柱础石；到按所需尺寸加工木材；Z 立柱、雕刻，根据设计进行的屋顶构造、大木作剖面构造、瓦作等一系列构筑，背后无数的无名工匠的心血劳作，不是一蹴而就或者凭空想象，都是经过仔细构思、精心设计、反复打磨而成，甚至连地形选址、材料形式上都是有严格要求的。

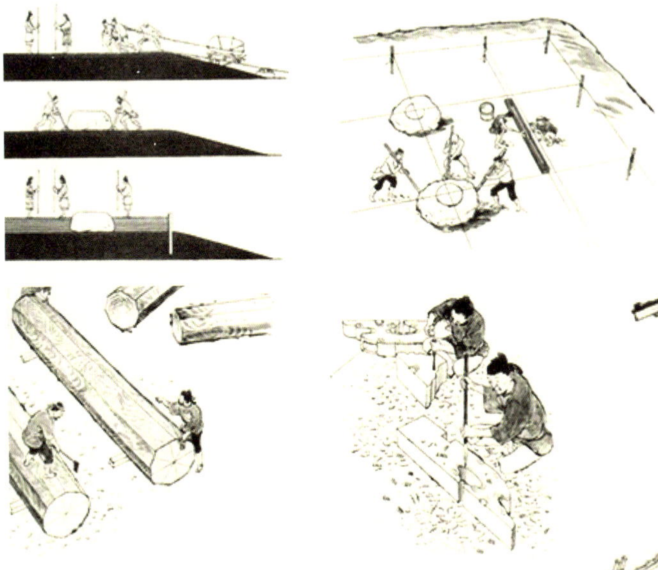

那么现代社会，施工单位需要根据设计图纸完成工程的建造任务，但是施工过程中会遇到各种各样的问题，不可避免地会有这样那样的变更，使得工程不能完全按照原来的设计图纸进行，竣工后的建筑就与最初的设想有了出入，那么这时候我们应该怎样做呢？今天我们就来学习竣工图的相关内容。

二、学习目标

1. 认识并了解竣工图的概念和规定。
2. 学习并掌握竣工图与施工图的区别与联系。
3. 掌握由施工图改绘竣工图的修改方法。
4. 学习掌握图纸折叠的方法。

三、能力目标

- 能根据所给的技术核定完成竣工图的修改。
- 熟练掌握不同型号图纸的折叠。

四、基本知识

竣工图的概念

（一）竣工图的重要性

建屋者，建家之生计；筑梦者，筑国之辉煌；

上应以天，下抚为民；承此大业，忧勿忘矣。

建一个工程，树一座丰碑。每一个工程项目竣工后，人们会发现：与精品工程相辉映的是一批又一批可歌可泣的土木人脱颖而出。土木行业的人能经历不同于常人的事情，面对的人也是从基层到高层，面面俱到，所以经过磨炼之后的土木人，有惊人的毅力和顽强的战斗力，这就是土木精神，是我们足以引以为豪的地方。

现代工业的发展决定了现代化城市已成为多功能、多层次、多因素的综合有机体，随着城市的发展，城市的主体化程度越来越高，地面建筑星罗棋布，地下管线密如蛛网，各种隐蔽工程越来越多，在这错综复杂的有机体里需要加强综合协调和管理，为此，就需要借助竣工图了解各项建筑工程之间的相互关系，根据城市规划的总体要求，安排好各项建设的总体布局，以协调工程项目计划与城市规划的关系，协调工程项目的规模与城市基础设施的关系，协调单项工程与群体的关系。

竣工图是建筑工程完工后，反映建筑工程竣工实貌的工程图纸，是真实记录各种地上、地下建筑物、构筑物等情况的技术文件，可见竣工图的重要性。

（二）竣工图概念和规定

1 竣工图是建筑工程竣工档案的重要组成部分，是工程建设完成后主要凭证性材料，是建筑物真实的写照，是工程竣工验收的必备条件，是工程维修、管理、改建、扩建的依据。各项新建、改建、扩建项目均必须编制竣工图。

2 建设工程文件归档整理规范中术语部分第八条对竣工图的定义是“工程竣工验收后，真实反映建设工程项目施工结果的图样”，该条款严格界定了竣工图与施工图的区别。

3 竣工图规定

（1）一切建设工程项目必须编制竣工图；

（2）竣工图一般由施工单位编制；

（3）施工单位应当指定专人编制。

（三）竣工图与施工图的区别与联系

1 竣工图与设计图都是表达建筑物、构筑物全貌、形状、大小和结构的图纸，但竣工图表示工程施工完成后的实体现状，而设计图表达工程设计意图。

2 竣工图是在施工过程中依据工程实际情况 [技术核定单、隐蔽工程验收记录和指令性文件（如修改设计、变更通知单等）] 对原设计图进行修改，经过修改并加盖“竣工图”标志章后即转化为竣工图。

3 竣工图可以真实、准确、系统地反映工程实体现状。尤其是隐蔽工程部分，因此竣工图显得更重要。

（四）竣工图的编制内容和要求

1. 竣工图编制要求

（1）凡按施工图施工没有变动的，由竣工图施工单位在施工图图签附近空白处加盖并签署竣工图章。

（2）凡一般性图纸变更，施工单位可根据设计变更依据，在施工图上直接改绘，标明变更修改依据，修改内容按修改顺序，在图鉴中列明，并加盖竣工图章。

（3）凡结构形式、工艺、平面布置、项目等重大改变及图面变更超过 40% 的，应重新绘制竣工图。重新绘制的图纸必须有图名和图号，图号可按原图编号。

（4）编制竣工图必须编制各专业竣工图的图纸目录，绘制的竣工图必须准确、清楚、完整、规范，修改必须到位，真实反映项目竣工验收时的实际情况。

（5）用于改绘竣工图的图纸必须是新蓝图或绘图仪绘制的白图，不得使用复印的图纸。

（6）竣工图施工单位应按照国家建筑制图规范要求绘制竣工图，使用绘图笔或签字笔及不褪色的绘图墨水。

2. 竣工图的主要内容

（1）竣工图应按单位工程，并根据专业、系统进行分类和整理。

（2）竣工图包括以下内容：

	竣工图内容
竣工图的分类	建筑竣工图
	幕墙竣工图
	结构竣工图
	钢结构竣工图
	燃气竣工图
	建筑给水竣工图
	建筑电气竣工图
	通风空调竣工图
	排水与采暖竣工图
	工艺平面布置图等竣工图
	地下部分的各种市政、电力、电信管线等竣工图
	地上部分的道路、绿化、庭院照明、喷泉、喷灌等竣工图
	智能建筑竣工图（综合布线、保安监控、电视天线、火灾报警、气体灭水等）

3. 竣工图隐检内容

（1）利用施工蓝图改绘的竣工图。

（2）在二底图上修改的竣工图。

（3）重新绘制的竣工图。

4. 竣工图绘制要求

（1）利用施工蓝图改绘的竣工图要求

在施工蓝图上一般采用杠改法、叉改法和圈改法，在原图空白处绘出更改内容，所有变更处都必须引画索引线，并注明更改依据。在施工图上改绘，不得使用涂改液涂抹、刀刮、补贴等方法修改图纸。

① 对于取消内容的改绘要求

若尺寸、门窗型号、设备型号、灯具型号、钢筋型号和数量、注解说明等数字、文字、符号的取消，可采用杠改法。即将取消的数字、文字、符号等用横杠画掉（不得涂抹掉），从修改的位置引出带箭头的索引线，在索引线上注明修改依据，即“根据 × 号洽商 × 条”，也可注明“根据 × 年 × 月 × 日洽商 × 条”。

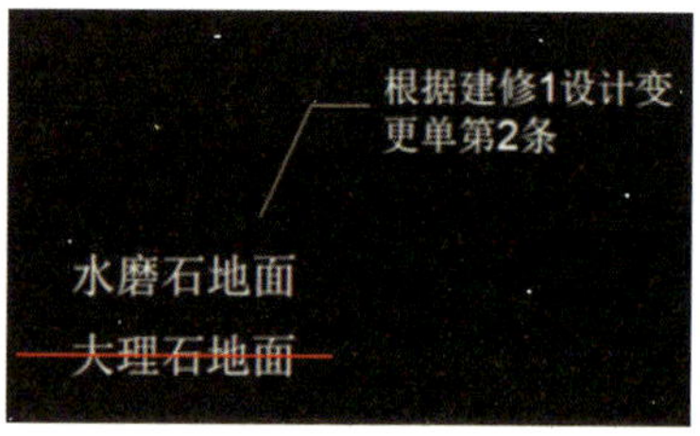

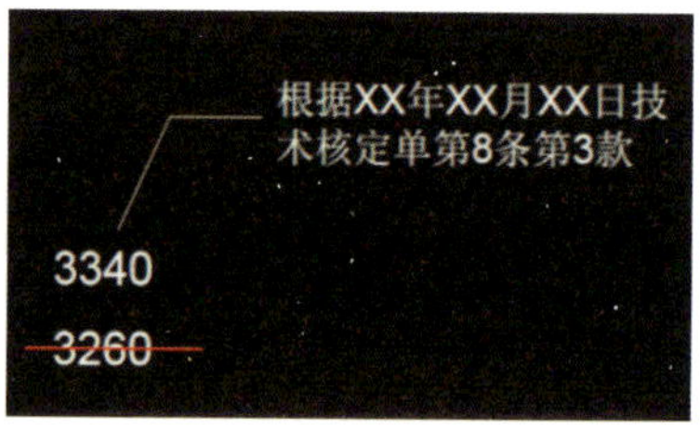

隔墙、门窗、钢筋、灯具、设备等取消，可用叉改法。即在图上将取消的部分打“×”，在图上描绘取消的部分较长时，可视情况打几个“×”，达到表示清楚为准。并从图上修改处见箭头索引线引出，注明修改依据。

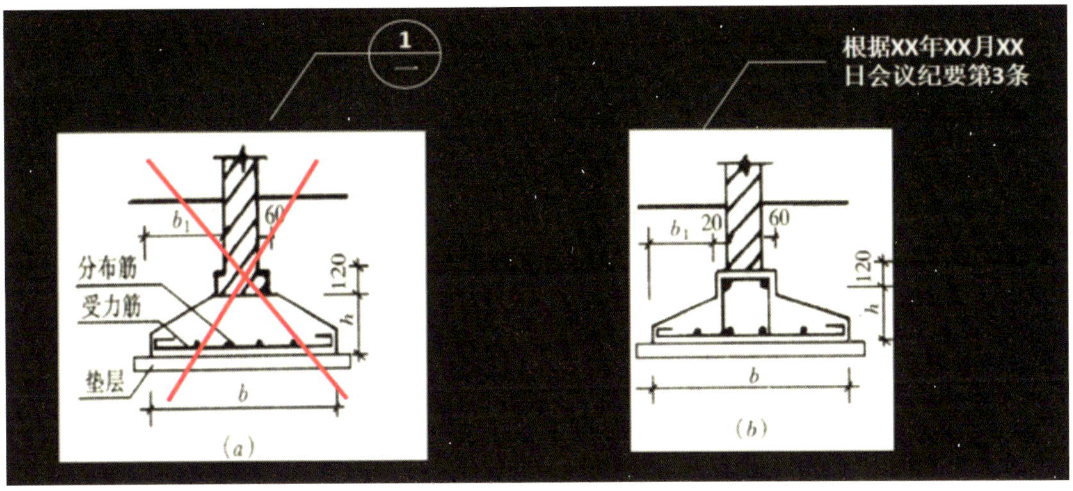

② 对于增加内容的改绘要求

	增绘内容	增绘方法
施工蓝图增加内容的改绘要求	在建筑物某一部位增加隔墙、门窗、灯具、设备、钢筋等。	在图上的实际位置用规范制图方法绘出，并注明修改依据。
	增绘的内容在原位置绘不清楚。	在本图适当位置（空白处）按需要补绘大样图，并保证准确清楚。
	增绘的内容在原图无位置可绘。	另用硫酸纸绘补图并晒成蓝图或用绘图仪绘制白图后附在本专业图纸之后。
注意在原修改位置和补绘图纸上应注明修改依据，补图要有图名和图号。		

③ 对于内容变更的改绘要求

数字、符号、文字的变更，可在图上用杠改法将取消的内容画去，在其附近空白处增加更正后的内容，并注明修改依据。

设备配置位置、灯具、开关型号等变更引起的改变；墙、板、内外装修……均应在原图上改绘。

当图纸某部位变化较大或在原位置上改绘有困难，或改绘后杂乱无章，可以采用画大样改绘、另绘补图修改或者个别蓝图须重新绘制竣工图。

	改绘内容	改绘方法
施工蓝图内容变更的改绘要求	数字、符号、文字的变更。	在图上用杠改法将取消的内容画去，在其附近空白处增加更正后的内容，并注明修改依据。
	设备配置位置、灯具、开关型号等变更引起的改变；墙、板、内外装修等变更。	在原图上改绘。
	当图纸某部位变化较大或在原位置上改绘有困难，或改绘后杂乱无章。	采用画大样改绘、另绘补图修改或者个别蓝图须重新绘制竣工图。

④ 对于加写说明的改绘要求

凡设计变更、洽商的内容应当在竣工图上修改的，均应用绘图方法改绘在蓝图上，不再加写说明。如果修改后的图纸仍然有内容无法表示清楚，可用精练的语言适当加以说明。凡涉及说明类型的洽商，应在相应的图纸上使用设计规范用语反映洽商内容。

⑤ 利用施工蓝图改绘的竣工图注意事项

A. 施工图纸目录必须加盖竣工图章，作为竣工图归档。凡有作废、补充、增加和修改的图纸，均应在施工图目录上标注清楚。即作废的图纸在目录上杠掉，补充的图纸在目录上列出图名、图号。

B. 如某施工图改变量大，设计单位重新绘制了修改图的，应以修改图代替原图，原图不再归档。

C. 凡是洽商图作为竣工图，必须进行必要的制作。

如洽商图是按正规设计图纸要求进行绘制的可直接作为竣工图，但须统一编写图名图号，并加盖竣工图章，作为补图。并在说明中注明是哪张图哪个部位的修改图，还要在原图修改部位标注修改范围，并标明见补图的图号。

如洽商图未按正规设计要求绘制，均应按制图规定另行绘制竣工图，其余要求同上。

D. 某一条洽商可能涉及两张或两张以上图纸，某一局部变化可能引起系统变化……凡涉及的图纸和部位均应按规定修改，不能只改其一，不改其二。

E. 不允许将洽商的附图原封不动地贴在或附在竣工图上作为修改，也不允许将洽商的内容抄在蓝图上作为修改。凡修改的内容均应改绘在蓝图上或做补图附在图纸之后。

F. 根据规定须重新绘制竣工图时，应按绘制竣工图的要求制图。

G. 改绘注意事项。

修改时，字、线、墨水使用的规定	施工蓝图的规定
字：采用仿宋字，字体的大小要与原图采用字体的大小相协调，严禁错、别、草字。 线：一律使用绘图工具，不得徒手绘制。 墨水：必须使用不褪色的黑色绘图墨水。	图纸反差要明显，以适应缩微等技术要求。凡旧图、反差不好的图纸不得作为改绘用图。 修改的内容和有关说明均不得超过原图框。

（2） 利用二底图上修改的竣工图要求

① 在设计底图或施工图制成二底（硫酸纸）图，在二底图上依据设计变更，工程洽商内容用刮改法进行绘制，即用刀片将须更改部位刮掉，再用绘图笔绘制修改内容，并在图中空白处做一修改备考表，注明变更、洽商编号（或时间）和修改内容。

修改备考如下所示：

变更、洽商编号（或时间）	内容（简要提示）

② 修改的部位用语言描述不清楚时，也可用细实线在图上画出修改范围。

③ 以修改后的二底图或蓝图作为竣工图，要在二底图或蓝图上加盖竣工图章。没有改动的二底图转作竣工图也要加盖竣工图章。

④ 如果二底图修改次数较多，个别图面可能出现模糊不清等技术问题，必须进行技术处理或重新绘制，达到图面整洁、字迹清楚等质量要求。

（3）重新绘制的竣工图

根据工程竣工现状和洽商记录绘制竣工图，重新绘制竣工图要求与原图比例相同，符合制图规范，有标准的图框和内容齐全的图签，图签中应有明确“竣工图”字样或加盖竣工图章。

（4）用 CAD 绘制的竣工图

在电子版施工图上依据设计变更、工程洽商的内容进行修改，修改后用云图圈出修改部位，并在图中空白处做一修改备考表，表示要求同本条第 2 款要求。同时，图签上必须有原设计人员签字。

（五）竣工图章

1. “竣工图章”应具有明显的“竣工图”字样，并包括施工单位名称、编制人、审核人和编制日期等基本内容。施工单位、编制人、审核人、技术负责人要对竣工图负责。

竣工图章内容、尺寸：

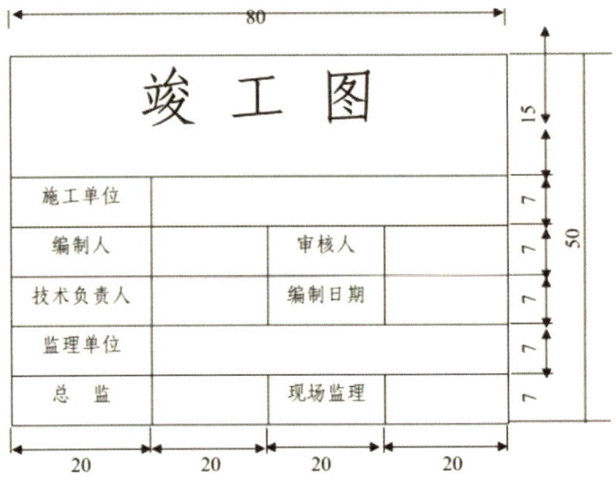

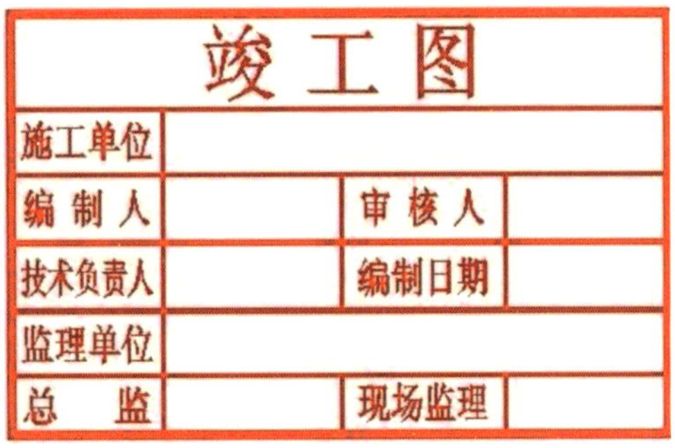

2. 所有竣工图应由施工单位逐张加盖、签署竣工图章。竣工图章中签名必须齐全，不得代签。

3. 凡由设计院编制的竣工图，其设计图签中必须明确竣工阶段，并由绘制人和技术负责人在设计图签中签字。

4. 竣工图章应加盖在图签附近的空白处。

5. 竣工图章应使用不褪色红或蓝色印泥。

（六）国家建委关于编制基本建设工程竣工图的规定

1. 凡结构形式改变、工艺改变、平面布置改变，项目改变及有其他重大改变，不宜再在原施工图上修改、补充者，应重新绘制改变后的竣工图。设计原因造成的，由设计单位负责重新绘图；其他原因造成的，由建设单位自行绘图或委托设计单位绘图。施工单位负责在新图上加盖“竣工图”标志并附以有关记录说明，作为竣工图。重大的改建、扩建工程涉及原有工程项目变更时，应将相关项目的竣工图资料统一整理归档，并在原图案卷内增补必要的说明。

2. 竣工图一定要与实际情况相符，要保证图纸质量，做到规格统一、图面整洁、字迹清楚，不得用圆珠笔或其他易褪色的墨水绘制。竣工图要经承担施工的技术负责人审核签认。

3. 竣工图的汇总整理工作，按下列情况区别对待

（1）建设项目实行总包制的各分包单位应负责编制分包范围内的竣工图，总包单位除应编制自行施工的竣工图外，还应负责汇总整理各分包单位编的竣工图，总包单位在交工时应向建设单位提交总包范围内的各项完整、准确的竣工图。

（2）建设项目由建设单位或工程指挥部分别包给几个施工单位承担的，各施工单位应负责编制所承包工程的竣工图，建设单位或工程指挥部负责汇总整理。

（3）建议项目在签订承发包合同时，应明确规定竣工图编制、检验和交接等问题。

五、能力操作

（一）以蓝图改绘修改为例，讲解常用图纸修改方法

杠改法
·文字 ·数字

叉改法
·少量 ·图形

圈改法
·较多 ·图形

1. 杠改法：对于文字和数字的修改，可采用杠改法。

（1）用一条细实线将被修改的部分画去；

（2）在其附近的适当位置，填写变更后的内容；

（3）注明修改依据。

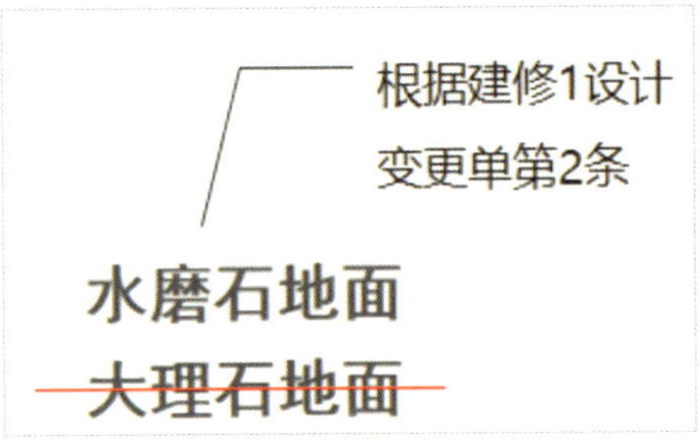

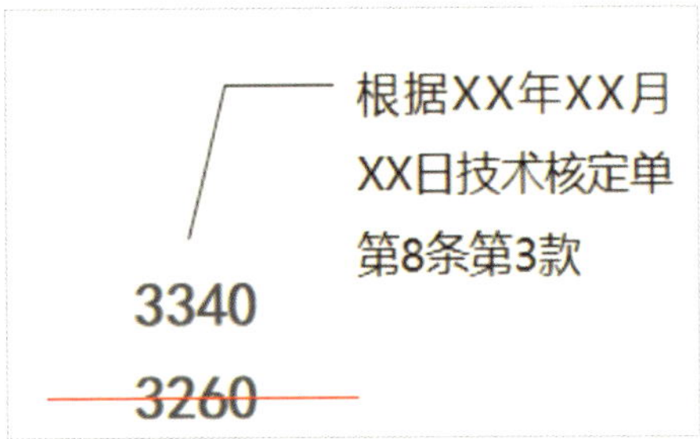

例 1：首层底板结构平面图中 Z16（Z17）柱断面，（Z17）取消。改绘方法：将（Z17）和有关的尺寸用杠改法去掉，并注明修改依据。

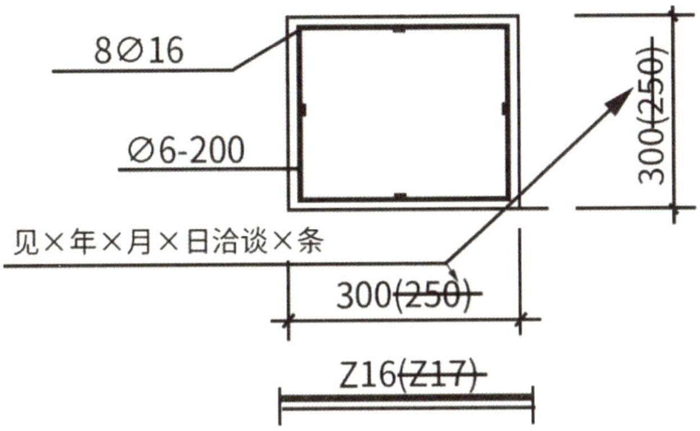

2. 叉改法：对于少量图形的修改，可采用叉改法。

（1）用“×”将被修改部分画去；

（2）在其附件的适当位置，绘制修改后的图形；

（3）注明修改内容及修改依据。

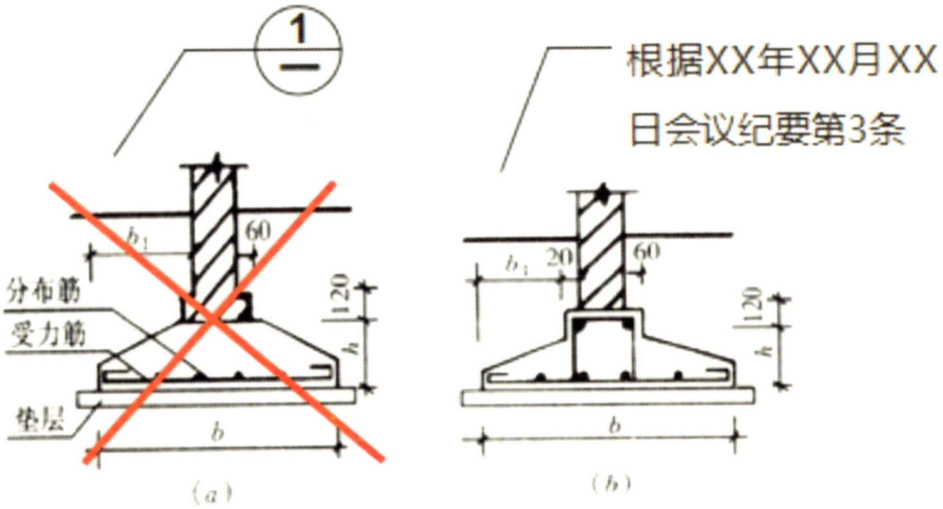

例 2：将平面图中库房取消。即（B）～（C）轴间③轴上砖墙取消。改绘方法：“库房”二字和隔墙相关的尺寸杠改，将隔墙及其门用叉改法 × 掉，并注明修改依据。

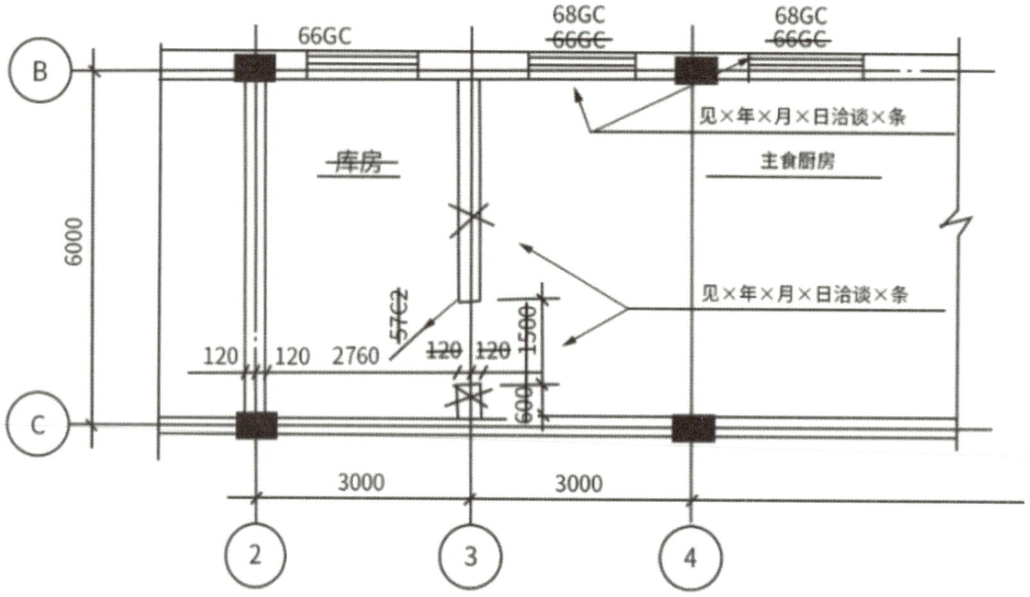

3. 圈改法：对于较多图形的修改，可采用圈改法。

（1）将被修改的部分圈出；

（2）绘制修改后的图形；

（3）注明修改依据。

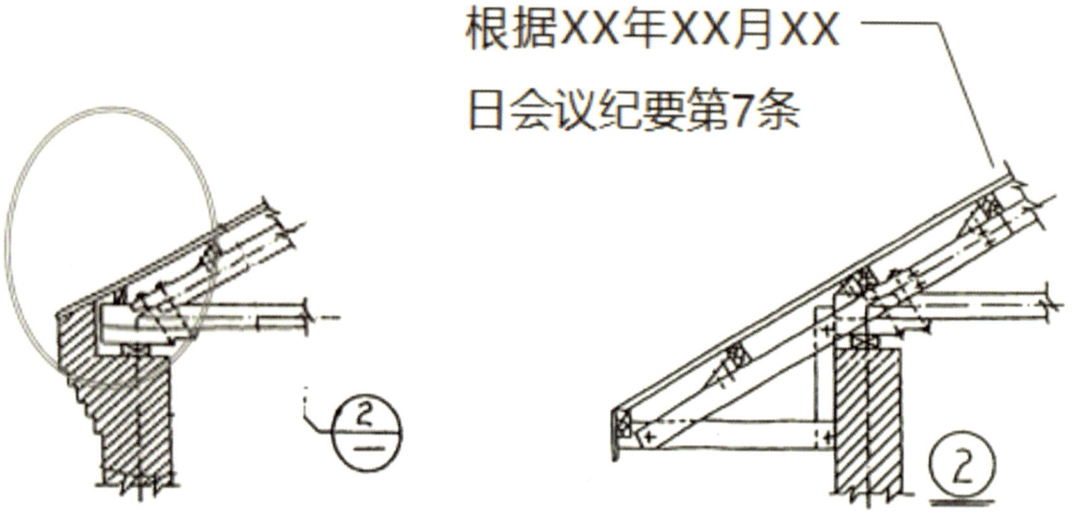

例 3：将某小型水库工程的出水渠道断面修改，在图上将被修改的部分打“○”，在其附近的适当位置，绘制修改后的图形，并从修改的位置引出带箭头的索引线，在索引线上注明修改依据——“见设计变更通知 X 号”。

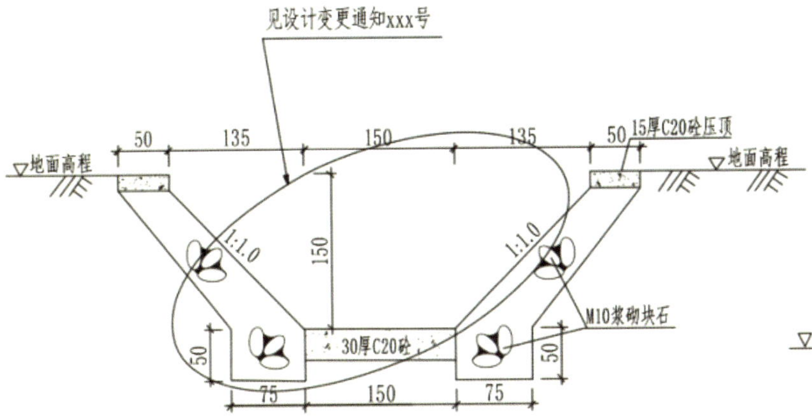

下游渠道断面

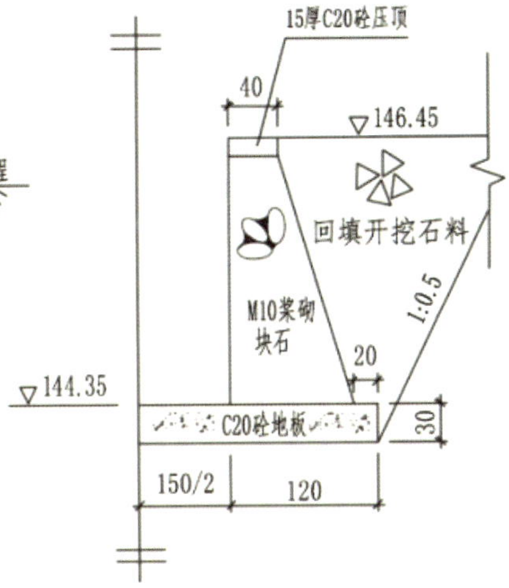

下游渠道断面

说明：

1. 图中尺寸：高程以米计，其余尺寸均以厘米计。
2. ……

（二）按照规范要求完成竣工图的折叠

依据《技术制图复制图的折叠方法》（GB/10609.3 — 89）、《上海市工程建设规范——建设项目（工程）竣工档案编制技术规范》竣工图折叠方法执行。

竣工图折叠

1. 竣工图折叠注意事项

（1）竣工图不应装订；

（2）应按 A4 幅面（297mm×210mm）的规格折叠；

（3）图面应朝里，图标应外露；

（4）页号应标在图面的右上角。

2. 竣工图不同型号的折叠方法

（1）4 号竣工图图纸不折叠

（2）3 号竣工图图纸折叠方法

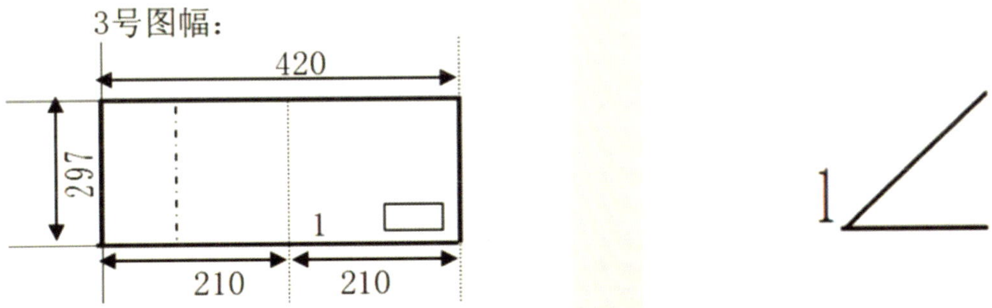

① 沿中间虚线，从左往右对折；

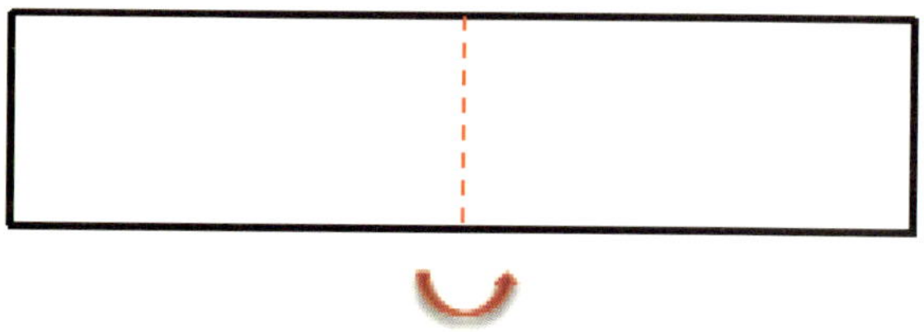

② 将图标露出，整体图面折向内，呈手风琴风箱式。

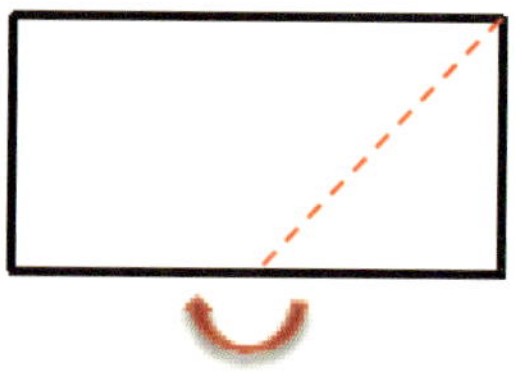

(3) 2 号竣工图图纸折叠方法

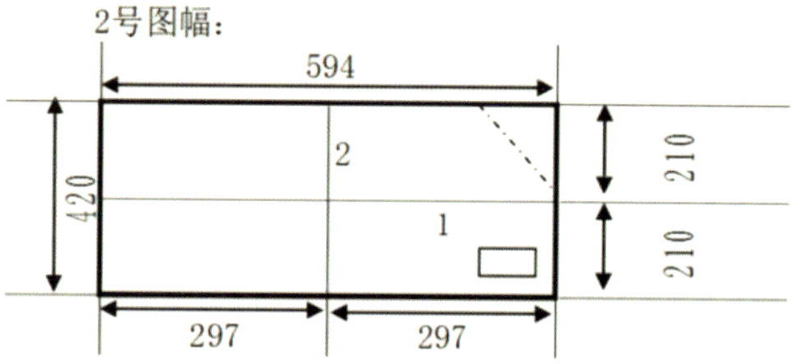

① 沿中间虚线，从上向下进行对折；

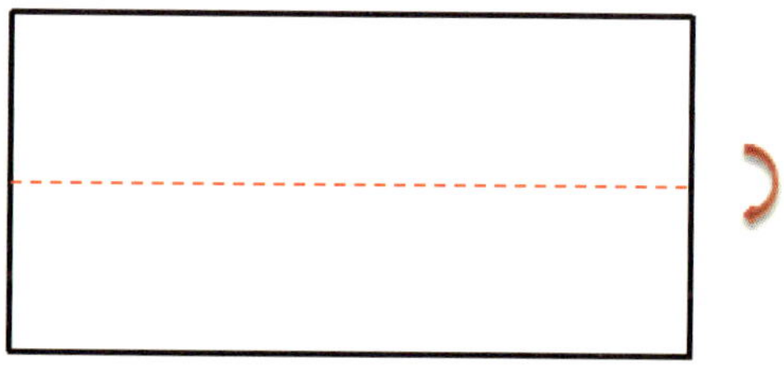

② 沿中间虚线，从左往右进行对折；

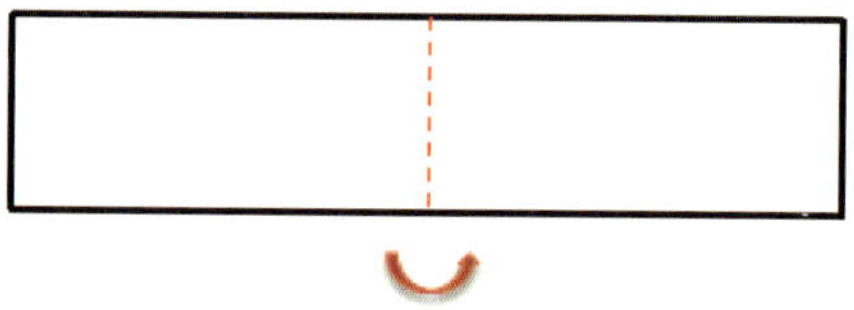

③ 最后将图标露出，整体图面折向内，呈手风琴风箱式。

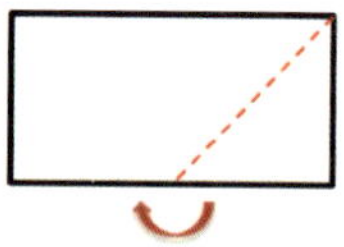

(4) 1 号竣工图图纸折叠方法

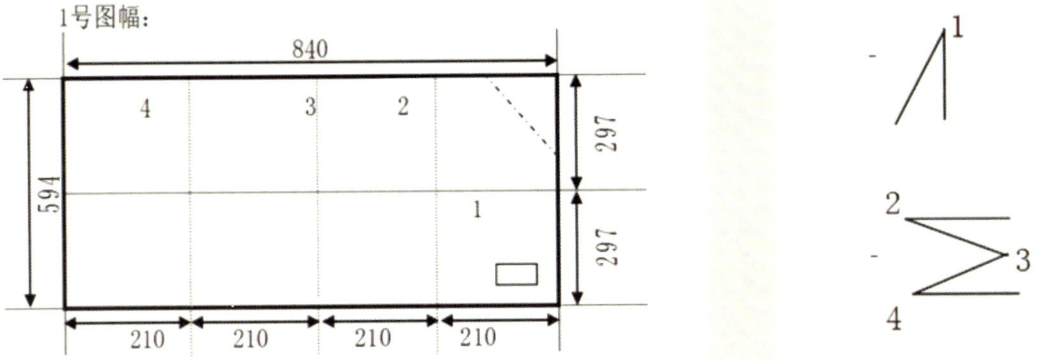

① 沿中间虚线，从上向下进行对折；

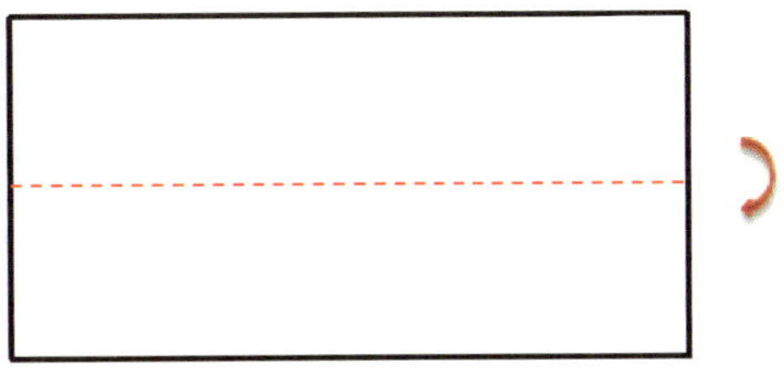

② 借用 A4 图板，依次正反交替进行折叠；

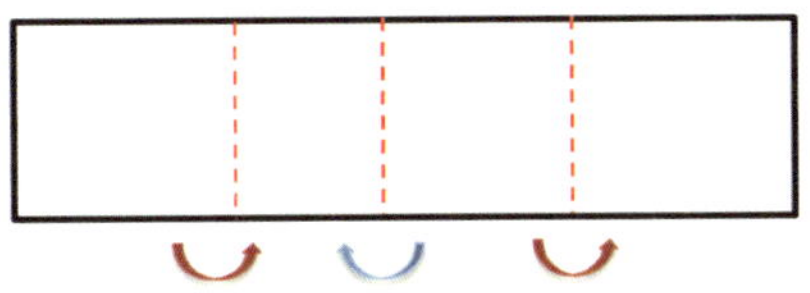

③ 最后将图标露出，整体图面折向内，呈手风琴风箱式。

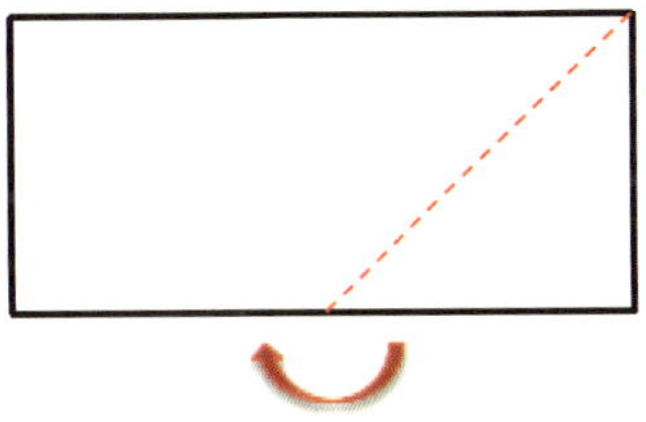

(5) 0 号竣工图图纸折叠方法

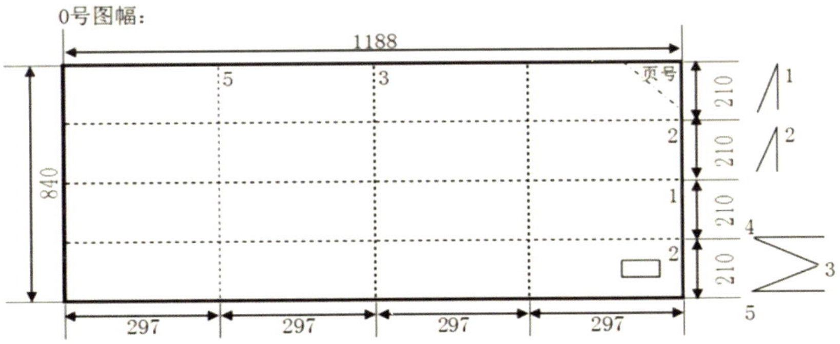

① 沿中间虚线，从上向下进行对折；

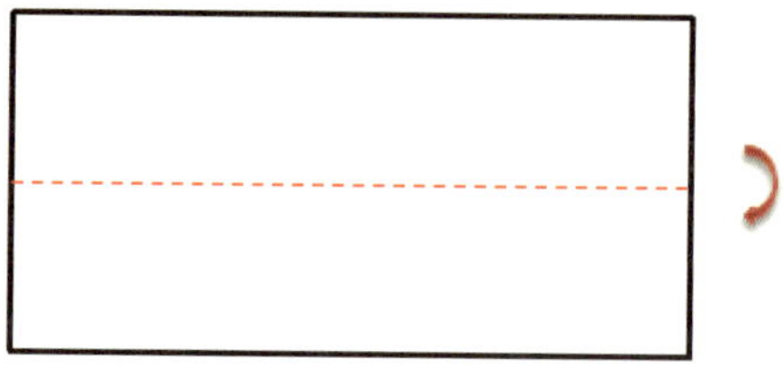

② 沿中间虚线，从上向下再次对折；

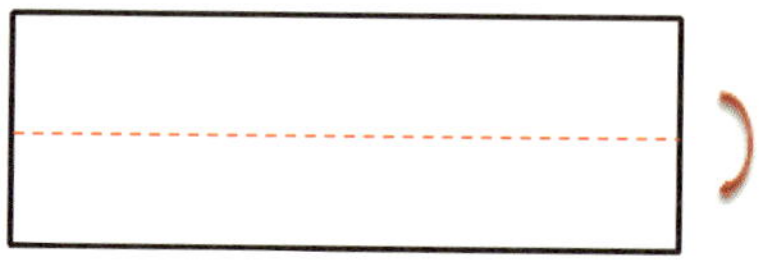

③ 沿中间虚线，从左往右对折，再依次正反交替进行对折；

④ 最后将图标露出，整体图面折向内，呈手风琴风箱式。

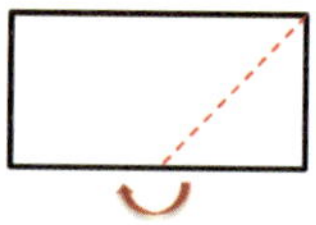

六、课后作业

选择题

1. 施工图结构有重大改变时，绘制竣工图应选用的方法是（　　）。

A. 叉改法　　B. 杠改法　　C. 圈改法　　D. 重新绘制

2. 施工图的平面布置重大改变时，绘制竣工图应选用的方法是（　　）。

A. 叉改法　　B. 杠改法　　C. 圈改法　　D. 重新绘制

3. 施工图的施工工艺有重大改变时，绘制竣工图应选用的方法是（　　）。

A. 叉改法　　B. 杠改法　　C. 圈改法　　D. 重新绘制

判断题

1. 竣工图的比例应与原施工图一致。 （ ）

2. 由一个施工单位总承包的建设项目，各分包施工单位的竣工图，应由各分包单位指定专人编制。 （ ）

3. 总包的施工单位除负责编制自身范围内的竣工图外，还应当负责各分包单位竣工图的汇总整理。 （ ）

实操题

根据案例背景，完成以下竣工图修改与图纸折叠。

1. 根据 2021 年 10 月 15 日技术核定单 JZ1001 规定，图中室内明沟中面层由 15 厚 1：2 水泥砂浆粉面改为 20 厚 1：2 混合砂浆粉面，请选择合适的方法完成竣工图的绘制。

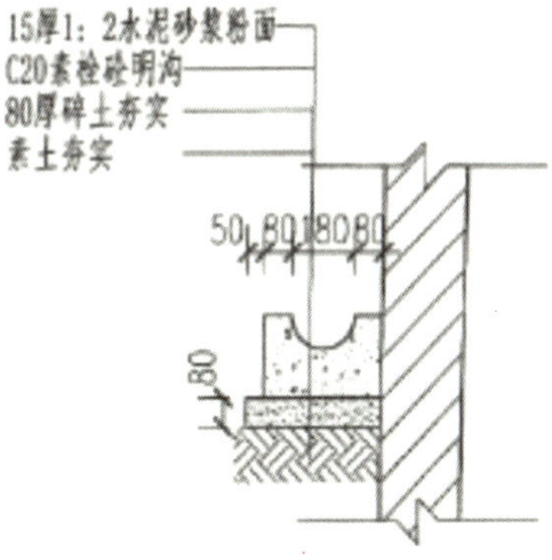

室内明沟1:25

2. 根据竣工图折叠要求，完成不同型号图纸的折叠。

【效果评价】

工作任务学习评价单

编号：任务（四）— 01

<table>
<tr><td colspan="9">竣工验收资料收集和整理</td></tr>
<tr><td>班级</td><td></td><td>姓名</td><td colspan="2"></td><td>学号</td><td></td><td>总评</td><td></td></tr>
<tr><td rowspan="2">职业能力 1</td><td colspan="6" rowspan="2">会编制修改竣工图与折叠图纸</td><td>学时</td><td></td></tr>
<tr><td>评价学时</td><td></td></tr>
<tr><td>考核项目</td><td>考核内容及要求</td><td>分值</td><td>学生自评（10%）</td><td>小组评分（20%）</td><td>教师评分（70%）</td><td>实得分</td></tr>
<tr><td rowspan="3">编制修改竣工图与图纸折叠（70 分）</td><td>熟知竣工图的概念与规定及竣工图与施工图的区别</td><td>20</td><td></td><td></td><td></td><td></td></tr>
<tr><td>掌握由施工图改绘竣工图的修改方法</td><td>25</td><td></td><td></td><td></td><td></td></tr>
<tr><td>掌握不同型号图纸的折叠方法</td><td>25</td><td></td><td></td><td></td><td></td></tr>
<tr><td>学习态度（10 分）</td><td>上课认真听讲，积极参与讨论，认真完成任务</td><td>10</td><td></td><td></td><td></td><td></td></tr>
<tr><td>完成时间（10 分）</td><td>能在规定时间内完成任务</td><td>10</td><td></td><td></td><td></td><td></td></tr>
<tr><td>合作性（10 分）</td><td>积极参与组内各项任务，善于协调与沟通</td><td>10</td><td></td><td></td><td></td><td></td></tr>
<tr><td colspan="2">总计</td><td>100</td><td></td><td></td><td></td><td></td></tr>
<tr><td rowspan="2">评价评语</td><td colspan="6"></td></tr>
<tr><td>教师签字：</td><td>第　　组</td><td colspan="2">组长签字：</td><td colspan="2">日期：</td></tr>
</table>

职业能力 2：能完成建筑工程项目资料管理组卷和归档

一、任务引入

2019 年，S 市厂房发生局部坍塌，造成 12 人死亡，10 人重伤，3 人轻伤，直接经济损失约 3430 万元。

发生原因：本身厂房 1 层承重砖墙（柱）出现承载力不足的情况，但此项目因未设置专职资料员进行资料管理，导致部分工程人员擅自更改资料、替换资料，为了通过检验，臆造记录数据或出具虚假检测（试验）报告，导致施工过程中未采取维持墙体稳定的措施，使南侧承重墙在改造施工过程中承载力和稳定性进一步降低，施工时承重砖墙（柱）瞬间失稳后部分厂房结构连锁坍塌，导致群死群伤事件。

主要教训：一是企业工程项目资料管理混乱，未设置专职的资料员。施工员、质量员兼做资料员，人员比例严重失调。二是工程资料数据造假，为质量和安全埋下隐患。

由此可以看出建筑工程资料管理的重要性。那么如何才能避免项目资料管理混乱呢？让我们来学习建筑工程项目资料管理组卷和归档的相关要求和填写。

二、学习目标

1. 了解建筑工程项目资料（文件）管理要求。
2. 学会工程资料与工程档案的区别。
3. 学会卷内目录填写要求。
4. 掌握工程文件的分类、组卷、归档要求。
5. 能根据工程文件进行分类、组卷。

三、能力目标

- 能根据工程案例填写卷内目录。

四、基本知识

多年来，在全国各地建筑市场的检查过程中，经常会发现，各地工程资料管理比较混乱。在需要资料支持的时候经常无处可查，给建设带来不便。建筑工程项目资料贯穿工程建设的全过程，与工程质量有着密不可分的关系。一套完整的建筑工程项目资料，需要在工程项目建设的各个阶段，逐渐积累，逐步形成。

根据《“十四五”建筑业发展规划》指出：要求我们要严格执行建筑工程项目资料管理，注重全面落实运用信息化手段，实现部品部件、生产质量等可追溯管理，同时加强建筑市场信用体系建设，深化全面记录建筑市场各方主体信用行为。实施城市更新行动，推进新型城镇化建设期，加快建筑业转型发展。为开启全面建设社会主义现代化国家新征程奠定坚实基础。

（一）建筑工程项目资料（文件）

在工程建设过程中形成的各种形式的信息记录经整理、汇编形成的文件，统称为建筑工程项目资料（文件），简称工程资料（文件）。包括前期可行性研究文件、设计文件、监理文件、施工文件、科研文件、竣工文件和竣工图。

（二）建筑工程项目资料（文件）的作用

工程资料应与建筑工程建设过程同步形成，并应真实地反映建筑工程的建设情况和实体质量。工程资料的作用具体体现如下：

1. 体现了工程实体质量状况，以及项目过程管理与全面控制情况，工程资料对工程质量具有否决权。

2. 体现了项目对建设工程法律、法规、标准、规范，特别是强制性标准的执行情况。

3. 充分体现建筑企业自身的综合管理水平。

4. 规范管理人员、操作人员的工作意识与行为。

5. 为建设管理者做决策提供准确、直接的工程信息。

6. 为明确建设工程质量责任提供真实有效的法律凭证。

7. 为城市基础设施建设，以及现有工程新建、扩建、改建、维修、管理提供翔实依据。

（8）通过资料或数据的统计、计算、分析等，及时发现处理并解决问题。

通过它的作用，我们可以看出它的重要性，因此，无论是参与新建、改建，还是扩建的建设、勘察、设计、监理和施工的单位，均应做好工程资料的管理工作。

（三）建筑工程项目资料（文件）的组成

建筑工程项目资料（文件）是按照文件资料的来源、类别、形成的先后顺序及收集和整理单位的不同来进行分类的，便于资料的收集、整理、组卷。从总体上将全部资料划分为五大类。

1. 工程准备阶段文件

工程开工以前，在立项、审批、征地、勘察、设计、招投标等工程准备阶段形成的文件。

类别	归档文件	保存单位				
		建设单位	设计单位	施工单位	监理单位	城建档案馆
工程准备阶段文件（A 类）						
A1	立项文件					
1	项目建议书批复文件及项目建议书	▲				▲
2	可行性研究报告批复文件及可行性研究报告	▲				▲
3	专家论证意见、项目评估文件	▲				▲
4	有关立项的会议纪要、领导批示	▲				▲
A2	建设用地、拆迁文件					
1	选址申请及选址规划意见通知书	▲				▲
2	建设用地批准书	▲				▲
3	拆迁安置意见、协议、方案等	▲				△
4	建设用地规划许可证及其附件	▲				▲
5	土地使用证明文件及其附件	▲				▲
6	建设用地钉桩通知单	▲				▲
A3	勘察、设计文件					
1	工程地址勘察报告	▲	▲			▲
2	水文地质勘察报告	▲	▲			▲
3	初步设计文件（说明书）	▲	▲			
4	设计方案审查意见	▲	▲			▲
5	人防、环保、消防等有关主管部门（对设计方案）审查意见	▲	▲			▲
6	设计计算书	▲	▲			△
7	施工图设计文件审查意见	▲	▲			▲
8	节能设计备案文件	▲				▲

续表

A4	招投标文件					
1	勘察、设计招投标文件	▲	▲			
2	勘察、设计合同	▲	▲			▲
3	施工招投标文件	▲		▲	△	
4	施工合同	▲		▲	△	▲
5	工程监理招投标文件	▲			▲	
6	监理合同	▲			▲	▲
A5	开工审批文件					
1	建设工程规划许可证及其附件	▲		△	△	▲
2	建设工程施工许可证	▲		▲	▲	▲
A6	工程造价文件					
1	工程投资估算材料	▲				
2	工程设计概算材料	▲				
3	招标控制价格文件	▲				
4	合同价格文件	▲		▲		△
5	结算价格文件	▲		▲		△
A7	工程建设基本信息					
1	工程概况信息表	▲		△		▲
2	建设单位工程项目负责人及现场管理人员名册	▲				▲
3	监理单位工程项目总监及监理人员名册	▲			▲	▲
4	施工单位工程项目经理及质量管理人员名册	▲		▲		▲

注：表中符号“▲”表示必须归档保存，“△”表示选择性归档保存。

2. 监理文件

监理单位在工程设计、施工等监理过程中形成的文件。包括监理管理资料、进度控制文件、质量控制文件、造价控制文件、工期管理文件、监理验收文件资料等。

类别	归档文件	保存单位				
		建设单位	设计单位	施工单位	监理单位	城建档案馆
	监理文件（B 类）					
B1	监理管理文件					
1	监理规划	▲			▲	▲
2	监理实施细则	▲		△	▲	▲
3	监理月报	△			▲	
4	监理会议纪要	▲		△	▲	
5	监理工作日志				▲	

续表

6	监理工作总结				▲	▲
7	工作联系单	▲		△	△	
8	监理工程师通知	▲		△	△	△
9	监理工程师通知回复单	▲		△	△	△
10	工程暂停令	▲		△	△	▲
11	工程复工报审表	▲		▲	▲	▲
B2	进度控制文件					
1	工程开工报审表	▲		▲	▲	▲
2	施工进度计划报审表	▲		△	△	
B3	质量控制文件					
1	质量事故报告及处理资料	▲		▲	▲	▲
2	旁站监理记录	△		△	▲	
3	见证取样和送检人员备案表	▲		▲	▲	
4	见证记录	▲		▲	▲	
5	工程技术文件报审表			△		
B4	造价控制文件					
1	工程款支付	▲		△	△	
2	工程款支付证书	▲		△	△	
3	工程变更费用报审表	▲		△	△	
4	费用索赔申请表	▲		△	△	
5	费用索赔审批表	▲		△	△	
B5	工期管理文件					
1	工程延期申请表	▲		▲	▲	▲
2	工程延期审批表	▲			▲	▲
B6	监理验收文件					
1	竣工移交证书	▲		▲	▲	▲
2	监理资料移交书	▲			▲	

注：表中符号“▲”表示必须归档保存，“△”表示选择性归档保存。

3. 施工文件

施工资料是指施工单位在工程施工过程中形成的全部资料，按其性质可分为施工管理文件、施工技术文件、施工进度造价文件、施工物资出场质量证明及进场检测文件、施工记录文件、施工试验记录及检测文件、施工质量验收文件、施工竣工验收文件等。

类别	归档文件	保存单位				
		建设单位	设计单位	施工单位	监理单位	城建档案馆
施工文件（C 类）						

续表

C1	**施工管理文件**					
1	工程概况表	▲		▲	▲	△
2	施工现场质量管理检查记录			△	△	
3	企业资质证书及相关专业人员岗位证书	△		△	△	△
4	分包单位资质报审表	▲		▲	▲	
5	建设单位质量事故勘查记录	▲		▲	▲	▲
6	建设工程质量事故报告书	▲		▲	▲	▲
7	施工检测计划	△		△	△	
8	见证试验检测汇总表	▲		▲	▲	▲
9	施工日志			▲		
C2	**施工技术文件**					
1	工程技术文件报审表	△		△	△	
2	施工组织设计及施工方案	△		△	△	△
3	危险性较大分部分项工程施工方案	△		△	△	△
4	技术交底记录	△		△		
5	图纸会审记录	▲	▲	▲	▲	▲
6	设计变更通知单	▲	▲	▲	▲	▲
7	工程洽商记录（技术核定单）	▲	▲	▲	▲	▲
C3	**进度造价文件**					
1	工程开工报审表	▲	▲	▲	▲	▲
2	工程复工报审表	▲	▲	▲	▲	▲
3	施工进度计划报审表			△	△	
4	施工进度计划			△	△	
5	人、机、料动态表			△	△	
6	工程延期申请表	▲		▲	▲	▲
7	工程款支付申请表	▲		△	△	
8	工程变更费用报审表	▲		△	△	
9	费用索赔申请表	▲		△	△	
C4	**施工物资出厂质量证明及进场检测文件**					
	出厂质量证明文件及检测报告					
1	砂、石、砖、水泥、钢筋、隔热保温、防腐材料、轻集料出厂证明文件	▲		▲	▲	△
2	其他物资出厂合格证、质量保证书、检测报告和报关单或商检证等	△		▲	△	
3	材料、设备的相关检验报告、型式检测报告、3C 强制认证合格证书或 3C 标志	△		▲	△	
4	主要设备、器具的安装使用说明书	▲		▲	△	

续表

5	进口的主要材料设备的商检证明文件	△		▲		
6	涉及消防、安全、卫生、环保、节能的材料、设备的检测报告或法定机构出具的有效证明文件	▲		▲	▲	△
7	其他施工物资产品合格证、出厂检验报告					
	进场检验通用表格					
1	材料、构配件进场检验记录			△	△	
2	设备开箱检验记录			△	△	
3	设备及管道附件试验记录	▲		▲	△	
	进场复试报告					
1	钢材试验报告	▲		▲	▲	▲
2	水泥试验报告	▲		▲	▲	▲
3	砂试验报告	▲		▲	▲	▲
4	碎（卵）石试验报告	▲		▲	▲	▲
5	外加剂试验报告	△		▲	▲	▲
6	防水涂料试验报告	▲		▲	△	
7	防水卷材试验报告	▲		▲	△	
8	砖（砌块）试验报告	▲		▲	▲	▲
9	预应力筋复试报告	▲		▲	▲	▲
10	预应力锚具、夹具和连接器复试报告	▲		▲	▲	▲
11	装饰装修用门窗复试报告	▲		▲	△	
12	装饰装修用人造木板复试报告	▲		▲	△	
13	装饰装修用花岗石复试报告	▲		▲	△	
14	装饰装修用安全玻璃复试报告	▲		▲	△	
15	装饰装修用外墙面砖复试报告	▲		▲	△	
16	钢结构用钢材复试报告	▲		▲	▲	▲
17	钢结构用防火涂料复试报告	▲		▲	▲	▲
18	钢结构用焊接材料复试报告	▲		▲	▲	▲
19	钢结构用高强度大六角头螺栓连接副复试报告	▲		▲	▲	▲
20	钢结构用扭剪型高强螺栓连接副复试报告	▲		▲	▲	▲
21	幕墙用铝塑板、石材、玻璃、结构胶复试报告	▲		▲	▲	▲
22	散热器、供暖系统保温材料、通风与空调工程绝热材料、风机盘管机组、低压配电系统电缆的见证取样复试报告	▲		▲	▲	▲
23	节能工程材料复试报告	▲		▲	▲	▲
24	其他物资进场复试报告					
C5	**施工记录文件**					
1	隐蔽工程验收记录	▲		▲	▲	▲

续表

2	施工检查记录			△		
3	交接检查记录			△		
4	工程定位测量记录	▲		▲	▲	▲
5	基槽验线记录	▲		▲	▲	▲
6	楼层平面放线记录			△	△	△
7	楼层标高抄测记录			△	△	△
8	建筑物垂直度、标高观测记录	▲		▲	△	△
9	沉降观测记录	▲		▲	△	▲
10	基坑支护水平位移监测记录			△	△	
11	桩基、支护测量放线记录			△	△	
12	地基验槽记录	▲	▲	▲	▲	▲
13	地基钎探记录	▲		△	△	▲
14	混凝土浇灌申请书			△	△	
15	预拌混凝土运输单			△		
16	混凝土开盘鉴定			△	△	
17	混凝土拆模申请单			△	△	
18	混凝土预拌测温记录			△		
19	混凝土养护测温记录			△		
20	大体积混凝土养护测温记录			△		
21	大型构件吊装记录	▲		△	△	▲
22	焊接材料烘焙记录			△		
23	地下工程防水效果检查记录	▲		△	△	
24	防水工程试水检查记录	▲		△	△	
25	通风（烟）道、垃圾道检查记录	▲		△	△	
26	预应力筋张拉记录	▲		▲	△	▲
27	有黏结预应力结构灌浆记录	▲		▲	△	▲
28	钢结构施工记录	▲		▲	△	
29	网架（索膜）施工记录	▲		▲	△	▲
30	木结构施工记录	▲		▲	△	
31	幕墙注胶检查记录	▲		▲	△	
32	自动扶梯、自动人行道的相邻区域检查记录	▲		▲	△	
33	电梯电气装置安装检查记录	▲		▲	△	
34	自动扶梯、自动人行道电气装置检查记录	▲		▲	△	
35	自动扶梯、自动人行道整机安装质量检查记录	▲		▲	△	
36	其他施工记录文件					
C6	**施工试验记录及检测文件**					
	通用表格					

续表

1	设备单机试运转记录	▲		▲	△	△
2	系统试运转调试记录	▲		▲	△	△
3	接地电阻测试记录	▲		▲	△	△
4	绝缘电阻测试记录	▲		▲	△	△
	建筑与结构工程					
1	锚杆试验报告	▲		▲	△	△
2	地基承载力检验报告	▲		▲	△	▲
3	桩基检测报告	▲		▲	△	▲
4	土工击实试验报告	▲		▲	△	▲
5	回填土试验报告（应附图）	▲		▲	△	▲
6	钢筋机械连接试验报告	▲		▲	△	△
7	钢筋焊接连接试验报告	▲		▲	△	△
8	砂浆配合比申请书、通知单			△	△	△
9	砂浆抗压强度试验报告	▲		▲	△	▲
10	砌筑砂浆试块强度统计、评定记录	▲		▲		△
11	混凝土配合比申请书、通知单	▲		△	△	△
12	混凝土抗压强度试验报告	▲		▲	△	▲
13	混凝土试块强度统计、评定记录	▲		▲	△	△
14	混凝土抗渗试验报告	▲		▲	△	△
15	砂、石、水泥放射性指标报告	▲		▲	△	△
16	混凝土碱总量计算书	▲		▲	△	△
17	外墙饰面砖样板黏结强度试验报告	▲		▲	△	△
18	后置埋件抗拔试验报告	▲		▲	△	△
19	超声波探伤报告、探伤记录	▲		▲	△	△
20	钢构件射线探伤报告	▲		▲	△	△
21	磁粉探伤报告	▲		▲	△	△
22	高强度螺栓抗滑移系数检测报告	▲		▲	△	△
23	钢结构焊接工艺评定			△	△	△
24	网架节点承载力试验报告	▲		▲	△	△
25	钢结构防腐、防火涂料厚度检测报告	▲		▲	△	△
26	木结构胶缝试验报告	▲		▲	△	
27	木结构构件力学性能试验报告	▲		▲	△	△
28	木结构防护剂试验报告	▲		▲	△	△
29	拉断试验报告	▲		▲	△	△
30	幕墙的抗风压性能、空气渗透性能、雨水渗透性能及平面内变透性能检测报告	▲		▲	△	△
31	外门窗的抗风压性能、空气渗透性能和雨水渗透性能检测报告	▲		▲	△	△

续表

32	墙体节能工程保温板材与基层黏结强度现场拉拔试验	▲		▲	△	△
33	外墙保温浆料同条件养护试件试验报告	▲		▲	△	△
34	结构实体混凝土强度验收记录	▲		▲	△	△
35	结构实体钢筋保护层厚度验收记录	▲		▲	△	△
36	围护结构现场实体检验	▲		▲	△	△
37	室内环境检测报告	▲		▲	△	△
38	节能性能检测报告	▲		▲	△	▲
39	其他建筑与结构施工试验记录与检测文件					
	给水排水及供暖工程					
1	灌（满）水试验记录	▲		△	△	
2	强度严密性试验记录	▲		▲	△	△
3	通水试验记录	▲		△	△	
4	冲（吹）洗试验记录	▲		▲	△	
5	通球试验记录	▲		△	△	
6	补偿器安装记录			△	△	
7	消火栓试射记录	▲		▲	△	
8	安全附件安装检查记录			▲	△	
9	锅炉烘炉试验记录			▲	△	
10	锅炉煮炉试验记录			▲	△	
11	锅炉试运行记录	▲		▲	△	
12	安全阀定压合格证书	▲		▲	△	
13	自动喷水灭火系统联动试验记录	▲		▲	△	△
14	其他给水排水及供暖施工试验记录与检测文件					
	建筑电气工程					
1	电气接地装置平面示意图表	▲		▲	△	△
2	电气器具通电安全检查记录	▲		△	△	
3	电气设备空载试运行记录	▲		▲	△	△
4	建筑物照明通电试运行记录	▲		▲	△	△
5	大型照明灯具承载试验记录	▲		▲	△	
6	漏电开关模拟试验记录	▲		▲	△	
7	大容量电气线路结点测温记录	▲		▲	△	
8	低压配电电源质量测试记录	▲		▲	△	
9	建筑物照明系统照度测试记录	▲		△	△	
10	其他建筑电气施工试验记录与检测文件					
	智能建筑工程					
1	综合布线测试记录	▲		▲	△	△
2	光纤损耗测试记录	▲		▲	△	△

续表

3	视频系统末端测试记录	▲		▲	△	△
4	子系统检测记录	▲		▲	△	△
5	系统试运行记录	▲		▲	△	△
6	其他智能建筑施工试验记录与检测文件					
	通风与空调工程					
1	风管漏光检测记录	▲		△	△	
2	风管漏风检测记录	▲		▲	△	
3	现场组装除尘器、空调机漏风检测记录			△	△	
4	各房间室内风量测量记录	▲		△	△	
5	管网风量平衡记录	▲		△	△	
6	空调系统试运转调试记录	▲		▲	△	△
7	空调水系统试运转调试记录	▲		▲	△	△
8	制冷系统气密性试验记录	▲		▲	△	△
9	净化空调系统检测记录	▲		▲	△	△
10	防排烟系统联合试运行记录	▲		▲	△	△
11	其他通风与空调施工试验记录与检测文件					
	电梯工程					
1	轿厢平层准确度测量记录	▲		△	△	
2	电梯层门安全装置检测记录	▲		▲	△	
3	电梯电气安全装置检测记录	▲		▲	△	
4	电梯整机功能检测记录	▲		▲	△	
5	电梯主要功能检测记录	▲		▲	△	
6	电梯负荷运行试验记录	▲		▲	△	△
7	电梯负荷运行试验曲线图表	▲		▲	△	
8	电梯噪声测试记录	△		△	△	
9	自动扶梯、自动人行道安全装置检测记录	▲		▲	△	
10	自动扶梯、自动人行道整机性能、运行试验记录	▲		▲	△	△
11	其他电梯施工试验记录与检测文件					
C7	**施工质量验收文件**					
1	检验批质量验收记录	▲		△	△	
2	分项工程质量验收记录	▲		▲	▲	
3	分部（子分部）工程质量验收记录	▲		▲	▲	▲
4	建筑节能分部工程质量验收记录	▲		▲	▲	▲
5	自动喷水系统验收缺陷项目划分记录	▲		△	△	
6	程控电话交换系统分项工程质量验收记录	▲		▲	△	
7	会议电视系统分项工程质量验收记录	▲		▲	△	
8	卫星数字电视系统分项工程质量验收记录	▲		▲	△	

续表

9	有线电视系统分项工程质量验收记录	▲		▲	△	
10	公共广播与紧急广播系统分项工程质量验收记录	▲		▲	△	
11	计算机网络系统分项工程质量验收记录	▲		▲	△	
12	应用软件系统分项工程质量验收记录	▲		▲	△	
13	网络安全系统分项工程质量验收记录	▲		▲	△	
14	空调与通风系统分项工程质量验收记录	▲		▲	△	
15	变配电系统分项工程质量验收记录	▲		▲	△	
16	公共照明系统分项工程质量验收记录	▲		▲	△	
17	给水排水系统分项工程质量验收记录	▲		▲	△	
18	热源和热交换系统分项工程质量验收记录	▲		▲	△	
19	冷冻和冷却水系统分项工程质量验收记录	▲		▲	△	
20	电梯和自动扶梯系统分项工程质量验收记录	▲		▲	△	
21	数据通信接口分项工程质量验收记录	▲		▲	△	
22	中央管理工作站及操作分站分项工程质量验收记录	▲		▲	△	
23	系统实时性、可维护性、可靠性分项工程质量验收记录	▲		▲	△	
24	现场设备安装及检测分项工程质量验收记录	▲		▲	△	
25	火灾自动报警及消防联动系统分项工程质量验收记录	▲		▲	△	
26	综合防范功能分项工程质量验收记录	▲		▲	△	
27	视频安防监控系统分项工程质量验收记录	▲		▲	△	
28	入侵报警系统分项工程质量验收记录	▲		▲	△	
29	出入口控制（门禁）系统分项工程质量验收记录	▲		▲	△	
30	巡更管理系统分项工程质量验收记录	▲		▲	△	
31	停车场（库）管理系统分项工程质量验收记录	▲		▲	△	
32	安全防范综合管理系统分项工程质量验收记录	▲		▲	△	
33	综合布线系统安装分项工程质量验收记录	▲		▲	△	
34	综合布线系统性能检测分项工程质量验收记录	▲		▲	△	
35	系统集成网络连接分项工程质量验收记录	▲		▲	△	
36	系统数据集成分项工程质量验收记录	▲		▲	△	
37	系统集成整体协调分项工程质量验收记录					
38	系统集成综合管理及冗余功能分项工程质量验收记录	▲		▲	△	
39	系统集成可维护性和安全性分项工程质量验收记录	▲		▲	△	
40	电源系统分项工程质量验收记录	▲		▲	△	
41	其他施工质量验收文件					

续表

C8	施工验收文件					
1	单位（子单位）工程竣工预验收报验表	▲		▲		▲
2	单位（子单位）工程质量竣工验收记录	▲	△	▲		▲
3	单位（子单位）工程质量控制资料核查记录	▲		▲		▲
4	单位（子单位）工程安全和功能检验资料核查及主要功能抽查记录	▲		▲		▲
5	单位（子单位）工程观感质量检查记录	▲		▲		▲
6	施工资料移交书	▲		▲		▲
7	其他施工验收文件					

注：表中符号“▲”表示必须归档保存，“△”表示选择性归档保存。

4. 竣工图

工程竣工验收后，真实反映建设工程项目施工结果的图样。竣工图资料不分类，包含 12 小项。

类别	归档文件	保存单位				
		建设单位	设计单位	施工单位	监理单位	城建档案馆
竣工图（D 类）						
1	建筑竣工图	▲		▲		▲
2	结构竣工网	▲		▲		▲
3	钢结构竣工图	▲		▲		▲
4	幕墙竣工图	▲		▲		▲
5	室内装饰竣工图	▲		▲		▲
6	建筑给水排水及供暖竣工图	▲		▲		▲
7	建筑电气竣工图	▲		▲		▲
8	智能建筑竣工图	▲		▲		▲
9	通风与空调竣工图	▲		▲		▲
10	室外工程竣工图	▲		▲		▲
11	规划红线内的室外给水、排水、供热、供电、照明管线等竣工图	▲		▲		▲
12	规划红线内的道路、园林绿化、喷灌设施等竣工图	▲		▲		▲

注：表中符号“▲”表示必须归档保存，“△”表示选择性归档保存。

5. 竣工验收文件

建设工程项目竣工验收活动中形成的文件。包含竣工验收与备案文件、竣工决算文件、工程声像资料、其他工程文件等。在每一小类中，再细分若干种文件、资料或者表格。

类别	归档文件	保存单位				
		建设单位	设计单位	施工单位	监理单位	城建档案馆
	工程竣工验收文件（E 类）					
E1	竣工验收与备案文件					
1	勘察单位工程质量检查报告	▲		△	△	▲
2	设计单位工程质量检查报告	▲	▲	△	△	▲
3	施工单位工程竣工报告	▲		▲	△	▲
4	监理单位工程质量评估报告	▲		△	▲	▲
5	工程竣工验收报告	▲	▲	▲	▲	▲
6	工程竣工验收会议纪要	▲	▲	▲	▲	▲
7	专家组竣工验收意见	▲	▲	▲	▲	▲
8	工程竣工验收证书	▲	▲	▲	▲	▲
9	规划、消防、环保、民防、防雷等部门出具的认可文件或准许使用文件	▲	▲	▲	▲	▲
10	房屋建筑工程质量保修书	▲				▲
11	住宅质量保证书、住宅使用说明书	▲		▲		▲
12	建设工程竣工验收备案表	▲	▲	▲	▲	▲
13	建设工程档案预验收意见	▲		△		▲
14	城市建设档案移交书	▲				▲
E2	竣工决算文件					
1	施工决算文件	▲		▲		△
2	监理决算文件	▲			▲	△
E3	工程声像资料等					
1	开工前原貌、施工阶段、竣工新貌照片	▲		△	△	▲
2	工程建设过程的录音、录像资料（重大工程）	▲		△	△	▲
E4	其他工程文件					

注：表中符号“▲”表示必须归档保存，“△”表示选择性归档保存。

（四）建筑工程资料的编号

1. 类别编号

各大类的编号：分别用大写的英文字母 A、B、C、D、E 来表示建设单位的文件资料、监理单位的文件资料、施工单位的文件、竣工图资料、工程竣工验收文件资料，即分别编为 A 类、B 类、C 类、D 类、E 类。

工程准备阶段文件（A 类）
监理文件（B 类）
施工文件（C 类）
竣工图（D 类）
工程竣工验收文件（E 类）

各小类的编号：对于 A 类资料中所含的 7 小类资料，分别按照 A1、A2、A3、A4、A5、A6、A7 的顺序来依次排列编号；B 类资料中所含的 6 小类资料，分别按照 B1、B2、B3、B4、B5、B6 的顺序来依次排列编号；C 类资料中所含的 8 小类资料，分别按照 C1、C2、C3、C4、C5、C6、C7、C8 的顺序来依次排列编号；D 类资料中所含的 1 小类资料：D1；E 类资料中所含的 4 小类资料，分别按照 E1、E2、E3、E4 的顺序来依次排列编号。

2. 施工资料的编号

在五大类资料中最复杂的是施工资料，施工资料编号应填入右上角的编号栏。

（1）7 位编号填写

通常情况下，资料编号应为 7 位编号，由分部工程代号 (2 位)、资料类别编号 (2 位) 和顺序号 (3 位) 组成，每部分之间用横线隔开。关于分部 (子分部) 工程代号规定应参考《建筑工程施工质量验收统一标准》(GB50300 — 2013) 的分部 (子分部) 工程划分原则与国家质量验收推荐表格编码要求。

序号	分部工程名称	分部工程代号	应单独组卷的子分部	应单独组卷的子分部代号
1	地基与基础	01	基础	02
			基坑支护	03
			地下水控制	04
			土方	05
2	主体结构	02	混凝土结构	01
			钢管混凝土结构	04
			型钢混凝土结构	05
			铝合金结构	06

续表

3	建筑装饰装修	03	幕墙	09
4	屋面	04	基层与保护	01
5	建筑给水排水及采暖	05	热源及辅助设备	13
6	通风与空调	06	排风系统	02
7	建筑电气	07	变配电室	02
8	智能建筑	08	智能化集成系统	01
			用户电话交换系统	03
			信息网络系统	04
			综合布线系统	05
			移动通信室内信号覆盖系统	06
			公共广播系统	09
9	建筑节能	09	围护系统节能	01
10	电梯	10	液压电梯	02

7 位编号形式如下：

XX……XX……XXX

①　②　③　　　　共 7 位编号

①为分部工程代号（2 位），应根据资料所属的分部工程，按表一规定的代号填写。

②为资料的类别编号（2 位），应根据资料所属类别填写。

③为顺序号（3 位），应根据相同表格、相同检查项目，按时间自然形成的先后顺序号填写。

【表格解读】

7 位编号示例，如图所示：

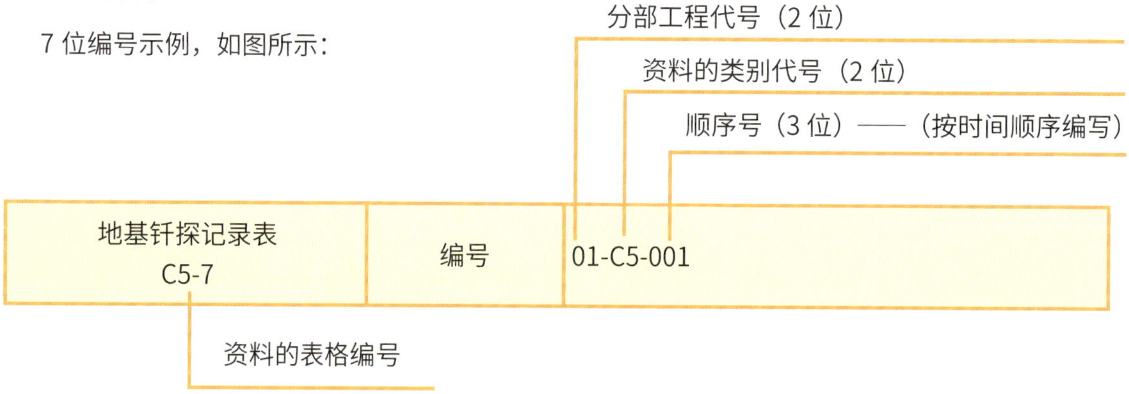

（2）9 位编号填写

对于专业化程度高、施工工艺复杂、技术先进的子分部工程应分别单独组卷。应单独组卷的子分部工程，资料编号应为 9 位编号，由分部工程代号（2 位）、子分部工程代号（2 位）、资料的类别编号（2 位）和顺序号（3 位）组成，每部分之间用横线隔开。

9 位编号形式如下：

XX……XX……XX……XXX　　共 9 位编号

①　②　③　④

①为分部工程代号（2 位），应根据资料所属的分部工程，按规定的代号填写。

②为子分部工程代号（2 位），应根据资料所属的子分部工程，按规定的代号填写。

③为资料的类别编号（2 位），应根据资料所属类别编号填写。

④为顺序号（3 位），应根据相同表格、相同检查项目，按时间自然形成的先后顺序号填写。

【表格解读】

9 位编号示例，如图所示：

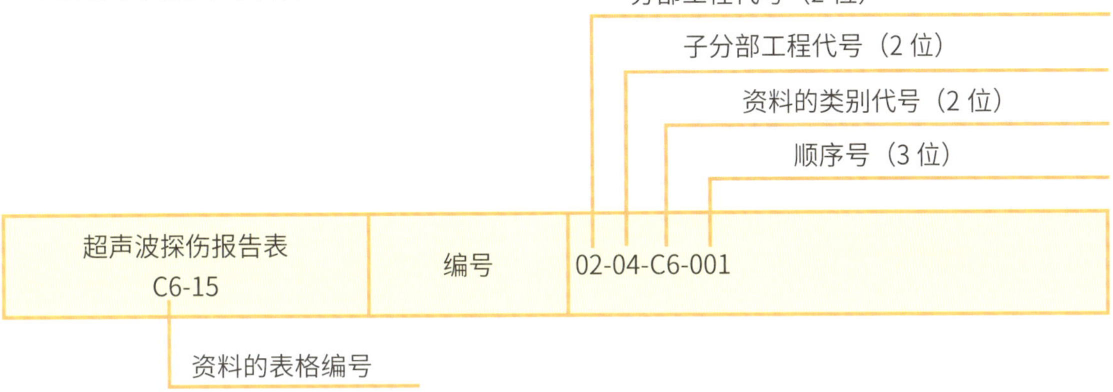

（五）建筑工程资料（文件）归档与质量要求

根据《建设工程文件归档整理规范》（GB/T50328 — 2014）：

1. 归档的工程文件应为原件。当为复印件时，提供单位应在复印件上加盖单位印章，并应有经办人签字及日期。提供单位应对资料的真实性负责。

2. 工程文件的内容及其深度必须符合国家有关工程勘察、设计、施工、监理等方面的技术规范、标准和规程。

3. 工程文件的内容必须真实、准确，与工程实际相符 。

4. 工程文件应采用耐久性强的书写材料，如碳素墨水，不得使用易褪色的书写材料，如红色墨水、纯蓝墨水、圆珠笔、复写纸、铅笔等。

5. 工程文件应字迹清楚，图样清晰，图表整洁，签字盖章手续完备。

6. 工程文件中文字材料幅面尺寸规格宜为 A4，图纸应采用国家标准图幅。

单位：mm

幅面代号	尺寸 BXL
A0	841X1189
A1	594X841
A2	420X604
A3	297X420
A4	210X297

7. 工程文件的纸张应采用能够长期保存的韧性大、耐久性强的纸张。图纸一般采用蓝晒图。竣工图一般为新蓝图。计算机出图必须清晰，不得使用计算机出图的复印件。

8. 所有竣工图均应加盖竣工图章和设计出图专用章。竣工图章的基本内容应包括“竣工图”字样、施工单位、编制人、审核人、技术负责人、编制日期、监理单位、现场监理、总监。尺寸为50mm×80mm。竣工图章就使用不褪色的红印泥，应盖在图标栏上方空白处。

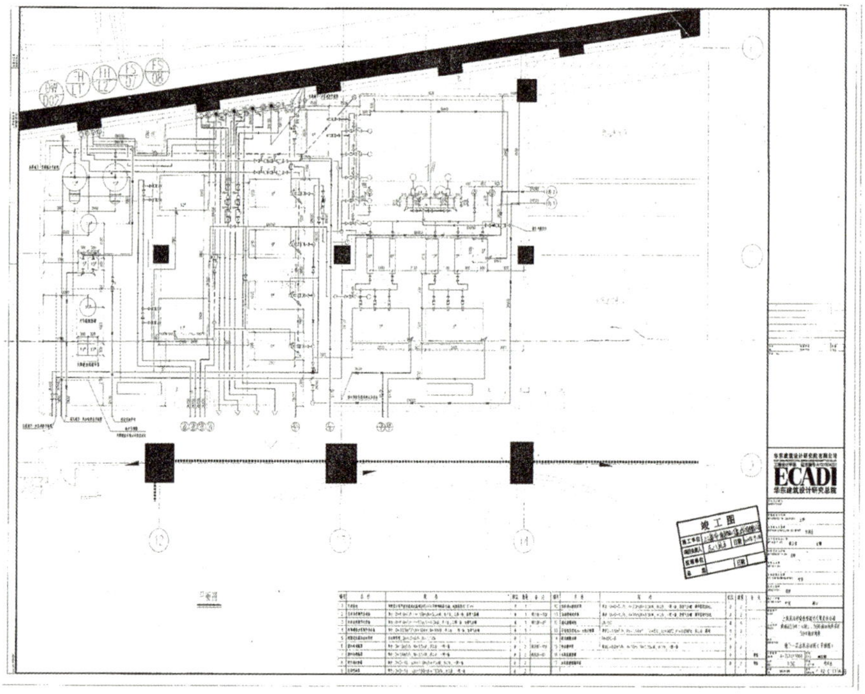

9. 利用施工图改绘竣工图，必须标明变更修改依据，凡施工图结构、工艺平面布置等有重大改变，或变更部分超过图面 1/3 的，应当重新绘制竣工图。

10. 不同幅面的工程图纸应统一折叠面 A4 幅面（297mm×210mm），横向按手风琴式折叠，竖向按顺时针方向内折，图标栏露在外面 [按《技术制图复制图的折叠方法》(GB/10609.3－89）]。

（六）工程资料和工程档案的区别及其载体形式

1. 工程资料和工程档案的区别

工程资料是工程建设从项目的提出、筹备、勘测、设计、施工到竣工投产等过程中形成的文件材料、图纸、图表、计算材料、声像材料等各种形式的信息总和，简称为工程资料。

工程档案是指从工程项目提出、立项、审批、勘察、设计、生产准备、施工、监理、验收等工程建设及工程管理过程形成并应归档保存有价值的文字、表格、声像、图纸等各种载体材料，它是基本建设项目管理工作的重要组成部分。

2. 工程资料常见载体形式

（1）纸质载体：以纸张为基础，在实际工作中应用最多和最普遍的一种载体形式。

（2）缩微品载体：以胶片为基础，利用微缩技术对工程资料进行收集、保存的一种载体形式。

（3）磁性载体：以磁带、磁盘等磁性记忆材料为基础，对实际工程的各种活动声音、图像，以及电子文件、资料等进行收集、保存的一种载体形式。

（4）光盘载体：以光盘为基础，利用现代计算机技术对实际工程的各种活动声音、图像，以及电子文件、资料等进行收集、存储的一种载体形式。

3. 工程档案常见载体形式

工程档案可采用以下三种载体形式：

（1）纸质载体和光盘载体：纸质载体和光盘载体的工程资料应在过程中形成，并进行收集和整理，包括工程音像资料。

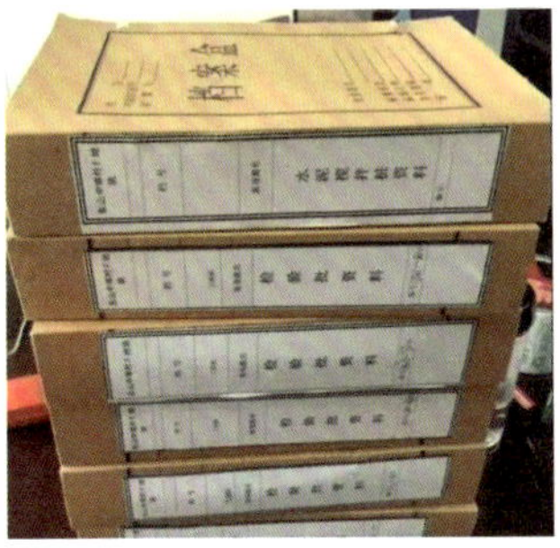

工程档案的载体形式和保管要求

（2）缩微品载体：在纸质载体的工程档案经城建档案馆和有关部门验收合格后，持城建档案馆发给的“准许缩微证明书”进行缩微，证明书包括案卷目录、验收签章、城建档案馆的档号、胶片代数、质量要求等，并将证书缩拍在胶片“片头”上。

报送“缩微制品载体”工程竣工档案的种类和数量，一般要求报送三代片：第一代（母片）卷片 1 套，作长期保存使用；第二代（拷贝片）卷片 1 套，作为复制工作使用；第三代（拷贝片）卷片或者开窗卡片、封套片、平片，作为提供日常利用（阅读或复原）使用。

向城建档案馆移交的缩微卷片、开窗卡片、封套片、平片必须按城建档案馆的要求进行标注。

4. 电子档案保管要求

电子档案保管除应具备纸质档案一般的要求外，还应符合下列条件：

（1）归档载体应做防写处理。不得擦、划、触摸记录涂层。载体应直立存放，做到防尘、防变形。

（2）环境温度选定范围：14℃～24℃；相对湿度选定范围：45%～60%。

（3）存放时应注意远离强磁场，并与有害气体隔离。

（4）电子档案在形成单位的保管，也应参照上述条件。

（5）每满 1 年，对电子档案涉及的形成单位和档案保管部门的设备更新情况进行一次检查登记。

（6）每满 2 年进行一次抽样机读检验。抽样率不低于 10%，如发现问题应及时采取恢复措施。

（7）设备环境更新时应确认库存载体与新设备的兼容性，如不兼容，应进行电子档案的载体转换工作，原载体同时保留时间不少于 3 年。

（8）磁性载体上的电子档案，每 4 年转存一次。原载体同时保留时间不少于 4 年。

（9）定期检验结果应填入电子档案管理登记表。

（七）组卷

由互有联系的若干文件组成的档案保管单位称为案卷。按照一定的原则和方法，将有保存价值的文件分门别类整理成案卷，称为组卷，也称为立卷。

1. 组卷顺序

一个建设项目（工程）内所有的文件和图纸的组卷顺序：

1 工程立项

2 设计文件

3 监理文件

4 施工文件

5 竣工文件

（1）工程立项

主要包括调研报告、项目建议书、立项报告、项目规划书、项目初扩设计书、可行性研究报告、技术经济分析报告等内容。

（2）设计文件

主要包括总平面及总说明、建筑施工图分册、结构施工图分册、给排水施工图分册、电气施工图分册、空调采暖及设备施工图分册、工程概算等内容。

（3）监理文件

主要包括监理资料概述、监理投标文件、监理管理资料、监理工作记录、竣工验收资料、监理工作其他资料、监理资料的管理办法、安全监理资料等内容，应按阶段、单位工程、专业等组卷。

（4）施工文件

主要包括工程管理与验收资料、施工管理资料、施工技术资料、施工测量记录、施工物资资料、施工记录、施工试验记录、施工质量验收记录等内容。应按项目、单位工程、专业等组卷。其中有共性的文件材料可按项目或单位工程集中组卷（隐蔽工程验收单、技术核定单等）。

（5）竣工文件

主要包括工程施工技术资料、工程质量、工程检验评定资料、竣工图，规定的其他应交资料。

2. 组卷原则

按照一定的原则和方法，将具有保存价值的文件分门类整理成案卷，保持卷内文件的有机联系，各案卷之间以一个建设项目（工程）为单位按建设程序及单位工程排列成套。

（1）工程准备阶段文件：可按建设程序、专业、形成单位等组卷。

（2）竣工验收文件：可按单位工程、专业等组卷。应按同一事项先批复后请示，先正文后附件，先文件材料后附图的顺序组卷。

（3）设计文件：应按设计程序、单位工程、专业等组卷。

（4）施工文件：应按项目、单位工程、专业等组卷。其中有共性的文件材料可按项目或单位工程集中组卷（隐蔽工程验收单、技术核定单等）。

（5）监理文件：应按阶段、单位工程、专业等组卷。

（6）竣工图：应按单位工程组卷、单位工程内应按专业组卷。

案卷不宜过厚，文字材料卷厚度一般不超过 20mm，图纸卷厚度不宜超过 50mm。

案卷内不应有重份文件，不同载体的文件应分别组卷。

3. 卷内目录

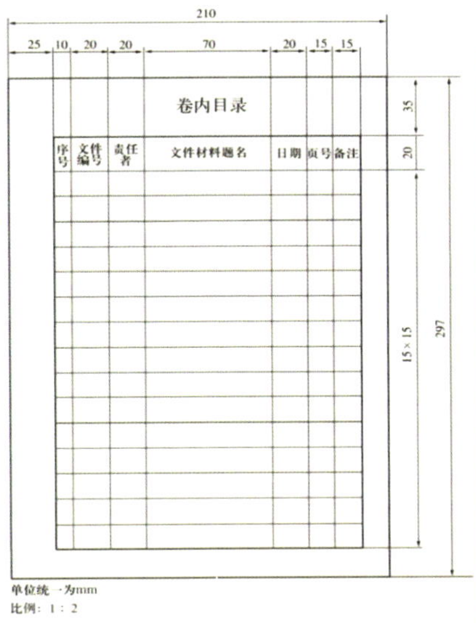

卷内目录的规格尺寸

登录卷内文件题名和其他特征，并固定文件排列次序的表格，排列在卷内文件之前，简称卷内目录。卷内目录由工程准备阶段文件、监理文件、施工文件、竣工图、竣工验收备案文件等部分组成。卷内目录文件的尺寸规格：

卷内目录的作用

在《卷内目录》的使用过程中应注意：

（1）“工程准备阶段文件”（前期法定文件）表的资料由建设单位提供原件，建设单位在收集汇总工程准备阶段文件、监理文件、施工文件、竣工图、竣工备案资料后，向市城市建设和房屋权属档案馆移交。

（2）《卷内目录》备注中有“△”的文件，应单独立卷，城建档案馆不保存，由建设单位及施工单位自行保管。

（3）《卷内目录》中没有列出而在实际施工过程中产生的文件，施工单位应根据文件的内容，在相应的目录表中加写。

（八）案卷封面

案卷封面包括档号、案卷题名、编制单位、起止日期、保管期限、密级（以上由移交单位填写）、共几册第几册等；工程档案案卷封面还应包括档案馆代号、档号、缩微号等（由城建档案馆填写）。常见案卷封面的格式如下：

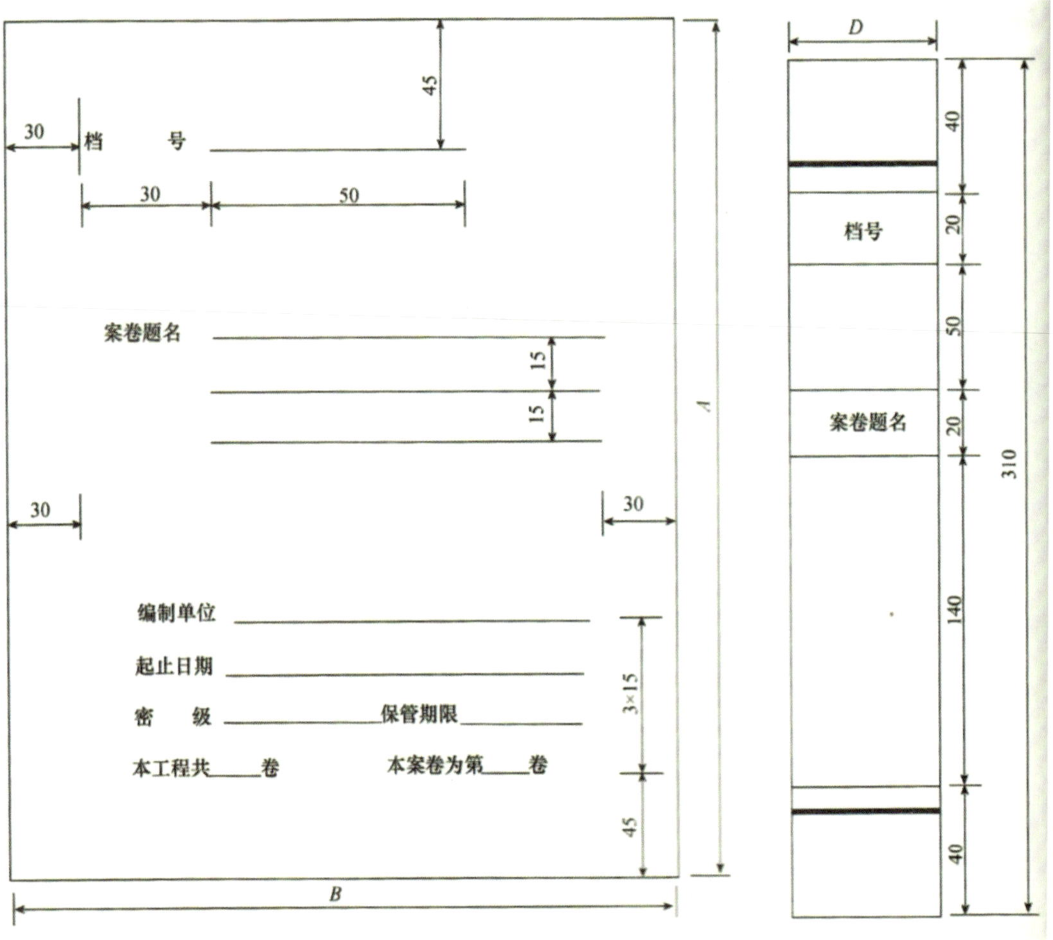

1. 档号应由分类号、项目号和案卷号组成。档号由档案保管单位填写。
2. 案卷题名应简明、准确地揭示卷内文件的内容。
3. 起止日期应填写案卷内全部文件形成的起止日期。
4. 保管期限应根据卷内文件的保存价值分为永久保管、长期保管、短期保管。
5. 密级包括绝密、机密、秘密三个级别。

五、能力操作

（一）操作条件

理解建筑工程项目资料（文件）的作用及重要性，根据《建设工程文件归档规范》（GB/T50328 — 2014）附录 A 和附录 B 的类别和顺序排列，完成卷内目录的填写。

UDC

中华人民共和国国家标准

P　　GB/T 50328—2014

建设工程文件归档规范

Code for putting construction project documents into records

2014-07-13　发布　　2015-05-01　实施

中华人民共和国住房和城乡建设部
中华人民共和国国家质量监督检验检疫总局　联合发布

（二）注意事项

1. 填写的案卷目录应与案卷内容相符，排列在案卷文件材料的首页之前，原文件目录及设计图纸目录不能代替。

2. 文字材料应按事项、专业顺序排列，同一事项的请示与批复、同一文件的印本与定稿、主体与附件不应分开；并应按批复在前、请示在后，印本在前、定稿在后，主体在前、附件在后的顺序排列。

3. 图纸应按专业排列，同专业图纸应按图号顺序排列。

4. 当案卷内既有文字材料又有图纸时，文字材料应排在前面，图纸应排在后面。

（三）操作过程

案例分析：

上海市房地产公司准备建造综合楼，在工程开工前产生了下列文件资料：

1. 上海市房地产公司 2004 年 5 月 8 日沪房〔2004〕16 号文“关于建造综合楼项目建议书的请示”（5 页）。

2. 上海市建委 2004 年 7 月 9 日沪建〔2004〕80 号“关于建造综合楼项目建议书的批复”（2 页）。

3. 上海市房地产公司 2004 年 10 月 15 日沪房〔2004〕20 号“关于建综合楼投资费用的请示”（3 页）。

4. 上海市建委 2004 年 10 月 28 日沪建〔2004〕90 号“关于建综合楼投资费用的批复”（2 页）。

5. 上海市房地产公司 2004 年 4 月 2 日“关于建造综合楼调查报告”（10 页）。

序号	文件编号	责任者	文件材料题名	日期	页号	备注
1		上海市房地产公司	关于建造综合楼调查报告	20040402	001-010	
2	沪建〔2004〕80 号	上海市建委	关于建造综合楼项目建议书的批复	20040709	011-012	
3	沪房〔2004〕16 号文	上海市房地产公司	关于建造综合楼项目建议书的请示	20040508	013-017	
4	如何填写？	如何填写？	如何填写？	如何填写？	如何填写？	
5	如何填写？	如何填写？	如何填写？	如何填写？	如何填写？	

（1）卷内目录序号的填写

按卷内文件排列先后用阿拉伯数字从 1 开始依次标注。

序号	文件编号	责任者
1		上海市房地产公司
2	沪建〔2004〕80 号	上海市建委
3	沪房〔2004〕16 号文	上海市房地产公司
4	如何填写？	如何填写？
5	如何填写？	如何填写？

（2）卷内目录文件编号

填写文件的文号或图纸的图号或设备号、项目代号，无文号或图号等信息可空白。

序号	文件编号	责任者
1		上海市房地产公司
2	沪建〔2004〕80 号	上海市建委
3	沪房〔2004〕16 号文	上海市房地产公司
4	如何填写？	如何填写？
5	如何填写？	如何填写？

（3）责任者

填写文件资料的直接形成单位或主要责任者。

序号	文件编号	责任者
1		上海市房地产公司
2	沪建〔2004〕80 号	上海市建委
3	沪房〔2004〕16 号文	上海市房地产公司
4	如何填写？	如何填写？
5	如何填写？	如何填写？

（4）文件题名

即文字标题或图纸名称的全称，无标题或无相应表格的文件应根据内容拟写标题，拟写标题外应加“[ ]”符号。

文件材料题名	日期	页号
关于建造综合楼调查报告	20040402	001-010
关于建造综合楼项目建议书的批复	20040709	011-012
关于建造综合楼项目建议书的请示	20040508	013-017
如何填写？	如何填写？	如何填写？
如何填写？	如何填写？	如何填写？

（5）日期

资料的形成时间，如文字材料为原文件形成日、汇总表为汇总日期、竣工图为编制日期。用 8 位阿拉伯数字标注，如 2004 年 4 月 2 日，标注为：20040402。文件上未注明日期的资料，编制时应根据内容加以考证后填写。

文件材料题名	日期	页号
关于建造综合楼调查报告	20040402	001-010
关于建造综合楼项目建议书的批复	20040709	011-012
关于建造综合楼项目建议书的请示	20040508	013-017
如何填写？	如何填写？	如何填写？
如何填写？	如何填写？	如何填写？

（6）页号

填写每份文件材料在本案卷内首页的页号或起止页次，如：001-010。

文件材料题名	日期	页号
关于建造综合楼调查报告	20040402	001-010
关于建造综合楼项目建议书的批复	20040709	011-012
关于建造综合楼项目建议书的请示	20040508	013-017
如何填写？	如何填写？	如何填写？
如何填写？	如何填写？	如何填写？

（7）备注

填写需要说明的问题。

日期	页号	备注
20040402	001-010	
20040709	011-012	
20040508	013-017	
如何填写？	如何填写？	
如何填写？	如何填写？	

思考：现在请你想想为什么是按照这样排列序号，【?】的地方应该怎么填呢?

序号	文件编号	责任者	文件材料题名	日期	页号	备注
1		上海市房地产公司	关于建造综合楼调查报告	20040402	001-010	
2	沪建〔2004〕80 号	上海市建委	关于建造综合楼项目建议书的批复	20040709	011-012	
3	沪房〔2004〕16 号文	上海市房地产公司	关于建造综合楼项目建议书的请示	20040508	013-017	
4	如何填写？	如何填写？	如何填写？	如何填写？	如何填写？	
5	如何填写？	如何填写？	如何填写？	如何填写？	如何填写？	

六、课后作业

判断题

1. 案卷内有图纸目录的，卷内图纸应按图纸目录顺序排列。 （　　）

2. 归档文件内容应真实、完整、图物相符。 （　　）

3. 工程项目档案整理工作的原则是遵循科技文件材料的自然形成规律和保持文件材料之间的有机联系。 （　　）

4. 电子文件归档管理的指导、保管由承办部门负责。 （　　）

选择题

1. 归档的工程文件应为（　　）。

A. 复写件　　B. 手写件　　C. 电子版件　　D. 原件

2. 卷内文件是同一类材料一般按（　　）先后排列。

A. 时间　　B. 重要程度　　C. 专业　　D. 类别

3. 检查归档文件的要点之一是（　　）。

A. 案卷质量符合要求　　B. 装订整齐　　C. 签署手续完备　　D. 收集齐全

实操题

任务一：

市建 XX 公司承建的 X 红塔酒店工程钢筋分项工程有 10 份隐蔽工程验收记录，编号为 001—010，日期分别为：2016 年 9 月 10 日、9 月 5 日、9 月 20 日、10 月 25 日、10 月 3 日、9 月 16 日，2017 年 1 月 8 日、3 月 3 日、1 月 7 日、2 月 15 日，每份均为二页，并盖有项目部章和技监员签字。

1. 根据上列材料，填写卷内目录。要求卷内文件排列有序，各栏目填写正确。

序号	文件编号	责任者	文件材料题名	日期	页号	备注

2. 按卷内目录内容，编写案卷封面中的案卷题名、立卷单位、编制日期。要求案卷题名简明，能揭示卷内文件内容，其他栏目填写正确。

案卷题名：______________________________

立卷单位：______________________________

编制日期：______________________________

任务二：

市建 X 公司宝山工程项目部在施工过程中形成了混凝土分项工程的钢材质保书和试验报告，该项目部资料员在整理资料时，将这些资料先进行汇总，然后填写卷内目录，形成材料如下：

（1）上海钢材厂钢材质量证明书　日期：2005.4.1　2 页

（2）上海检测中心钢材试验报告　日期：2005.4.15　1 页

（3）上海检测中心钢材化学分析试验报告　日期：2005.4.25　3 页

（4）上海钢材厂钢材质量证明书　日期：2005.4.10　2 页

（5）上海检测中心钢材试验报告　日期：2005.4.20　1 页

（6）上海钢材厂钢材质量证明书，复试报告汇总表　日期：2005.12.18　5 页

1. 根据上述材料，填写卷内目录。

序号	文件编号	责任者	文件材料题名	日期	页号	备注

2. 按卷内目录内容，编写案卷封面。要求案卷题名简明、确切，能揭示卷内文件内容。

案卷题名：______________________________

立卷单位：______________________________

编制日期：______________________________

【效果评价】

工作任务学习评价单

编号：任务（四）— 02

<table>
<tr><td colspan="7">竣工验收资料收集和整理</td></tr>
<tr><td>班级</td><td></td><td>姓名</td><td></td><td>学号</td><td>总评</td><td></td></tr>
<tr><td rowspan="2">职业能力 2</td><td colspan="4" rowspan="2">能完成建筑工程项目资料管理组卷和归档</td><td>学时</td><td></td></tr>
<tr><td>评价学时</td><td></td></tr>
<tr><td>考核项目</td><td>考核内容及要求</td><td>分值</td><td>学生自评（10%）</td><td>小组评分（20%）</td><td>教师评分（70%）</td><td>实得分</td></tr>
<tr><td rowspan="3">工程项目资料管理组卷和归档（70 分）</td><td>了解建筑工程项目资料（文件）管理要求</td><td>15</td><td></td><td></td><td></td><td></td></tr>
<tr><td>了解工程文件的分类、组卷、归档要求</td><td>20</td><td></td><td></td><td></td><td></td></tr>
<tr><td>能根据工程案例填写卷内目录</td><td>35</td><td></td><td></td><td></td><td></td></tr>
<tr><td>学习态度（10 分）</td><td>上课认真听讲，积极参与讨论，认真完成任务</td><td>10</td><td></td><td></td><td></td><td></td></tr>
<tr><td>完成时间（10 分）</td><td>能在规定时间内完成任务</td><td>10</td><td></td><td></td><td></td><td></td></tr>
<tr><td>合作性（10 分）</td><td>积极参与组内各项任务，善于协调与沟通</td><td>10</td><td></td><td></td><td></td><td></td></tr>
<tr><td colspan="2">总计</td><td>100</td><td></td><td></td><td></td><td></td></tr>
<tr><td rowspan="2">评价评语</td><td colspan="6"></td></tr>
<tr><td colspan="2">教师签字：</td><td>第　组</td><td colspan="2">组长签字：</td><td>日期：</td></tr>
</table>

工作任务五

资料软件应用

职业能力：能够熟练运用 PKPM 资料软件

一、任务引入

随着信息时代的到来，计算机以其存储容量大、准确性高、处理速度快等特点，成为现代化管理的必备工具。以往的内容已经较为全面地掌握了建筑工程资料的收集、整理、核对及归档，但大部分都是依靠人工来操作。而在当今信息化的大时代，运用计算机管理技术更高效、更便捷地进行建筑工程项目管理，是建筑业发展的必然趋势。那么今天我们就来学习一下 PKPM 建筑工程资料管理软件的相关内容。

二、学习目标

1. 了解建筑工程资料管理软件应用的意义。
2. 掌握建筑工程资料管理软件的特点和主要功能。

三、能力目标

- 熟练掌握资料软件 PKPM 的操作流程和资料填写工作。

四、基本知识

（一）建筑工程资料管理软件的应用及其意义

建筑工程资料的编制与管理是建筑工程项目管理工作中的一个重要组成部分。建筑工程资料是工程建设及竣工验收的必备条件，也是对工程进行检查、维护、管理、使用、改建和扩建的原始依据。为此，建设部与各省市建设部门多次强调要搞好建筑工程资料的管理工作，明确指出：任何一项工程如果建筑工程资料不符合标准规定，则判定该项工程不合格，对工程质量具有否决权。然而，当前整个建筑行业中建筑工程资料的编制与管理恰恰是一个比较薄弱的环节：编制手段落后，效率低下；书写工具不合要求，字迹模糊；资料管理混乱，漏填、丢失现象严重。目前，建筑工程资料的编制与管理，无法满足建筑工程档案整理、归档的基本要求，而且制约了建筑工程施工企业及监理企业的进一步发展。

建筑工程资料管理软件就是根据《建筑工程施工质量验收统一标准》《建设工程文件归档整理规范》，并结合各省市的工程资料管理标准或规程及其施工质量验收规范的标准用表等，分别编制的适合各省市具体情况的软件系统。建筑工程资料管理软件的应用将彻底改变过去落后的手工资料填制方式，极大地提高了资料员的工作效率，并且制作的资料样式美观，归档规范。应该说，它的问世给建筑工程资料的编制与管理带来了一场新的技术革命。

（二）PKPM 资料管理系列软件特点

1. 表式的规范和权威

PKPM 是中国建筑科学研究院建筑工程软件研究所研发的工程管理软件。上海地区使用的系列软件是根据上海建设工程质量监督等相关部门提供的表式，以及验收的要求进行开发的软件，符合国家及地方各项施工验收规范。

2. 表式涵盖内容广

表式涵盖了规范所涉及的建筑工程、安装工程、围护结构工程、桩基工程、钢结构安装工程、装饰装修工程、幕墙工程、混凝土装配式结构工程、绿化工程、智能建筑工程、市政工程、民防工程、节能工程现场实体检验、建筑各分部工程质量验收等，为施工现场进行过程控制及验收提供统一标准，实现施工现场标准化、规范化的管理。

3. 便捷的辅助系统

软件提供了相关规范及条文说明供查询，可以实现在填写资料的同时查阅规范，为使用者答疑解惑。同时，软件中提供了多个专业的资料填写实例，可供用户查看并参考（拥有快捷的一键引用功能，资料在瞬间完成）；用户亦可将自己编辑的资料保存为范例，让工作成果得到不断的积累与体现。

4. 智能化程度高

软件提供了自动填充表头信息、自动计算、自动评判合格值、日期快捷输入、工程用特殊字符、智能编号、批量打印等实用功能，方便用户使用。

（三）软件界面介绍

主界面中包括以下四个部分：

1. 主菜单 2. 工具条 3. 侧边栏 4. 表格编辑界面

1. 主菜单

主菜单位于窗口顶部，用于完成用户指令。主菜单由【文件】【系统设置】【工具】【窗口】【帮助】五个主菜单项组成。

【文件】菜单主要用于工程文件的相关操作。

文件菜单功能描述：

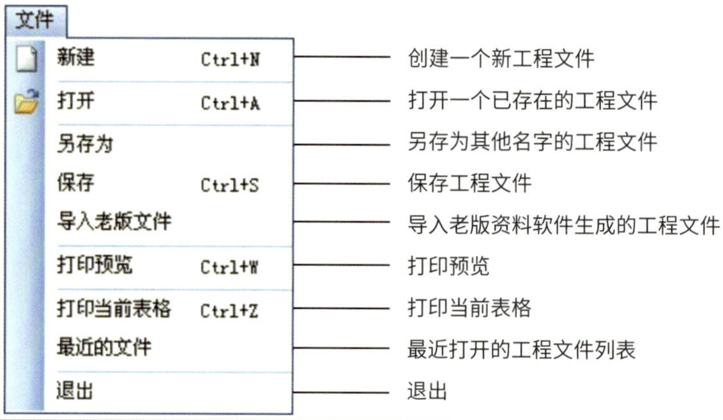

【系统设置】菜单主要用于工程及软件功能的设置。

系统设置菜单功能描述：

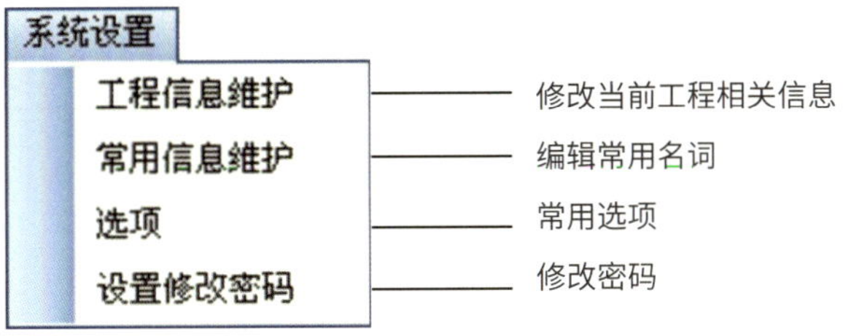

【工具】菜单主要用于软件特殊功能的实现。

工具菜单功能描述：

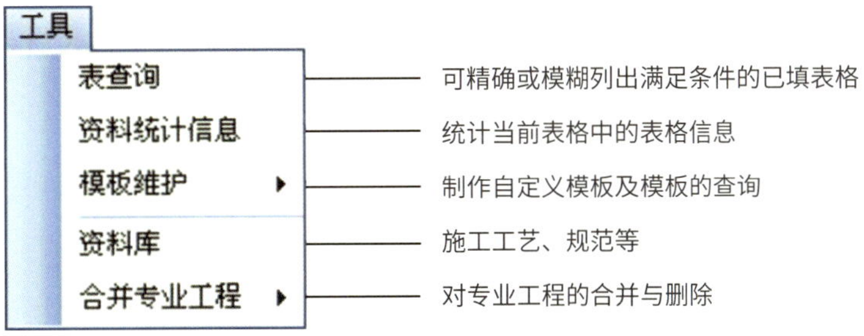

【窗口】菜单功能描述：

【帮助】菜单功能描述：

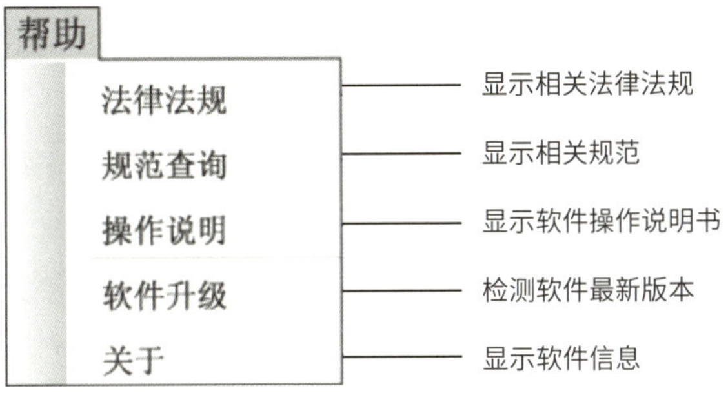

2. 工具条

工具条主要为操作方便而设置。有了它，常用操作就可以不必经过系统菜单来发出指令。上面的按钮均具有自动提示功能，当鼠标在它上面稍做停留，系统就会弹出提示窗口显示其主要功能，当您移动鼠标时，这些小窗口就会自动消失。工具条上的命令，主菜单上都有命令与其对应。

以下是默认显示的工具按钮：

 ——— 打印当前浏览的表页

 ——— 预览当前浏览的表页

 ——— 缩、放表页显示的比例

 ——— 显示当前表页相关帮助

3. 侧边栏

侧边栏主要用于软件主要功能模块的快速切换。侧边栏布局灵活，可任意调整显示方式。左侧侧边栏包含【模板调整】【组合查询】【相关工具】三大模块；右侧侧边栏可显示相关表、填表说明及界面风格选项。

左侧侧边栏功能：

【模板调整】

可根据需要自定义显示模板目录。

【组合查询】

可实现按姓名、单位、类别及日期进行精确或模糊的查询。

【相关工具】

快速调用常用工具软件。

右侧侧边栏功能：

【帮助】

显示表格相关的填表说明。

【关联信息】

设置及显示与某张表格相关联的表格信息。

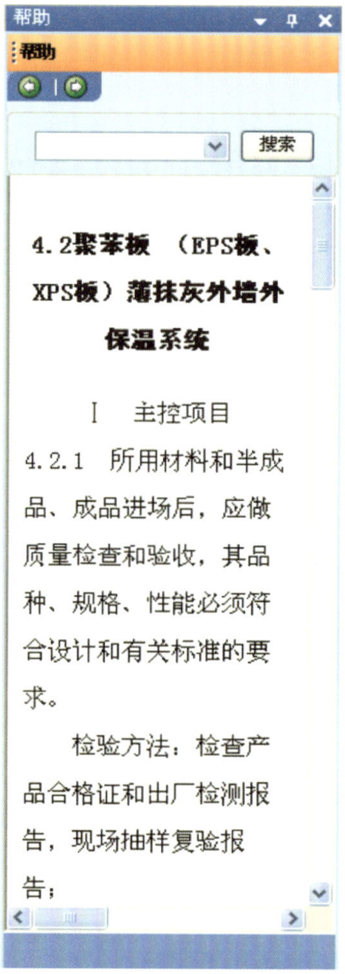

4. 表格编辑界面

在表格编辑界面下，可以实现文字表格输入、字体设置、图片（视频）插入、电子印签（章）等一系列的表格编辑功能。并可显示当前表格的条文信息及实例工程。

表格编辑界面也包含菜单、工具条、侧边栏。

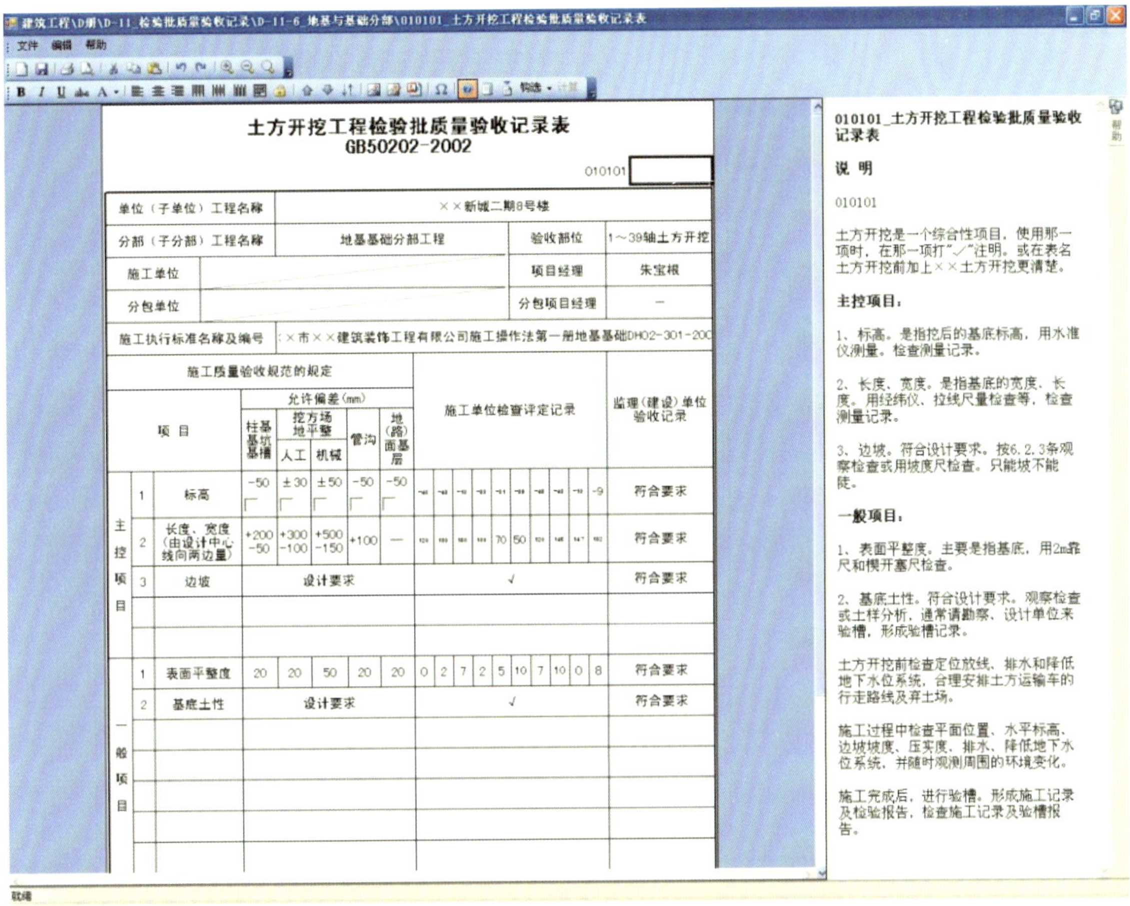

(1) 菜单由【文件】【编辑】【帮助】三个菜单项组成。

【文件】菜单主要用于表格文件的相关操作。

文件菜单功能描述：

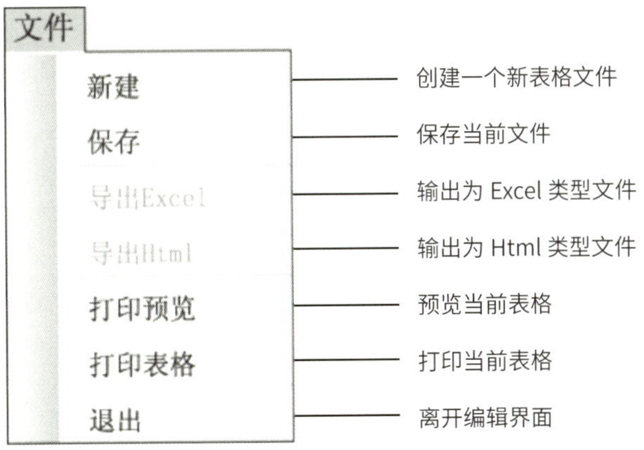

【编辑】菜单主要用于单元格编辑及格式设置。

编辑菜单功能描述：

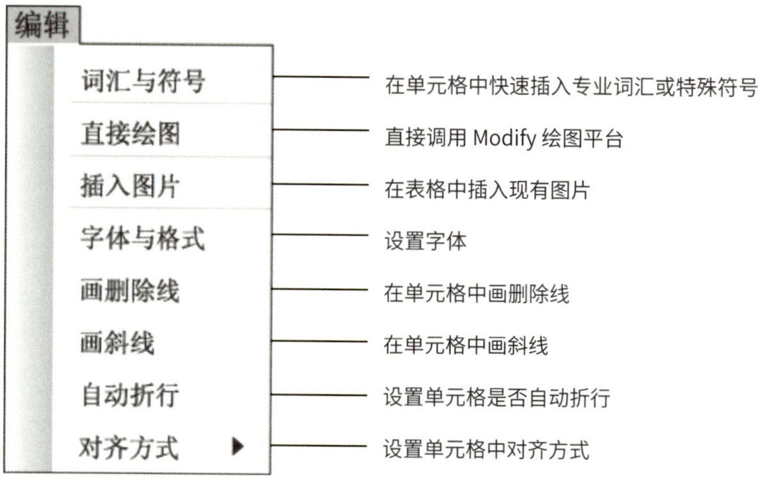

【帮助】菜单主要用于显示相关法律法规、规范。

帮助菜单功能描述：

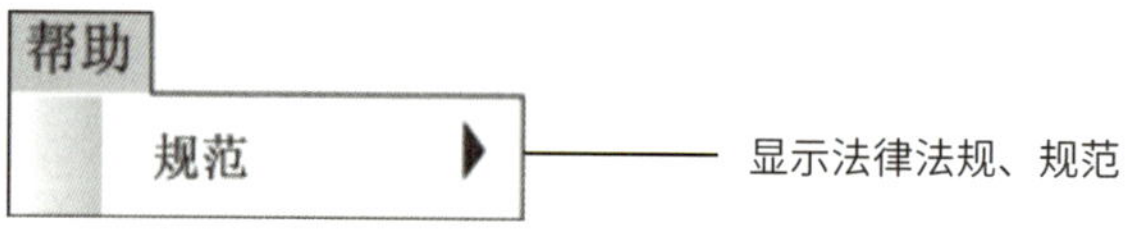

（2）工具条

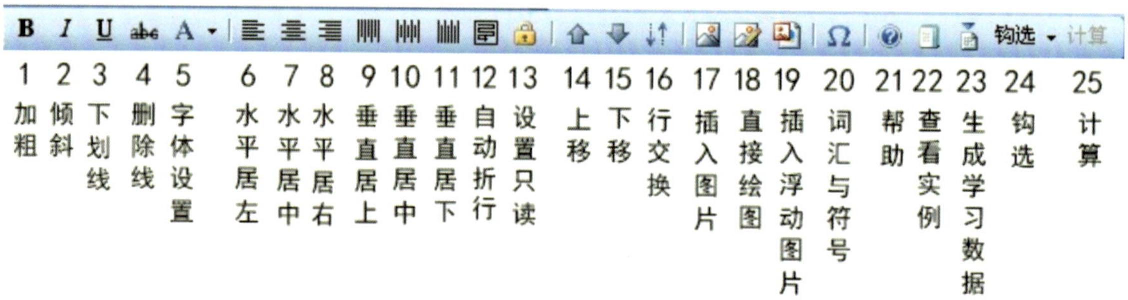

（3）侧边栏

编辑界面的侧边栏包含实例和帮助两项。

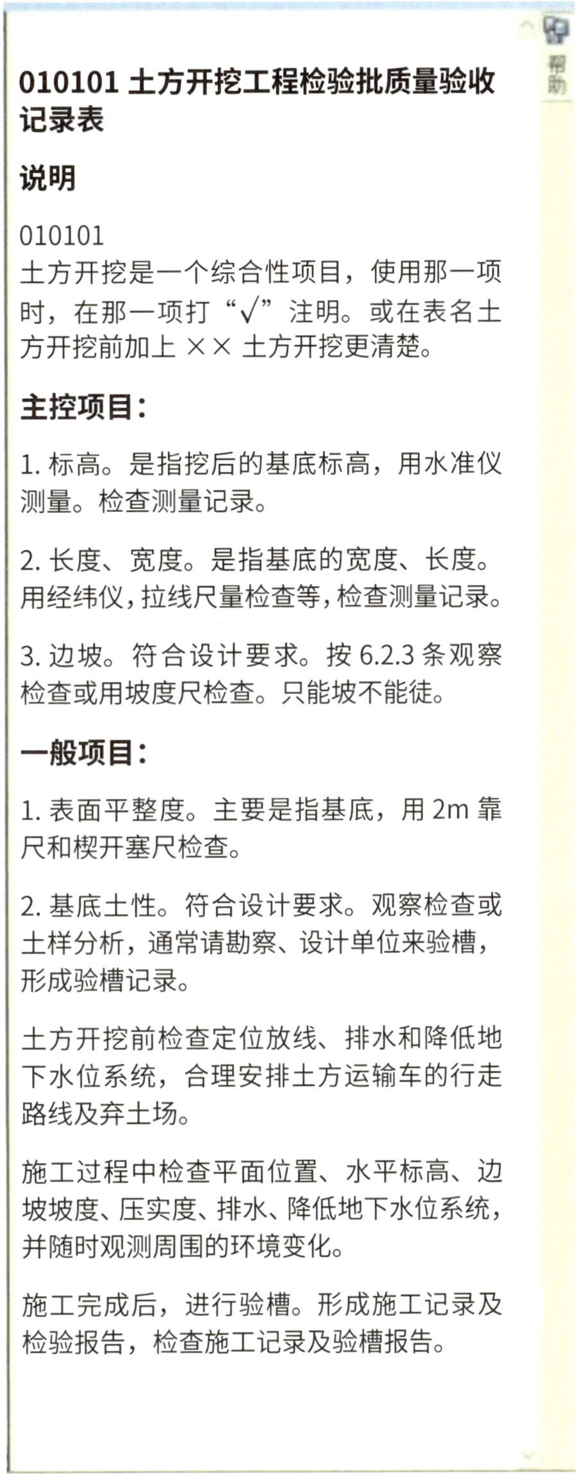

实例侧边栏可显示当前编辑表页的相关实例，并可通过简单的操作实现对实例的引用。帮助侧边栏提供了当前表页的规范条文说明。

五、能力操作

PKPM 资料系列软件的使用

（一）基本流程图

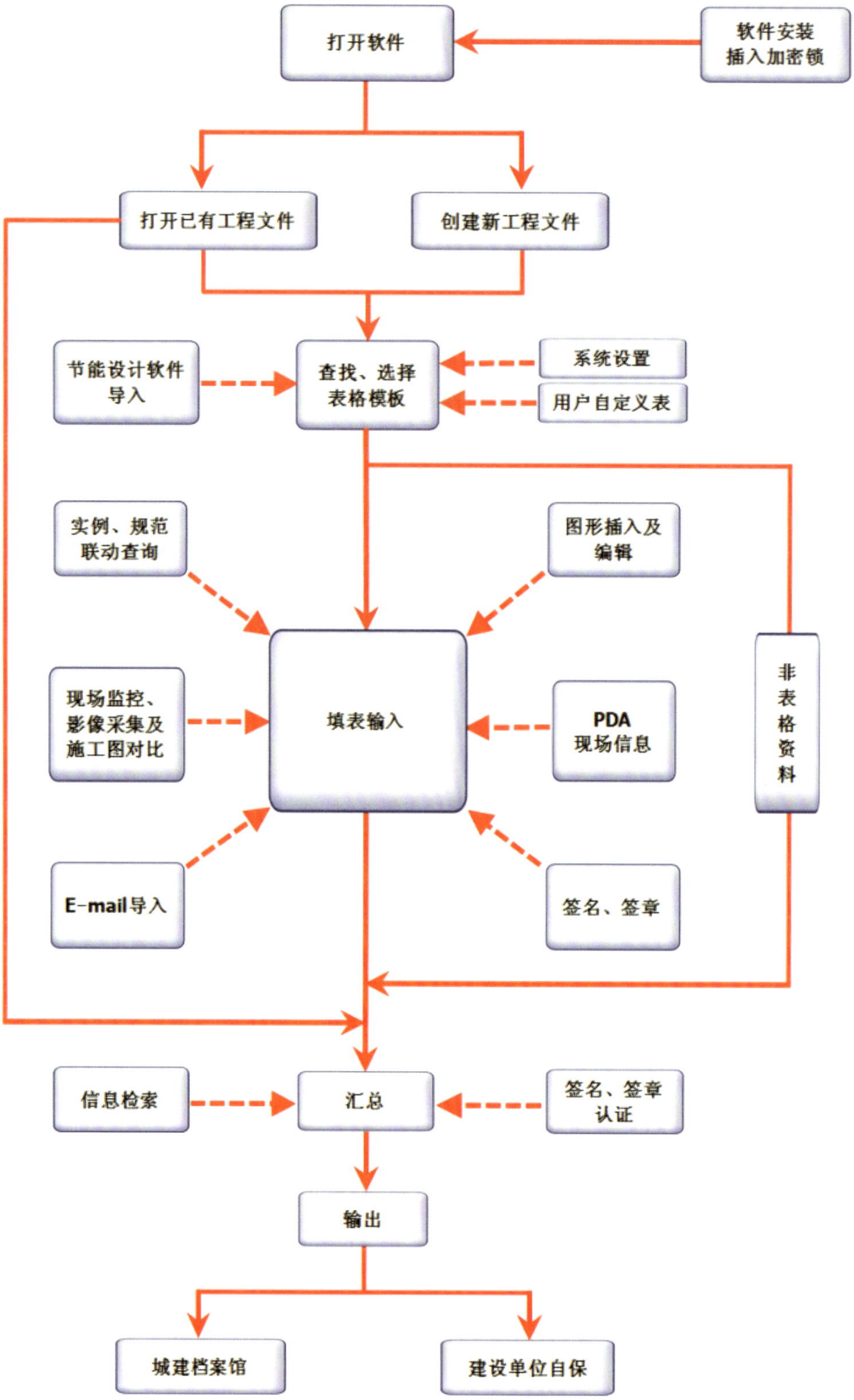

（二）编制基础表格操作流程

1. 双击桌面软件快捷方式，进入操作向导界面。

2. 点击“新建工程文件”创建工程文件（打开已有工程文件）。

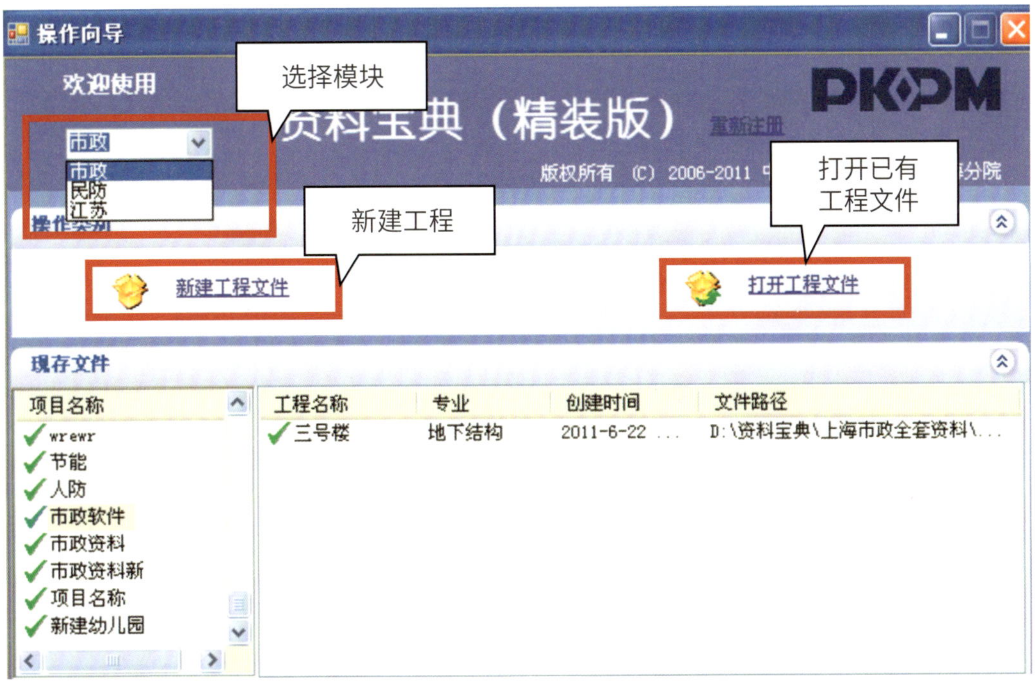

3. 打开中文输入法填写相关工程信息（注意：在软件的使用过程中不需要关闭中文输入法）。

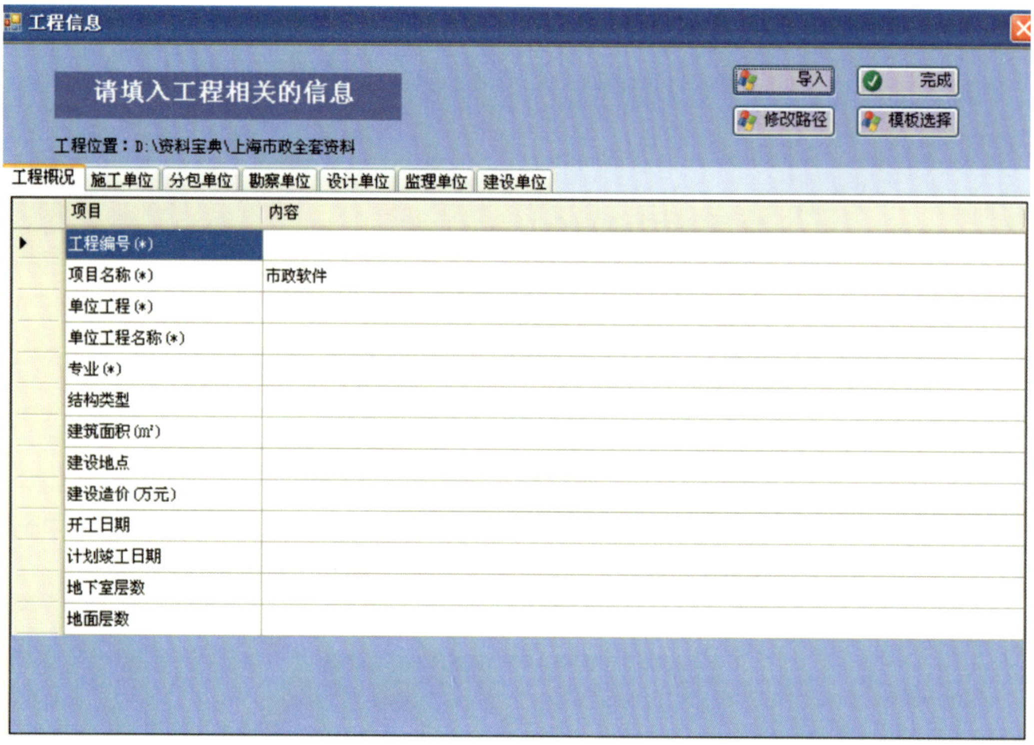

编辑工程信息时，可直接在信息条上单击右键，实现删除。

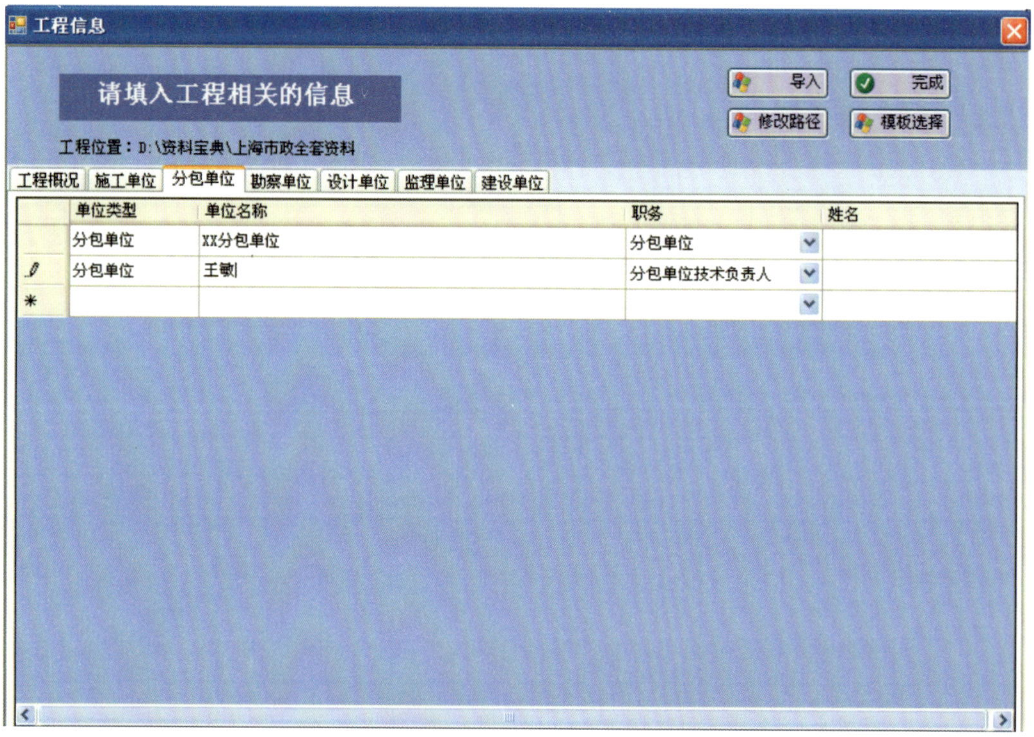

4. 单击“完成”，结束工程文件创建工程，进入软件主界面。

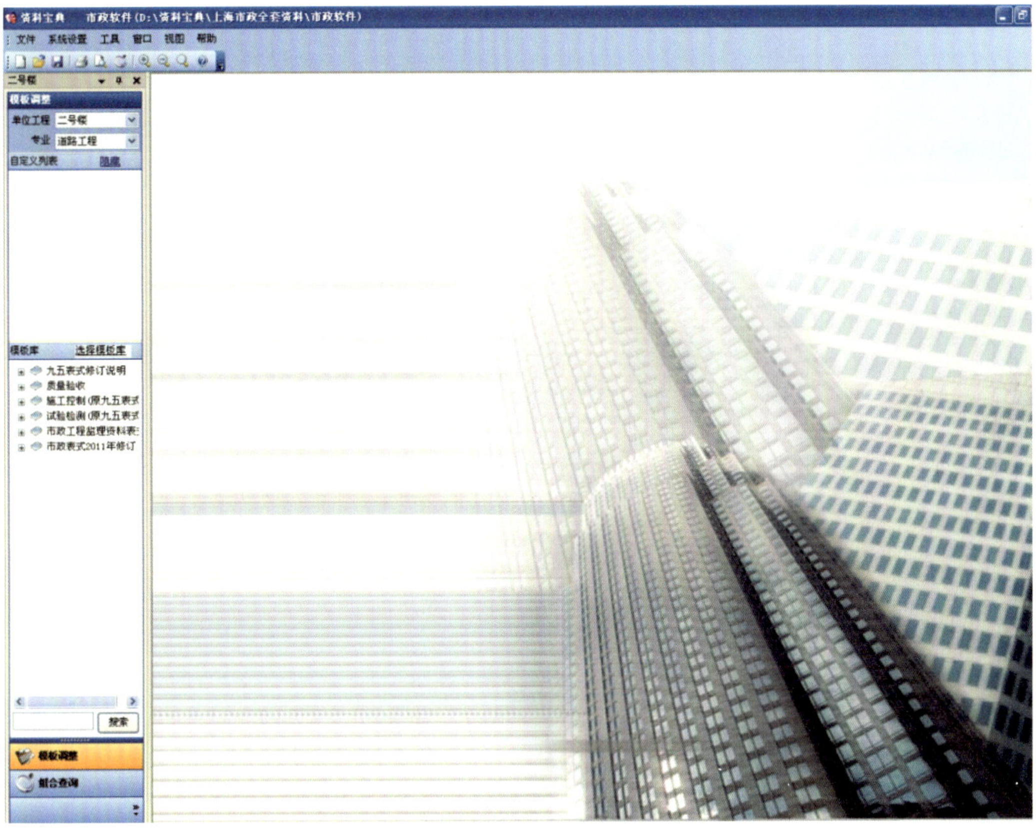

5. 根据需要可进行自定义模版调整。

拖放说明：若拖放至空白区域，则在根节点下创建拖放对象；若拖放至某一节点，则在该节点下生成拖放对象。（注：将鼠标放置需拖动的模板内容，按住鼠标不放直接拉进自定义列表）

6. 在自定义列表中选中一张需要填写的表格，双击该表格节点或者在已填表格区中空白地方单击右键，选择菜单中的【新建】。

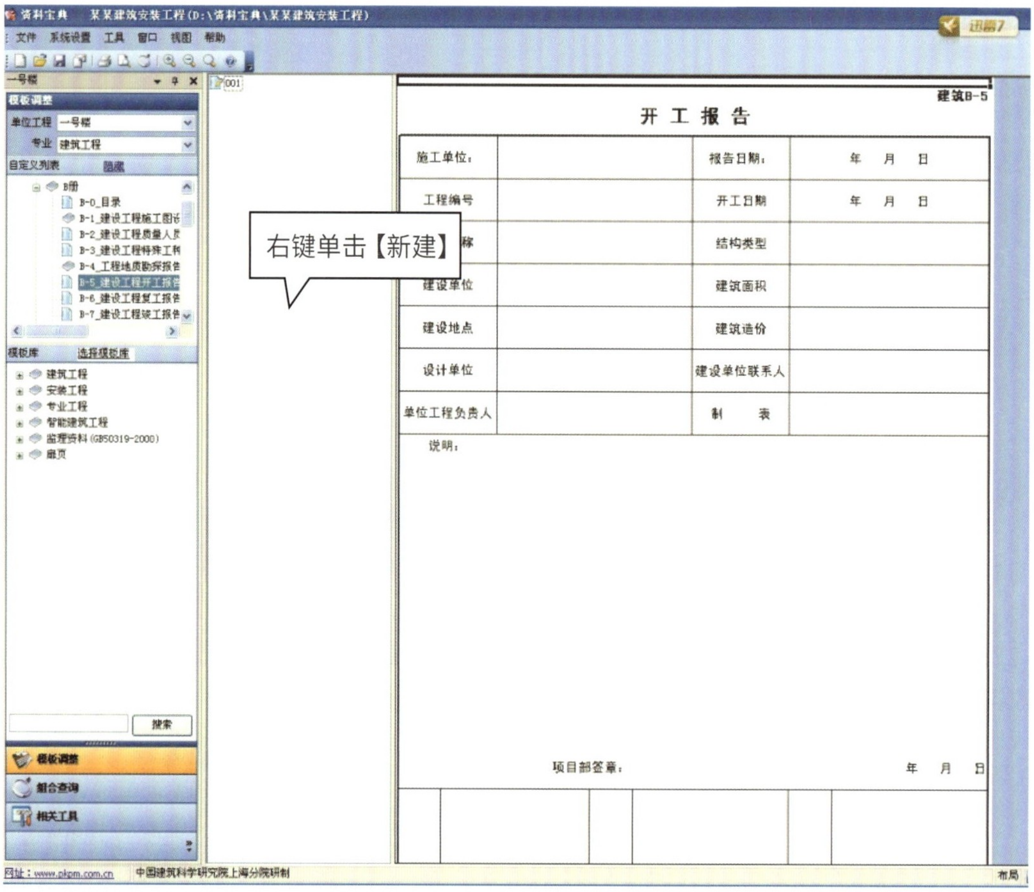

7. 此时软件自动跳转至编辑界面，用户即可在表格空白处填写。

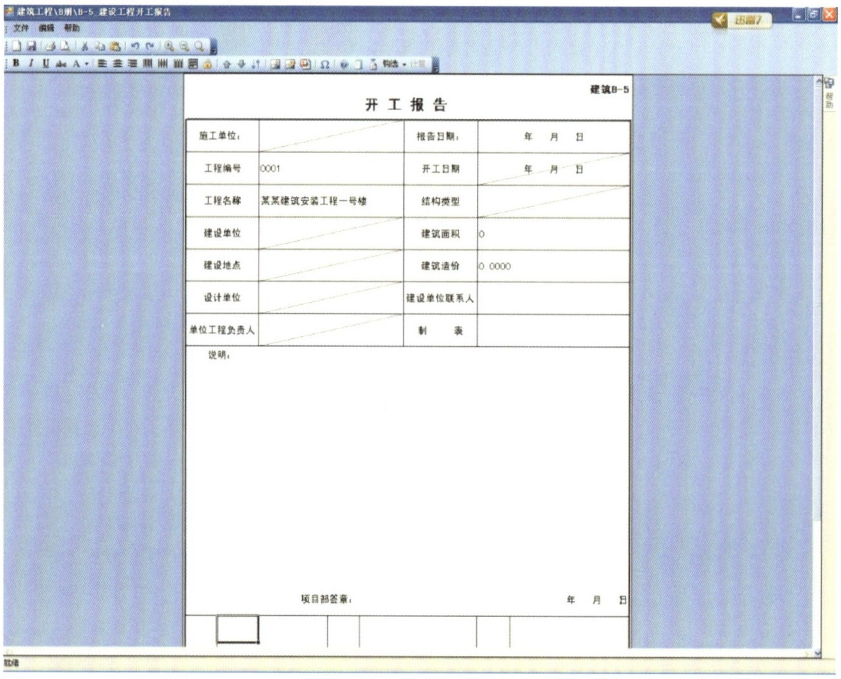

8. 表格填写完成后，点击保存。

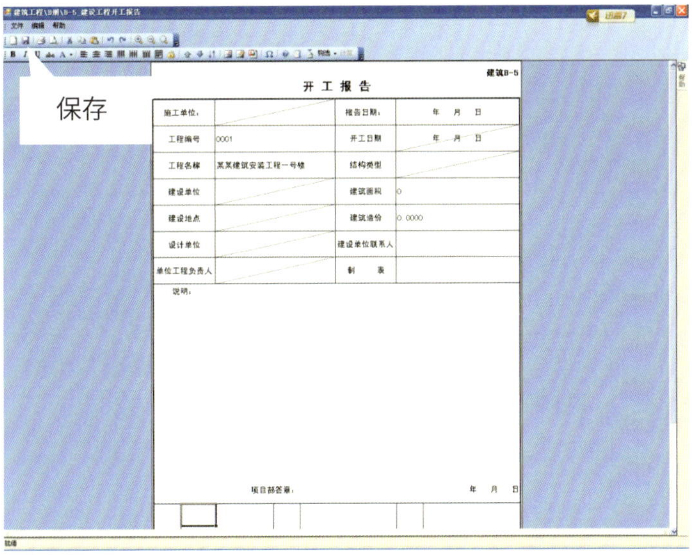

六、课后作业

选择题

1. PKPM 资料管理系列软件特点里不包含以下哪个特点（　　）。

A. 表式的规范和权威　　B. 表式涵盖内容广

C. 便捷的辅助系统　　D. 智能化程度低

判断题

1. 建筑工程资料的编制与管理是建筑工程项目管理工作中的一个重要组成部分。（　　）

2. PKPM 资料管理软件提供了自动填充表头信息，自动计算，自动评判合格值、日期快捷输入、工程用特殊字符、智能编号、批量打印等实用功能。（　　）

实操题

1. 打开软件界面，找到“帮助”按钮，查看操作手册，自行熟悉软件操作界面和操作步骤。
2. 按照《建设工程文件归档规范》进行整理，上机操作综合实训。
   （1）先编辑好案卷目录；
   （2）按照案卷目录，将文件重命名后放置于文件夹内，文件夹命名即为案卷题名；
   （3）文件夹压缩提交。

【效果评价】

工作任务学习评价单

编号：任务（五）

<table>
<tr><td colspan="8">资料软件应用</td></tr>
<tr><td>班级</td><td></td><td>姓名</td><td></td><td>学号</td><td></td><td>总评</td><td></td></tr>
<tr><td rowspan="2">职业能力</td><td colspan="5" rowspan="2">能够熟练运用 PKPM 资料软件</td><td>学时</td><td></td></tr>
<tr><td>评价学时</td><td></td></tr>
<tr><td>考核项目</td><td>考核内容及要求</td><td>分值</td><td>学生自评（10%）</td><td>小组评分（20%）</td><td>教师评分（70%）</td><td>实得分</td><td></td></tr>
<tr><td rowspan="3">运用 PKPM 资料软件（70 分）</td><td>了解建筑工程资料管理软件应用的意义及特点功能</td><td>15</td><td></td><td></td><td></td><td></td><td></td></tr>
<tr><td>学会资料软件 PKPM 的界面及按键作用</td><td>25</td><td></td><td></td><td></td><td></td><td></td></tr>
<tr><td>熟练掌握资料软件 PKPM 的操作流程和资料填写工作</td><td>30</td><td></td><td></td><td></td><td></td><td></td></tr>
<tr><td>学习态度（10 分）</td><td>上课认真听讲，积极参与讨论，认真完成任务</td><td>10</td><td></td><td></td><td></td><td></td><td></td></tr>
<tr><td>完成时间（10 分）</td><td>能在规定时间内完成任务</td><td>10</td><td></td><td></td><td></td><td></td><td></td></tr>
<tr><td>合作性（10 分）</td><td>积极参与组内各项任务，善于协调与沟通</td><td>10</td><td></td><td></td><td></td><td></td><td></td></tr>
<tr><td colspan="2">总计</td><td>100</td><td></td><td></td><td></td><td></td><td></td></tr>
<tr><td>评价评语</td><td colspan="7"></td></tr>
<tr><td></td><td>教师签字：</td><td>第　　组</td><td colspan="2">组长签字：</td><td colspan="3">日期：</td></tr>
</table>